第一本
複雜性創傷後壓力症候群
自我療癒聖經

（暢銷全新修訂版）

在童年創傷中求生到茁壯的恢復指南

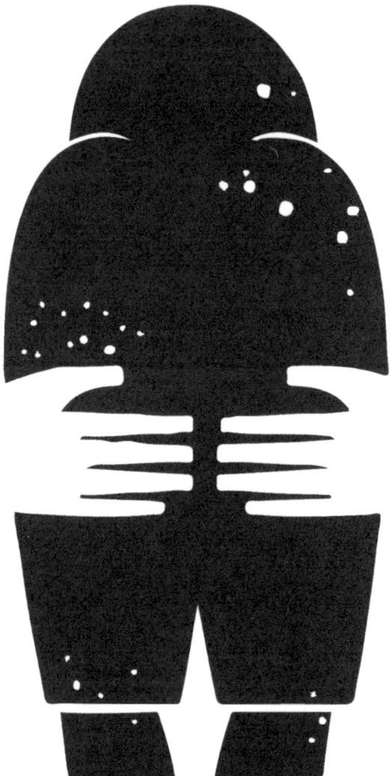

佩特・沃克（Pete Walker）—著
陳思含—譯

Complex PTSD: From Surviving to Thriving

健康smile 98

第一本複雜性創傷後壓力症候群自我療癒聖經（暢銷全新修訂版）

在童年創傷中求生到茁壯的恢復指南

Complex PTSD: From Surviving to Thriving

原書作者　佩特・沃克 Pete Walker
譯　　者　陳思含
封面設計　林淑慧
特約美編　顏麟驊
特約編輯　洪禎璐
主　　編　劉信宏
總 編 輯　林許文二

出　　版　柿子文化事業有限公司
地　　址　11677臺北市羅斯福路五段158號2樓
業務專線　(02)89314903#15
讀者專線　(02)89314903#9
傳　　真　(02)29319207
郵撥帳號　19822651柿子文化事業有限公司
投稿信箱　editor@persimmonbooks.com.tw
服務信箱　service@persimmonbooks.com.tw

業務行政　鄭淑娟、陳顯中

首版一刷　2023年11月
定　　價　新臺幣499元
I S B N　978-626-7198-90-2

COMPLEX PTSD: FROM SURVIVING TO THRIVING
AN AZURE COYOTE BOOK / 2013
www.pete-walker.com
First Edition

國家圖書館出版品預行編目（CIP）資料

第一本複雜性創傷後壓力症候群自我療癒聖經（暢銷全新修訂版）：在童年創傷中求生到茁壯的恢復指南／佩特・沃克（Pete Walker）著；陳思含譯. -- 初版. -- 臺北市：柿子文化事業有限公司, 2023.11
面；　公分. --（健康smile；98）
譯自：Complex PTSD: From Surviving to Thriving
ISBN 978-626-7198-90-2（平裝）
1. CST：創傷後障礙症　2. CST：心理治療
178.8　　112016009

療癒的路可能很漫長，更會崎嶇顛簸不斷，但終究有撥雲見日的一天。

目錄

推薦序 17
佩特給中文版讀者的話 26
譯序／給自我療癒中的你 28
好評見證 39
致謝 47
前言 48

PART 1 療癒概論

第1章 CPTSD的療癒之旅 52
複雜性創傷後壓力症候群（ＣＰＴＳＤ）是什麼？ 53
情緒重現的例子 54
毒性羞恥：情緒重現的表象 55

常見的CPTSD症狀 57
自殺意念 59
你可能遭到的誤診 60
CPTSD的源頭 61
進一步談創傷 63
4F：戰鬥、逃跑、僵住、討好 64
製造CPTSD家庭的4F 65
糟糕的養育方式製造出病態的手足競爭 69

第2章 復原的各層面 71

CPTSD中關鍵的發展停滯 71
認知層面的療癒 74
縮小找碴鬼 74
發展停滯的健康自我 75
心理教育和認知療癒 76
正念 77
情緒層面的療癒 78
復原情緒的天性 79
情緒智力 81

毒性羞恥與靈魂謀殺　83
哀悼是情緒智力的一部分　84
哀悼與言語抒發能力　84
靈性層面的療癒　86
透過高層次歸屬感，撫慰遺棄造成的失落　86
感恩與夠好的養育　88
生理層面的療癒　90
生理層面的自助　91
CPTSD與身體療法　92
藥物的角色　94
自我藥療　94
處理飲食議題　94

第3章 改善關係　97

預先聲明　97
CPTSD是一種依附疾患　98
社交焦慮的源頭　98
關係療癒的旅程　99
療癒那份把我們困在孤獨中的羞恥感　100
找到夠好的關係性協助　101

與父母切割，以及關係療癒 102
學會處理關係中的衝突 103
重新撫育 104
當自己的父母 104
自我母育能孕育出自我憐憫 105
無條件之愛的限制 106
內在小孩的工作 107
自我父育與時光機救援任務 109
代理團的重新撫育 110
自我關係與他人關係之道 112

第4章 復原的進展 113

復原的跡象 113
復原的階段 114
以漸進復原培養耐心 115
從求生到茁壯 117
辨識復原跡象的困難之處 119
接受療癒是一輩子的事 120
有療癒意義的情緒重現和生長痛 121
最佳壓力 123

黑暗中的曙光 124
未經檢視的人生不值得活 125
「別擔心，要開心」的情緒霸業 126

PART 2

療癒的細節

第5章 如果我不曾挨打呢？ 132
否認與貶低 132
言語虐待和情緒虐待 133
找碴鬼的神經生物理論 134
情緒忽略：CPTSD的核心傷口 135
生長遲滯症候群 136
情緒飢渴和成癮 137
依附需求的演化基礎 138
遺棄會降低情緒智力和關係智力 140
正視情緒遺棄 141
練習脆弱 142
敘事的力量 143

第6章 我的創傷類型是哪一種？ 146

健康的使用4F 146
CPTSD是一種依附疾患 149
戰鬥類型與自戀型防衛 150
迷人的惡霸 151
其他的自戀狂類型 152
從極端化的戰鬥反應中復原 153
逃跑類型與強迫型防衛 155
左腦解離 155
從極端的逃跑反應中復原 156
僵住類型與解離型防衛 158
右腦解離 158
從極端的僵住反應中復原 159
討好類型與關係依賴型防衛 162
從極端的討好反應中復原 162
混合的創傷類型 163
戰鬥—討好混合型 163
逃跑—僵住混合型 165
戰鬥—僵住混合型 165
自我評估 166

４Ｆ的正面與負面光譜 167
復原與自我評估 167

第7章 療癒以創傷為基礎的關係依賴 169
討好反應的來源 170
什麼是以創傷為基礎的關係依賴？ 172
關係依賴的次類型 173
討好－僵住型：代罪羔羊 173
討好－逃跑型：超級護理師 175
討好－戰鬥型：令人窒息的母親 176
再談從極端的討好反應中復原 177
面對自我揭露的恐懼 178
以哀悼化解關係依賴 179
後期的療癒 179
「不認同，沒關係」 182

第8章 管理情緒重現 183
十三個具體可行的步驟 183
誘發因子和情緒重現 186

那個眼神：一個常見的誘發因子 187
不容忽視的內在誘發因子 189
預防性地辨識誘發因子 189
情緒重現的跡象 190
再談自我藥療 191
治療會談中的情緒重現 192
哀悼可以化解情緒重現 193
管理內在找碴鬼 194
進階的情緒重現管理 195
在遺棄性憂鬱中醒來 195
情緒重現是內在小孩的求救訊號 196
彈性地使用管理情緒重現步驟 197
存在性的誘發因子 198
後期的療癒 199
幫助兒童管理情緒重現 199

第9章 縮小內在找碴鬼 202

找碴鬼的起源 202
十四個常見的內在找碴鬼攻擊 204

完美主義攻擊 204
草木皆兵攻擊 207
「我是個世界級笨蛋！」 208
思想就是誘發因子 210
找碴鬼如同內化的羞辱性父母 210
面對找碴鬼的固執 211
完美主義和情緒忽略 212
再談草木皆兵 213
利用憤怒來對找碴鬼進行思考中斷法 214
羞恥是不公平地責難自己 216
擁抱找碴鬼 217
思考取代法和思考修正法 218
觀點取代和觀點修正 219
觀點取代與感恩 220
大腦的神經可塑性 222
第10章
縮小外在找碴鬼 223
外在找碴鬼：關係的敵人 223
4F類型和內／外在找碴鬼的比例 224
被動攻擊和外在找碴鬼 225

拒絕讓找碴鬼的觀點發聲 226
外在找碴鬼主宰的情緒重現 227
模仿媒體的外在找碴鬼 228
找碴鬼：潛意識二流電影的製片 229
看新聞成了誘發因子 230
親密與外在找碴鬼 231
必輸的局面 232
嚇跑別人 233
在內／外在找碴鬼之間搖擺 233
搖擺的找碴鬼案例 235
當找碴鬼成為法官、陪審團和執刑者 236
尋找代罪羔羊 237
正念和縮小外在找碴鬼 238
當正念看似使找碴鬼更嚴重時 238
思考取代和思考修正：攆走找碴鬼 239
哀悼可以截斷外在找碴鬼 240
透過處理移情來弱化外在找碴鬼 240
健康的外在找碴鬼發洩 241
路怒、移情與外在找碴鬼 242

第11章 哀悼 244

哀悼會擴大洞察力和理解力 244
哀悼父母照顧的缺席 245
哀悼會改善情緒重現 247
內在找碴鬼會妨礙哀悼 248
以哀悼卸除找碴鬼的燃料 249
哀悼的四個歷程 250
發怒：縮小恐懼與羞恥 250
哭泣：為自己的失去而哭 253
言語抒發：通往親密感的黃金道路 257
感覺：被動地進行哀悼 263

第12章 管理遺棄性憂鬱的地圖 270

反應性的循環 270
反應性循環中的解離層次 273
父母的遺棄製造了自我的遺棄 274
破解自我遺棄 274
憂鬱思考和憂鬱感覺的比較 275
正念會轉化憂鬱 276
身體的正念 276

身體的覺察可以療癒性地誘發痛苦的記憶 277
內省的身體工作 277
以完全感受化解憂鬱 278
飢餓是憂鬱的偽裝 279
假性循環性情感症 280
區分必要和不必要的苦難 281
復原是漸進的 282
以全方位的療癒工作來處理情緒重現 283

第13章 **以關係性的取向來療癒遺棄** 287

心理治療的關係層面 287
CPTSD的關係性療癒 288
同理心 290
真誠地展現脆弱 291
對話性 295
合作性的關係修復 300
尋找心理治療師 308
尋找線上或現場的支持團體 309
互助諮商 311

第14章 原諒：從自己開始 314
真正的原諒 314
原諒是一種愛的感覺 316
第15章 閱讀治療與書本聚落 320
第16章 自助工具 324
一號工具箱：復原意圖的建議 326
二號工具箱：人權法案（公平與親密的參考指南） 328
三號工具箱：對常見的找碴鬼攻擊之內在反應建議 329
四號工具箱：有愛地化解衝突 333
五號工具箱：感恩 337
六號工具箱：管理情緒重現的十三個步驟 346

推薦序

創傷不是你的錯，但復原是自己的責任

留佩萱，美國諮商教育博士、美國執業心理諮商師

在我的諮商工作中，有機會諮商許多經歷童年創傷的個案：肢體虐待、情緒虐待與疏忽、性侵害、自戀型父母或父母有藥物酒癮問題等等。在諮商這些個案時，我也理解到提供創傷相關教育非常重要——我一直相信知識就是力量，當我們可以了解創傷如何影響人（尤其是那些童年時期不斷重複的受創事件），就能夠理解到：「這不是我有問題！」

所以，我非常興奮看到佩特．沃克這本談論複雜性創傷後壓力症候群（CPTSD）的書被翻譯成中文，也很感謝陳思含心理治療師翻譯這本書，讓臺灣人可以閱讀這些創傷心理教育。

我常常會跟個案說，很多你現在的「問題行為」，其實都是過去為了在受創環境下求生存的生存機制。這本書中提到的CPTSD症狀，像是內在找碴鬼、毒性羞恥等等，其實也都是「為了要保護你」。譬如，小時候的你需要這個內在找碴鬼不斷批判你，讓你時時警戒自己把事情做好，這樣才不會因為又做錯了事情而被母親羞辱；又或者，羞恥這個情緒會使你全身縮起來，使你安靜而不反抗暴怒的父親，這其實是要保護你，讓你更安全（如果反抗，你可能會被打得更慘）。

這些「症狀」，其實都是過去為了求生存所發展出來的保衛機制，是一個人所展現的復原力和韌性。

我相信，你發生的創傷都不是你的錯，但復原是自己的責任。這本書可以帶著你去好好理解創傷，陪伴著你走這條復原之路。

送一個禮物給成年後的自己

張景然博士，國立彰化師範大學諮輔系系主任

本書有十個可能讓讀者感到興趣的亮點：

1. 預定二〇二二年出版的《國際疾病分類標準第十一版》（ICD-11）於二〇一九年對外發表首度收納了CPTSD（Complex post-traumatic stress Disorder，複雜性創傷後壓力症候群）這項疾患。
2. 本書主要在介紹童年時期父母養育過程所造成的創傷，在其成長後的各種關係中遭受傷害，或經歷重大打擊，也有可能出現CPTSD。
3. 除了涵蓋全數PTSD的診斷標準外，CPTSD的概念亦兼具嚴重且持續的情緒調節、負面自我概念、關係困難等自我組織障礙。
4. 處理CPTSD需要結合多元的治療取向，宣稱單一療法對某種症狀具有療效的行銷手法，可能因為效果有限，致使案主更加自我挫敗，連帶不信任心理專業服務。
5. 實務工作上，許多案主會被籠統歸類為焦慮類或憂鬱類疾患，甚至比例高到令人起疑的注意力不足及過動症（ADHD）、強迫症、自戀型或邊緣型人格疾患等，治療上遂治標而不治本。
6. 上述疾患多數屬於先天缺陷，CPTSD則是後天習得的不健康壓力適應模式。重點在於，既然是學習而來的疾患，就能被反向消除，也就是可以藉由學習獲得改善。

7. 專業書籍必然會使用大量專門術語，從大眾較熟知的霸凌、憂鬱、羞恥、自尊……，到進一步的情緒重現、社交焦慮、發展停滯、正念……，甚至冷僻的名詞，如：EMDR、inner critic、D. W. Winnicott……不小心處理就可能形成文字沙拉（word salad）堆砌，但在本書中則可以看到邏輯而有系統的排列闡釋。

8. 諮商系所的學生或實務工作者，往往會求知若渴地參加各類研習、督導、案例研討，或是速讀式的翻閱理論與案例，本書是基本的理論教科書之外，值得逐句逐段逐頁細細研讀、反覆內省的第二本教科等級的書。

9. 這本書具備教科書般的準確嚴謹，所有的註釋與粗體字重點也很精采。

10. 本書譯者陳思含老師在美國有十多年的求學、生活、執業經驗，是這個領域少數充分熟悉臺美兩地語文、人情、文化、心理疾病的專業工作者，具批判精神，但文筆溫婉，她的部落格我從未錯過，故樂為之序。

改變，可以透過連結內在與外在的力量發生

吳雅雯，李政洋身心診所及開心生活診所駐診精神科醫師、英國藝術治療師與創傷諮商師

兒童時期在養育過程中的關係創傷很困難，因為在受傷的經驗裡混雜著愛與依附的需求，很難像外來的創傷事件一樣，被清楚切割。

受創者常常有著想要保護父母，或者需要否認受創的部分。佩特·沃克作為一個曾經受創的治療師，深刻地分享了復原的路徑可以如何前進。

這本書真的讓我非常感動。我相信，改變可以透過連結內在與外在的力量而發生。

別讓童年的傷害勒索你一輩子

陳志恆，諮商心理師、作家

當我閱讀這本書的譯稿時，內心感動萬分！

在心理衛生知識普及的今日，創傷後壓力症候群（PTSD）廣為人知，但複雜性創傷後壓力症候群（CPTSD）卻鮮為人知。

在我的實務工作中，遇過許多符合CPTSD描述的個案與求助者，他們不一定知道自己怎麼了，但就是覺得自己在目前的工作、人際關係、家庭生活、健康或心情等各方面，簡直只能用「糟透了」三個字來形容；他們每天處在痛苦之中，不是自我否定，就是怨天尤人，但卻無力脫離這樣的困境。

細究之下，他們往往有著童年成長過程中的不堪回憶，而那些傷害通常來自於原生家庭，也就是由不當教養引發的創傷。想幫助他們，並沒有那麼簡單，光要讓這些求助者理解自己怎麼了，就是一件相當費力的事情，因為他們總會問：「為什麼是我？」

很慶幸，《第一本複雜性創傷後壓力症候群自我療癒聖經》這本書的中譯本問世了，讓國內的一般大眾與心理專業人員都能受惠。

作者除了詳加介紹CPTSD的症狀與來源，幫助我們認識在威脅來臨時4F的反應模式——戰鬥（fight）、逃跑（flight）、僵住（freeze）、討好（fawn）——是如何保護我們度過危機，同時也帶來諸多適應不良的後遺症；同時，作者更從各個不同心理治療理論取向的觀點與技術，去探討如何協助CPTSD的案主逐步邁向療癒之路。

療癒的路可能很漫長，更會崎嶇顛簸不斷，但終究有撥雲見日的一天。

這本書值得專業人員及受苦中的你細細品讀，反覆鑽研。

值得分享並保留一輩子的好書

戴蘿．伊莉莎白．蓋德尼（Daryl Elizabeth Gedney），美國科羅拉多州心理治療師

佩特．沃克這本書的內容非常廣泛而充分，閱讀它可以比擬為上了一門複雜性創傷後壓力症候群的課程。

作者佩特．沃克是心理治療師，也是嚴重童年創傷的倖存者，這本書的內容取材於他治療創傷倖存者三十年的經驗、許多心理學與自我發現的智慧，以及他個人的療癒之旅。他的分享是如此謙卑和真情流露，使得他能以不論斷的心理教育來啟迪讀者，並且以深深的疼惜來鼓勵療癒。

佩特．沃克說明了童年創傷不只是來自於肉體虐待或性虐待，還來自照顧者或父母的羞辱、貶低、忽略、遺棄及其他形式的情緒虐待。這樣的創傷經驗，使得倖存者透過「內在找碴鬼」而形成了脆弱或發展不完全的自尊，也會因為「外在找碴鬼」而無法建立親密、有信任感的關係。

但是，作者帶來了好消息：復原是有可能的，因為這些情況都是習得的反應，以及不完整的發展歷程。他說，若是習得的，就能夠透過學習而消除。佩特．沃克在書中詳述了如何辨識自己的反應風格（戰鬥、逃跑、僵住、討好），以及如何管理誘發因子和情緒重現。在這份地圖之外，他還提供了其他無價的自我幫助工具：如何哀悼童年的失落和傷痛、如何消除找碴鬼、如何捍衛自己，以及如何解決衝突。此外，我覺得他介紹的閱讀療法（推薦書籍清單）是給讀者的絕佳資源。

佩特．沃克的書不是可以快速讀完的書，也不應該如此。這是一本可以保留一輩子的書，可以一讀再讀，並

且分享給案主、同事和朋友的書。我自己是心理治療師，我可以很誠實地說，它會幫助我成為更好的治療者，也會幫助我個人在兩個重要的方面繼續成長：當自己的有愛且關懷的朋友，以及加深我與他人真摯且健康的關係。

佩特給中文版讀者的話

我年輕的時候，非常幸運地造訪臺灣三天，當中的亮點是從臺北搭乘令人愉快的火車到臺中。美麗的鄉村景致，以及火車上每個人對我的歡迎與和善，讓我非常開心。如果讀者當中或是你們的親戚、朋友，剛好也在那列火車上，那就太棒了！

複雜性創傷後壓力症候群（CPTSD）在美國是很盛行的問題，我相信它在世界的其他地方也很盛行，因為我時常收到世界各地（幾乎每個國家）有CPTSD的許多人寄來的電子郵件。這個情況令人難過，尤其是CPTSD可以對一個人的一輩子產生許多有礙幸福的影響。

當思含聯絡我，表示她渴望翻譯我的書時，我很慶幸自己有機會能與臺灣的民眾及中文讀者分享我對CPTSD的知識、經驗和旅途。或許我對臺灣的文化不甚熟悉，但我相信，人類都有相同的心理發展，那些有毒的東西，不會因為一個文化有不同的詮釋，就變得無害。或許文化差異是需要被考量的重要變項，但療癒未化解的創傷一事，具有普世的重要性。

思含告訴我，CPTSD在臺灣不太盛行，而且幾乎沒人聽過。能夠透過發行這本書，在臺灣和其他中文社會提倡對CPTSD的覺知，是我的榮幸。這本書已經被翻譯成多種語言，如果能幫助療癒中文世界的CPTSD倖存者，我會感到非常光榮。

如果你成長的環境使你覺得自己不重要、不被愛、沒價值、不安全或不被傾聽，深深地覺得自己「不夠好」，便很可能有CPTSD。在不安全的環境中成長，你可能會發展出一種草木皆兵的心態，這些深刻的感覺可能會發展出各種不健康的補償策略，而你可能不知道自己一輩子都在用不健康的方式應對。有時候，你會懷疑為何人生如此累人、孤單、令人失望或沒意義，甚至懷疑這人生到底值不值得活下去。

我希望這本書能幫助你發現人生中不盡人意的根源，並且帶領你前往更幸福美好的人生之旅。我們無法改變過往的歷史，但可以療癒出更好的未來。**你受過傷，但不必繼續痛！**

我誠摯地希望你透過閱讀這本書，能夠漸漸化解不必要的焦慮、羞恥和憂鬱。當這種情況發生時，我希望、也祈禱你的自尊會成長，你會在人生中找到有愛且支持你的人，而且你會逐漸從求生模式轉為茁壯模式。

佩特・沃克

譯序

給自我療癒中的你

佩特．沃克的這本著作，是複雜性創傷後壓力症候群倖存者的療癒聖經。它在創傷倖存者社群中不僅受到了極高的評價與推薦，同時也是心理助人工作者的寶貴工具。

複雜性創傷後壓力症候群簡稱CPTSD，由於中文全名太長，我在本書中會交替使用兩者。

雖然這本書聚焦在童年時父母養育過程所造成的創傷，可是複雜性創傷後壓力症候群不會只發生在有過童年教養創傷的人身上。在關係中受到持續性的傷害（無論是顯性或隱性），或是接二連三地遭遇重大打擊，都有可能造成複雜性創傷後壓力症候群。霸凌受害者、家暴受害者、受邪教控制的受害者、自戀型虐待受害者……等，都是很可能發生複雜性創傷後壓力症候群的例子（關於自戀型虐待，請參見 https://freeryou.com/narcabuse 的系列文章）。

如果你曾經受過惡劣對待或接二連三的打擊，即使記憶中不曾遭遇童年教養創傷，依然可以參考這本書，擷取或修改當中的資訊，應用在自己身上。

在翻譯並發行中文版之前，我一次又一次地推薦這本書給我的外國案主，以及其他受過關係創傷的外國友人。他們每一位都被這本書觸動，並且得到了大幅度的療癒。

我並不是說光靠閱讀這本書，就一定能夠完全從複雜性創傷後壓力症候群的傷痛中復原。但是，佩特以充滿慈悲和同理的角度，完整地協助讀者理解CPTSD的種種複雜性，尤其是情緒面的惡性循環與死胡同。這樣完整性、系統性的理解，使得倖存者能夠更加看清自己的狀況、突破盲點，也能更有動機並採用更好的角度來幫助自己復原。

在心理治療工作中，治療師其實不太容易以口頭進行複雜性創傷後壓力症候群的知識教育（心理教育），因為這個主題的知識交錯複雜，而且許多CPTSD倖存者會反射性地抗拒「說教」，尤其是來自「權威」的說教——即使本質上不是說教，而是善意的分享——特別是面對面、現場來自對方的聲音。這是由於他們的創傷經驗，讓他們容易把這種善意的分享詮釋為說教。然而，他們的抗拒不是他們的錯，無論那抗拒是辯論、否定、神遊、左耳進右耳出，或者口是心非的同意，那都是倖存者的創傷反應。

尤其當心理教育涉及了請他們接納或釋放長期以來壓抑的情緒時，那種抗拒情形更是強烈，因為他們會有意識或無意識地害怕。長期的壓抑，來自於他們對那些情緒的懼怕，甚至，這種壓抑會嚴重到使他們自己完全不知道那些情緒的存在、感覺不到那些情緒，於是更容易否定和抗拒這種心理教育。

可是，**知識就是力量，而這本書，能幫助倖存者用最少的抗拒，去了解複雜性創傷後壓力症候群的種種知識，也更了解自己**。最重要的是，佩特溫柔慈愛的話語，讓倖存者能夠獨自在有隱私的安全空間，放心地流下感動的淚水——一種終於被理解、被同理、被撫慰的淚水。那是極具療癒性的，我所推薦閱讀的每位倖存者，無不流下這種淚水，並且告訴我，那是療癒的淚水。

究竟什麼是「複雜性創傷後壓力症候群」（CPTSD）呢？佩特出版此書之時，學界尚未建立CPTSD的正式診斷標準，所以他並未在原書中詳細說明診斷標準，但是他提供了心理治療師在實務工作中普遍認同的共通性和症狀。就在本書翻譯完成後不久，世界衛生組織（WHO）在二〇一九年五月的世界衛生大會上，對會員國發表了最新的《國際疾病分類標準第十一版》（ICD-11），並且在二〇二二年正式生效。

在這一版的診斷分類中，首度收納了CPTSD這項疾患，並且給予了診斷說明：

> 複雜性創傷後壓力症候群（CPTSD）[1]是在接觸一個或一系列本質上極具威脅性或極為恐怖的事件後，可能發展出的疾患，尤其是長時間或重複發生、難以逃脫或無法逃脫的事件（如折磨、奴役、大屠殺、持續的家庭暴力、重複發生的童年性虐待或肢體虐待等）。CPTSD必須符合創傷後壓力症候群的全部診斷標準，並且具備嚴重且持續的：
>
> 1. 情緒調節問題；
> 2. 相信自己是渺小的、挫敗的或無價值的，並且感到與創傷事件有關的羞恥、罪惡或失敗；
> 3. 難以維持關係和與他人感到親近。
>
> 這些症狀會導致個人、家庭、社交、教育、工作，或其他重要領域的功能顯著損壞。

簡單來說，也就是廣為人知的「創傷後壓力症候群」，是屬於CPTSD的一部分，另外再加上其他症狀。左頁的圖呈現了CPTSD的精華概念。

正確地分辨是複雜性創傷後壓力症候群，還是一般的創傷後壓力症候群、邊緣性人格疾患、自戀型人格疾患、焦慮症、憂鬱症、解離性障礙，能使當事人得到正確的協助，避免治標不治本，或是誤診誤治的狀況。比方說，CPTSD的許多症狀與邊緣性人格疾患非常相似，但是CPTSD的患者很有可能透過多元整合式的

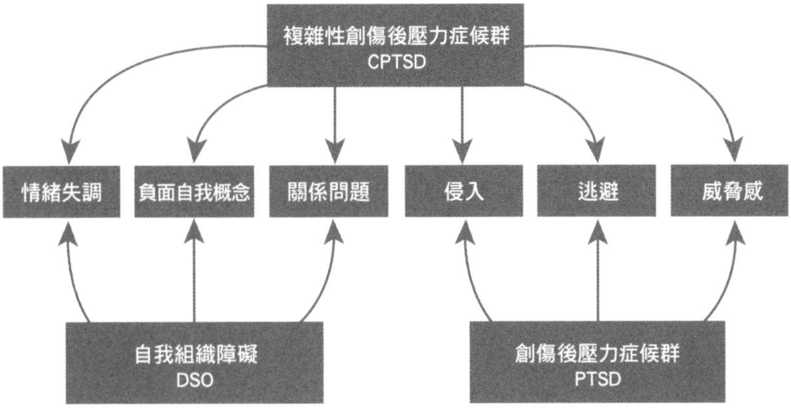

療法，療癒到當事人幾乎不受影響的程度，讓人生重獲光明喜樂；至於邊緣性人格疾患，目前最被推薦的療法是辯證行為治療（Dialectical Behavioral Therapy），而且即使此療法有幫助，也僅能「管理」邊緣性人格疾患的症狀，成效有限。如果單一地將辯證行為治療運用在複雜性創傷後壓力症候群的案主身上，則可能無效。

另外，複雜性創傷後壓力症候群的倖存者或治療者，時常誤將CPTSD當作一般的創傷後壓力症候群，試圖用單一模式的創傷療法去幫助案主，卻不見成效。即使是在心理治療領域中廣受好評的創傷療法——眼動減敏與歷程更新治療法（EMDR），對CPTSD的療效也非常有限。

佩特的書中，多次強調了多元取向的治療方式，才是對CPTSD有效的療法。還有，正確發現自己有複雜性創傷後壓力症候群，而非其他的常見錯誤標籤，能幫助當事人更正確地了解自己，並且擺脫種種因為錯誤標籤和無效治療所帶來的自卑感或挫折感，而這些都會加重CPTSD的各種毒性。

1 由於臺灣尚無CPTSD的正式中文名稱，而創傷後壓力症候群（PTSD）為大眾耳熟能詳的病名，故本書譯為「複雜性創傷後壓力症候群」。此外，目前尚無臺灣版的ICD-11，所以疾病與診斷介紹為非正式之英翻中版本。

除了複雜性創傷後壓力症候群的知識，以及溫暖的同理心，佩特更是不藏私地提供各種自我幫助的具體建議，以及許多的參考資料。

我也非常認同佩特不怕得罪同業的誠實：處理複雜性創傷後壓力症候群，不能靠單一的「某某療法」而達到效果。處理CPTSD需要整合多元的治療取向與治療技術，搭配心理治療師的知識與經驗，在適當的時候採用適當的做法。可是在一個強調行銷的年代，即使是專業的心理助人工作，也經常為了行銷考量，而打出「某某單一療法就有效」的口號。然而，實際上並非如此，甚至可能使案主因為治療無效而更加打擊自己，或者全面地不信任專業心理工作。

佩特更是不怕得罪同業，大膽批評心理諮商與心理治療中的經典「白屏幕」風格。在我的經驗中，他的批評完全正確，因為協助受害者時，白屏幕風格常常會重演了案主的創傷經驗。

受害者的類型很多，而複雜性創傷後壓力症候群的根源，就是當事人曾在關係中受到惡劣對待或背叛，所以，我認為所有的CPTSD當事人都是受害者。佩特以「倖存者」（survivors）稱呼他們，但我想他們始於「受害者」，透過療癒與成長，才會成為真正的倖存者。這就有如本書的原文書名標題「From Surviving to Thriving」：從求生到茁壯。

同時，佩特也同樣不怕犯眾怒地批判了宗教、身心靈領域，以及普遍的社會價值觀。在尊重各種信仰的前提下，他勇敢地告訴讀者，當某些信仰或意識形態宣稱「只要這麼做就會快樂」，或是不當地要求倖存者「放下、原諒」，又或是否定負面情緒的價值，其實都是有害心理健康的，更會阻礙複雜性創傷後壓力症候群的療癒。

我一次次地看到，相較於沒有閱讀過這本書的案主，那些閱讀過這本書的案主，搭配了具有處理複雜性創傷後壓力症候群之經驗的心理治療師，大多都有非常良好的進展。沒有閱讀過這本書的案主，時常在心理治療中花了許多時間原地打轉，因為他們很難突破盲點和惡性循環，同時又會強烈抗拒治療師試圖破解的介入。可是，在他們好好閱讀過這本書後，便會開始對那些盲點和惡性循環有更好的覺察，也能夠在療程中與治療師產生更具建設性的互動，療癒與復原的進展就變得更為明顯。

當我回到臺灣後，我時常想推薦這本書給其他倖存者，卻苦於沒有中文版，而無法讓中文世界的ＣＰＴＳＤ倖存者也得到相同的療癒。同時，我時常看到出現在媒體或社群網站分享中的各種「奧客」和無理取鬧事件，以及社會中出現情緒失衡（無論是爆炸或者麻木）的現象，加上傳統所支持的子女教養模式，都不難推測複雜性創傷後壓力症候群在我們社會中的普遍性。當然，這並不是說所有情緒失衡或無理取鬧，都能用ＣＰＴＳＤ來解釋，有時候那些表現的背後另有原因。

可是，大部分的人都對複雜性創傷後壓力症候群一無所知，也因為不了解自己，也不了解他人，於是陷入一種集體的多向指責與情緒惡性循環。

甚至，我懷疑ＣＰＴＳＤ的普遍，再加上對終身婚姻義務觀念的解放，是臺灣近年來離婚率飆高的原因之一。後者的觀念解放是件好事，但是結合了ＣＰＴＳＤ時，常常就會因為情緒重現和內外找碴鬼的影響，而破壞了原本可以維持的幸福，不必要地處死了一段親密關係。

未受到妥善處理的複雜性創傷後壓力症候群，除了造成自己內在的長期不幸福，也常會造成人際關係和親密關係的問題。

深感這本書的重要性，於是我主動聯絡了佩特，表達希望能翻譯這本書，而他也很快地同意了。

著手翻譯後，我才發現這是一本很難翻譯的書，因為有太多專業心理學概念，不易以中文直接翻譯表達。幸好佩特同意我可以適當修飾，並且加入各種補充說明的註腳。

許多讀者會發現，這不是一本好閱讀的書，不是可以一氣呵成、快速讀完的書。其實，大部分的讀者，不分語言，只要認真閱讀本書，都會有這個現象。

原因是，除了有許多複雜抽象的新知識、新概念，需要理解與消化外（尤其是要理解並接受那些一直以來壓抑的東西），如果你是複雜性創傷後壓力症候群的倖存者，根據你的創傷反應模式，可能本來就不容易集中精神，但更多的原因是，你可能不時地被佩特的話語勾起了情緒反應。

也許，不易一氣呵成地閱讀，才是好事。

我會這麼說，是因為我在實務工作中發現，當案主慢慢地咀嚼並消化佩特的文字、允許自己去感受被勾起的情緒時，反而能得到最多的療癒。而那些囫圇吞棗、只看文字，卻沒有深度經歷情緒的案主，都不太能夠從此書中獲益；甚至，他們這種「速讀」方式，正展現了他們仍然在逃避情緒、逃避深度療癒、陷入焦慮性的匆忙，就連閱讀自助書籍都還在採用自己的４Ｆ反應模式（佩特的書中會說明什麼是４Ｆ）。

所以，如果你是尋求療癒的讀者，我想建議你這麼使用此書，來幫助自己獲得最大的療癒功效：

1. 慢慢讀

大約讀懂了一部分之後，再繼續讀下一個部分。你不需要執著在了解每一個字詞（ＣＰＴＳＤ倖存者有時會發生不必要的完美主義現象，於是太過鑽牛角尖），但請盡量了解每一個概念。有時候，對一小部分感到模糊不懂，可能在稍後的閱讀中會有更多的說明或理解，所以不需要為了某一小部分的困難而感到挫敗或執著。盡量理解就好。有時候，你可能會發現自己反覆重複閱讀同一句話或同一個段落，這是正常的。

如果你覺得嚴重「卡關」、一直無法前進，也許可以諮詢他人，或是考慮參加讀書會。複雜性創傷後壓力症候群極為普遍，所以你可能不難找到共讀的同伴。如果你真的找不到討論的同伴，歡迎你聯絡我，也許我們可以組織一個讀書會或講座。

2. 允許自己去感覺

如果在閱讀期間，你的某些感覺有可能被挑起，請不要急著壓抑、否定或分散它。請允許它發生，去感受它，在安全合理的範圍內，想哭就哭，想發怒就發怒，這是最具療癒性的部分。如果那個感覺強大到令你覺得難以承受，請尋求心理治療師或心理師的協助。事實上，當你有那麼強大的情緒反應或生理反應時，最適合接受心理協助。

3. 做筆記

佩特用較為線性、廣泛性的方式，介紹各種概念與自助技巧，也許你會覺得本書充滿了有用的資訊，但有時又不太容易即時利用各種建議。

佩特提供了多個好用的工具箱，但也許你還想要把其他有用的建議給組織起來。你可以做筆記，整理出各種你可能會用到的技術或建議，以你自己的方式去組織統整出一個方便使用的自製工具箱。許多案主發現，如果他們把這個工具箱存在手機裡，就很方便隨時隨地利用這些工具。

你自己整理的工具箱，可能會比他人為你整理的工具箱更好運用，因為那是最客製化、最符合你使用習慣的系統。

我根據實務經驗和佩特的建議，自製了一套「利用情緒重現而成長」的練習單，以一步步的內觀，幫助案主對情緒重現、內在找碴鬼、外在找碴鬼有更好的覺察，並且進一步把這樣的覺察化為成長與療癒的工具。但是，這樣的練習單，在沒有協助的狀況下，或是在不適合的時間點，就不一定適合你。這只是「自製工具箱」的一個例子，你可以製作適合自己的工具箱。

4. 反覆閱讀

這不是讀一次就夠了的書。在我的經驗中，即使倖存者慢慢地、仔細地閱讀，並且允許自己去感覺，在第一次閱讀時，其實不太能夠完全享受這本書的貢獻。大部分的原因是，第一次閱讀時，我們通常會本能地聚焦在「吸引我們」、「有共鳴」的部分，對於仍抗拒的知識會給予較少的注意力。但是，那些我們抗拒的部分，就是更需要下功夫的部分。

在我的工作中，我時常看到案主第一次閱讀時深受感動、很有共鳴，並且大幅突破盲點，可是在我們的療程中，他們表現得好像完全沒看到書中的某些重要資訊一樣，而且那個「有看沒有到」的部分，正是他們在療程中的關卡或瓶頸部分。通常我會建議他們再讀一次，並且留意這些被忽略的部分，有意識地處理自己的抗拒。讀者常常會發現，每次重新閱讀這本書，就會有新的啟發與收穫。

5. 適時地尋求專業協助

這本書有極大的療癒性，但不一定能全然化解你的議題，也可能有些內容是無法靠自己閱讀就理解或應用的。或者，你可能在閱讀後發現自己潘朵拉的盒子被打開了，卻不知該如何應對。這時，求助於具有複雜性創傷後壓力症候群治療經驗的心理師或心理治療師，能夠幫助你突破這些瓶頸，並且更完全地療癒自己。

另外，我也注意到，在大部分的亞洲文化中，「情緒」常常是被忽略的、不常被正視的。甚至，強烈的情緒還可能遭到羞辱或批判。榮耀父母地位、強調「乖」與服從的傳統文化，也可能迫使我們從小必須壓抑或否定自己的感受。我們也許會有「情緒發作」，卻可能對「意識情緒的存在、辨別、處理」有困難。所以，許多亞洲文化中的案主無法立刻理解或應用本書的內容，於是一開始需要先建立情緒覺察的基本功。

還有，許多受到童年養育創傷的人，很可能因為創傷經驗而習慣壓抑或漠視自己的情緒，所以即使不是亞洲人，也常發生這種現象，只是我們的文化更加助長它。當你被問到「你有什麼情緒」，而你通常回答不出具體的情緒詞彙時，可能就是需要先建立這個基本功的人，然後你才能夠更加理解這本書所談的各種情緒議題，進而應用本書的各種建議。

如何建立情緒覺察的基本功呢？我建議採取這兩個簡單的步驟：

首先，建立情緒辭典。請先蒐集、累積大量的情緒詞彙，像是「快樂」、「悲傷」、「憤怒」、「恐懼」……等，越多越好。記得，不要把「行為」和「想法」，或文學性描述手法，加入到這個情緒辭典中。否定詞也不算是情緒詞彙，例如「不爽」、「不開心」。聚焦在精確的情緒詞彙。

如果你對於區分什麼算不算是「情緒」這方面有困難，就可能需要一些協助。在網路上搜尋相關資訊，是便宜有效率的方法之一。如果真的覺得很困難，可能表示你的情緒議題頗深，需要專業的協助。

建立情緒辭典，沒有截止日期，你可以一直做下去。

然後，當你累積了合理數量的情緒詞彙後，請開始把情緒詞彙加入你的口語或文字表達中。你可以多多練習「我覺得（情緒）」這類的句子，無論是對他人說，或對自己說。當你越常結合情緒詞彙到表達或內省之中，你的情緒覺察能力就會越好，也越能利用這本書的知識與建議。

最後，我想感謝佩特寫了這麼好的書，並且允許我翻譯它。我也要感謝我的家人與朋友，你們非常包容我為了翻譯此書而焦頭爛額、鎮日埋首電腦鍵盤。感謝我的案主們，你們的勇氣令我敬佩，你們的成長使我一同成長，並且給了我無數的啟發。謝謝美國加州柏克萊市的心理治療師 Diana Shapiro，謝謝你給我的療癒、支持和勇氣，並帶領我認識複雜性創傷後壓力症候群。感謝柿子文化出版社的支持，讓這本好書得以中文傳播，幫助許多有需要的人。

因複雜性創傷後壓力症候群而辛苦或孤單的你，請記得，你很好，你只是受傷了。祝福你打破CPTSD的控制。

好評見證

「我謹代表加拿大的虐待倖存者療癒社團（Survivors of Abuse Recovering，S.O.A.R.）聯絡您。我們希望把您的『管理情緒重現十三步驟』納入我們的資源手冊中。」

「我找回了我自己。我在你的文字中找到了自己，就像你解開了我，踏入我受創的內在自我，在當中漫步，然後寫下你在我裡面發現的內容。我人生中第一次有自覺……我已經五十幾歲了……我不覺得自己有缺陷……或瘋了……或『奇怪』……或甚至不值得被愛。」——D.M.

「我在舊金山機場坐著讀你的書（在洗手間裡邊顫抖邊哭），然後鼓起勇氣進行下一段旅程。僅僅知道你就住在這個區域，就給了我很大的幫助——很奇怪的是，我根本沒有見過你！你的網站和書對我而言是無價之寶。」——A.R.

「我要非常謝謝你給我的一切幫助（還有，我把你的網站分享給其他人，他們也都受到你的幫助）。你對情緒重現的理解，對我的人生造成了極大的影響。我從被大浪打垮，變成了至少有衝浪板可以衝一些浪；而且就算我摔下來，也知道那不是永遠的。」——來自紐西蘭的J

「謝謝你關於複雜性創傷後壓力症候群和遺棄的一切教育資訊，我終於找到好幾年來試圖向心理治療師解釋的東西了。你提供的資訊的每個部分，完全都是我經歷的CPTSD和依附性憂鬱。」——A

「我從私人立場和專業立場都要謝謝你。你的關於療癒複雜性創傷後壓力症候群的文章令我興奮，也使我得到認同。現在我會是更好的心理治療師，並且自己也更進一步地療癒了。」——D

「你的文章是我會經常拿來發給案主的資料。不用說，我覺得這些資訊，還有你表達的方式，真的是大家的救星！」——L. P.

「你所寫的一切對我造成很大的影響，而且我也在你的網頁中得到很多的療癒。就像你在閱讀療法中提到的作者，我相信如果我有機會與你見面，你會對我有同理心。此時此刻，這個信念強大地實現了。」——J. S.

「從恐慌症，到分離焦慮，到依附疾患、躁鬱症、廣泛性焦慮……等，我都被診斷過，也被貼過標籤。然後我找到了一位治療師，他說我的創傷後壓力症候群來自於我爸爸長期的情緒虐待和媽媽的情緒忽略，那時我才真的覺得有道理。我覺得我在你網站上讀到的一切，是我長期追尋的最後一塊拼圖，這真的給了我很多力量，也解放了我。」——A. M.

「大約五年前，我發現了你的網路文章，然後我一邊跟優秀的治療師處理CPTSD，一邊持續地回去閱讀你的文章。你的文字紮實、慈悲又直接。現在，我發現人生值得再活下去。還有，我的包包裡放著一份『管理情緒重現十三步驟』。」——P. B.

「我讀了你的文章非常多次，尤其是遺棄性憂鬱的部分，你給了我希望，讓我放下自殺的想法。非常謝謝你花時間在網路上撰寫這些絕佳的文章，我的感激之情難以言表。」——來自北愛爾蘭的 T. M.

「這幾年我都在使用你的書。我人生中第一次能夠做自己，並且擁有完整的感覺，我的孩子們都因為這個辛苦的工作而開始茁壯。所以，謝謝你。」——N. A.

「我想衷心地表達我的感謝，謝謝你分享關於複雜性創傷後壓力症候群的全部資訊，這顯然是網路上最好的資源。」——J. C.

「我現在已經走了很久的復原之路，並且最近決定要回顧和慶祝我的成就。你的文字正是我此時需要的，我覺得真的被看見、了解和欣賞。這真是個禮物！」——P.

「看到你文章的那一天，是我人生中歷史性的一天！我在治療中浪費了十二年的痛苦時間。你說得太棒了！汎・德・寇克（van der Kolk）可以向你學學。我向來厭惡那些嘮叨的心理學，說什麼能夠有名字稱呼這個或那個有多棒，有的沒的。但是我改變了，能夠知道情緒重現正符合我的情況，就是徹底的奇蹟。」——M.

「有了心理學的學位、諮商的訓練，以及數十年的治療之後，這是我第一次看到有人真確的描述了我的內在狀態！」——F. K.

「我剛看完你的書，它強而有力又溫柔。我現在重新再看一次你的書，並且一邊看一邊用螢光筆畫重點。你的寫作邀請了讀者進入一個溫暖的治療關係。很美、很美的書！謝謝你！」——A. R.

「我要謝謝你在網站上分享作品，那正是我需要用來讓生命中的一部分解放的內容！你的作品洞悉透徹，你的建議實用可行，而且最重要的是，它們成功地使我的人生發生了需要的溫柔改變。」——L. K.

「我從來沒有讀過什麼能使我得到這麼多對自己人生經驗的個人體悟和洞見。接受教練、療癒者、治療師協助許多年之後，我從未能夠明確指出自己的內在歷程究竟發生了什麼，也從來沒有明確地符合任何框框或診斷……直到現在。讀這些文章，並且知道我的掙扎是有道理的，它們全是來自我辛苦的人生（和童年）經驗，這讓我鬆了一口氣。知道有辦法正向地處理它，讓我鬆了更大的一口氣。」——R. T.

「我是受複雜性創傷後壓力症候群所苦的人，而你的文章比其他內容使我有更深刻的了解，並給了我希望。我很感恩，並希望與他人分享這些知識，請同意我們把你的文章發布在 www.ptsdforum.org。」——Anthony

「我剛重讀了你的書，並且幾乎全部都劃上重點。我已經從你的網站得到許多收穫，而現在是你的書。我接受治療已經超過三年，很驚訝自己改變了這麼多。現在，當我讀到討好型的內容時會感到驚訝，並且發現我已經不太會那麼做了。」——A.

「讀你的文章就像撥雲見日。我沒瘋，我不笨，也不是永遠地壞掉了，我只是有情緒重現的情況，而且那不是我的錯。」——M. L.

「你的作品可能救了我和未婚夫的命，這麼說一點也不為過，因為我們都有複雜性創傷後壓力症候群，而且差不多都要放棄人生了，但你的作品使我們了解自己怎麼了。你的作品真的打開了我的眼界。」——M. M.

「對我，以及數千名像我一樣受折磨、掙扎著找到自己的憤怒（快來了！）、自我保護、自我悲傷和成長的人，你是個禮物。我正在重建並重新撫育自己。」——英國的 L. K.

「我在諮商教育這個領域已經從事十二年了，而我可以很誠實地說，我以前從未看過像這樣的資訊和理論。」——C. M.，諮商心理學助理教授

「我找過諮商、心理學家、精神科醫師、靈性協助，你說得出來的，我都試過了。我有很多自助書籍和網路資源，它們都給了我一些有用的資訊，但是你的文章所給予我的，更甚於其他。」——J. T.

「我真的非常感謝這本書！我讀過很多關於創傷的書籍，但通常讀完時，得到的信息是，『好吧，所以我有一些嚴重的複雜性創傷後壓力症候群，現在怎麼辦？』這是第一本我讀完後感覺清晰的書。從中我學到了很多，我了解到我需要重新養育我內心的孩子，但這意味著什麼？在「情緒重現」的時一刻，我需要透過友善與安慰，來成為我內在那害怕的孩子的母親。而且，恐怕還需要成為內心孩子的父親，透過保護自己，來為自己提供如父親般的安全感，提醒自己是安全的，並且有人在支持你。我還了解到，你需要讓自己哭泣，這是身體對疼痛和恐懼的自然反應，就像打噴嚏是身體對鼻子刺激物的反應。如果你不處理疼痛，你就無法處理疼痛，並進一步治癒它。這本書我已經推薦給幾乎所有我認識的人了，哈哈！」——Emma Jane

「我覺得必須要寫訊息感謝你，謝謝你的複雜性創傷後壓力症候群相關文章。閱讀你的CPTSD文章，使我第一次為了人生旅途至此經歷過的痛苦與失去，發自身體深處地哭出真實的眼淚。」——M.

獻詞

致我的太太莎拉·瑋柏格，與我的兒子傑登·麥可·沃克。

你們時時讓我知道，我已經脫離了父母永無止境的輕蔑，我能夠以愛與慈善滋養我們的家庭，並且持續在你們慷慨施予我的愛與慈善中獲得療癒。

我也將此書獻給那些經常在餐桌上遭受語言或情緒虐待的人。我祈禱這本書能幫助你療癒所受到的傷害，以及你與食物的關係。

日子到了
那躲在密實花苞中的風險
遠比綻放的風險更為痛苦

——佚名

當內在的柔軟
發現了秘密的痛，
痛本身將使頑石裂開，
然後，啊！讓靈魂浮現吧。

——魯米（Rumi）

我們都是極為複雜的生物，並藉由認識自己的複雜性而幫助自己。否則，我們就會住在一個不存在的夢境世界中，那裡簡單而黑白分明的思維，根本不適用於人生。

——西奧多．魯賓（Theodore Rubin）

致謝

感謝每位可愛的案主。這三十多年來，我很榮幸看到他們勇敢地展現脆弱，以及他們的真誠。他們的故事使我確認了，糟糕的育兒方式的確是普遍的問題。而且他們激勵人心的努力，證明了糟糕育兒的影響大多可以被克服。

我也感謝本書的讀者，以及在我的網站上回應的造訪者。我在撰寫本書中要讓大眾閱讀的文字時，一直出現表現焦慮，而他們的回饋大幅地減輕了這種情況。由於在我的童年中，我的話語經常被當成武器反過來傷害我，所以我在寫書時也會有這樣的恐懼，而他們壓倒性的正面支持，減輕了我的恐懼。

感謝我的好友比爾・歐布萊恩，他給了我無價的編輯協助。

感謝在療癒過程中與我同病相憐的朋友，我們在療癒旅程中大大幫助了彼此。

聲明

我並非複雜性創傷後壓力症候群的學術專家。我研讀了大量的相關知識，但絕對稱不上無所不知，而且我也不敢說自己確實跟上了所有的發展新知。我在此獻上的，是將近三十年來治療創傷倖存者的經驗，包括個別治療與團體治療。我在本書中敘述的是務實且多面向的療癒取向，亦是我親眼所見之中，對案主、我所愛的他人，以及我自己都很有效的方式。

前言

如果你現在就陷於痛苦中，請先看第八章的內容，並閱讀減輕複雜性創傷後壓力症候群之恐懼與壓力的十三個步驟。

四十年前，我在印度搭乘從德里開往加爾各答的火車。當時，正是我在印度為期一年心靈探索的尾聲，但這趟探索之旅失敗了，我沒有得到啟悟，我的救贖幻想只為我帶來了絕望和阿米巴痢疾。這場疾病讓我少了十三公斤，看起來就像個憔悴瘦弱的和尚。

更糟的是，閱讀華特．惠特曼（Walt Whitman）的《大道之歌》而燃起的希望，完全消失殆盡。那個希望，曾在我被突然逐出家門後，支撐了我長達五年的世界之旅……

回來談那趟火車之旅。我和平民、雞、羊為伍，坐在擁擠的二等座位上，閱讀著英文版的印度報紙。報紙說，我的目的地加爾各答，到處都是逃離孟加拉水災的十萬難民，他們顯然都睡在鬧區的騎樓下。

我在深夜抵達時，果然看到一個個身軀包裹在毯子裡，肩碰著肩，並且排滿了各條街道。我住進另一位旅人介紹的旅館，一晚二十分錢。

我睡得很差，畏懼著第二天早上即將看到的景象。我要如何面對滿滿的絕望人群，尤其當我什麼都給不了之際？要是去澳洲，我有機會賺一點錢，但我懷疑自己連去澳洲的錢都不夠。

隔天早上，我好不容易擠下樓，卻被街頭景象的轉變給嚇呆了。那些難民把毯子攤開來，當成野餐墊，每張毯子上是一個快樂的家庭。小小的攜帶式爐子上煮了餐點和茶，人們帶著驚人的生命力與熱情，開著玩笑。還有小孩……孩子們（這個畫面深刻地印在我的記憶中）在父母身上爬著，尤其是父親們充滿感情地和孩子玩起體操，而且這些父親似乎和孩子一樣喜愛這個遊戲。

我被從未經歷過的混雜情緒給淹沒了——一種陌生的雞尾酒式的放鬆、愉悅和焦慮。直到十年後，我才理解那個焦慮：原來那是從我的潛意識裡滲透出來的羨慕。

我深深地羨慕著這個豪華的親情大餐，那是我不曾經歷或目睹的。我在成長過程中所看過的家庭喜劇（甚至是甜膩膩的那種），都無法呈現出如此真誠有感的健康連結與依附。

多年後，我成為人類學及社會服務工作的學生，明白那是怎麼一回事。我回想起在其他尚未工業化的國家，也曾見到相似的情景，只是場面沒那麼大：摩洛哥、泰國、峇里島，還有澳洲的原住民保留區。

這些回憶使我發自內心地知道，無論是在我自己的家庭，或是朋友的家庭，我從沒見過這樣的感情。多年來，我消化著這個經驗，並用它來克服對自己童年失落的否認。我展開了數十年的追尋，引領我寫下這本書，以及《如果不能怪罪你，我要如何原諒你？》。

我希望透過這本書來努力創造一張地圖，使你可以依循著去療癒來自童年缺乏愛的傷口。如果我有時重複談論「縮小找碴鬼」、「哀悼童年失落」之類的話題，那是因為我一次又一次地試圖用不同的方式，來強調它們在療癒過程中的重要性。

如果你發現自己迷路了，不知道如何回到地圖上，那些話題永遠會是幫助你重回地圖的關鍵。

有時我會建議讀者先看目錄，然後選一個讓你最有感覺的主題做為開始。雖然這本書是以線性的方式撰寫，不過每個人的療癒之旅都不同，所以這些旅程可以用不同的方式開始。

療癒之旅可能始於死亡或巨大失去所引發的情緒風暴，由此打開了積藏的童年痛苦；或是友人分享了他自己的療癒過程，引起你的共鳴；或是一本書、一個電視節目，觸發了你認真思考究竟自己的童年發生了什麼事；或是在伴侶諮商中什麼被「打開」了；或是以恐慌發作或精神崩潰的形式出現療癒危機，使你必須尋求外界的幫助；或是為了平撫憂鬱和焦慮而習慣濫用藥物，結果卻失控了，導致你必須對外求助。

我希望讀者能把這本書當作療癒的教材，而且有些部分應該重複閱讀，因為隨著時間和有效的療癒工作，有些主題會持續發展出越來越深的意義。

在這種情況下，你會發現目錄相當完整。有時候，使用這本書最好的方式，就是瀏覽目錄，然後閱讀你最有興趣的章節。

此外，這本書並不是一體通用的療癒公式。根據你童年創傷的特定模式，這本書的某些建議可能與你不太相關，甚至無關。那就請你聚焦在適用於你、對你有幫助的內容。

我也希望這份地圖能帶領你進入療癒之地，使你成為自己最堅定的慈愛與憐憫之源，並且在這趟旅途之外，你至少會找到另一個人以同等深厚的方式愛你。

最後，我在這本書描述了許多真實的例子，所有的人名和身分辨識資訊都已經修改，以保護當事人的隱私。

PART 1

療癒概論

第1章

CPTSD的療癒之旅

我撰寫這本書的視角，來自於我自己就有複雜性創傷後壓力症候群（CPTSD）[1]，並且這些年來我的症狀已經大幅減輕。在這條漫長、充滿風波的療癒路上，我發現了許多慰藉，這也是我撰寫本書的觀點。我在一些朋友及長期案主的療癒過程中，也看到相同的現象。

先說說關於複雜性創傷後壓力症候群的好消息。**CPTSD是學習而來的反應，來自於重要發展任務的失敗**[2]。**這表示，它是後天造成的，而非先天的**。換句話說，不像其他許多的錯誤診斷，CPTSD不是先天的，也不是性格問題，它是習得而來的。它並沒有被刻印到你的基因裡，是來自於後天的影響（或可說是缺乏好的影響），而非與生俱來的。

這是非常好的消息，因為習得而來的東西能夠被反向消除。你的父母以前沒有給你的東西，現在可以由你自己和別人來給你。

若要從複雜性創傷後壓力症候群中復原，你必須重視自己幫助自己（簡稱自助）以及人際關係的組成。人際關係部分，可以來自於作家、朋友、伴侶、老師、治療師、療癒團體，或是以上的綜合，我喜歡稱之為「代理團的重新撫育」（reparenting by committee）。

然而，我必須強調，有些CPTSD倖存者被父母徹底背叛，使得他們必須花很長一段時間才能信任另一個人，並建立起具療癒性的關係。在這種狀況下，寵物、書籍，或者CPTSD相關療癒網站，也能提供顯著的療癒關係。

這本書描寫的是多元的CPTSD治療模式，主要針對最普遍的CPTSD類型，也就是在嚴重虐待或忽略的家庭中成長的受創經驗所導致的類型。所以，本書介紹的是因受到虐待和遺棄而造成傷害的療癒之旅。創傷性的虐待與遺棄，可以發生在言語、情緒、心靈或身體的層面，性虐待更是特別嚴重的創傷。

我相信，創傷性家庭非常普遍。目前的研究數據顯示，有三分之一的女孩，以及五分之一的男孩，在成年前曾遭受到性虐待。金基金會（The Kim Foundation）最近的統計表示，十八歲以上的美國人中，有二十六%的人口被診斷出精神疾病。

當家庭中的虐待或忽略情況十分嚴重時，任何一種類型都可能使孩子發展出CPTSD。從第五章可以看到，如果父母兩人都是情緒忽略的共犯，孩子便可能產生CPTSD。如果虐待與忽略是多面向的，CPTSD的症狀也會更嚴重。

複雜性創傷後壓力症候群（CPTSD）是什麼？

CPTSD是比較嚴重的創傷後壓力症候群（PTSD）。我們可以用較廣為人知的五大常見且惱人的創傷症狀來描述它：情緒重現（emotional flashbacks）、毒性羞恥（toxic shame）、自我拋棄（self-abandonment）、惡性的內在批判（vicious inner critic，或稱內在找碴鬼），以及社交焦慮（social anxiety）。

「情緒重現」可能是最明顯、最典型的CPTSD特色。遭受創傷性拋棄的倖存者，極容易被痛苦的情緒重

---

1 為求精簡，本書中多以CPTSD來簡稱「複雜性創傷後壓力症候群」。

2 發展任務，指的是一個人從受孕、出生、成長至死亡，一生中在各個階段應發展出來的生理、心理、社會等能力。

現影響，而不像創傷後壓力症候群患者通常會有視覺重現（visual component，或稱經驗重現）的情況。**情緒重現是突發的，而且時常會讓人有一段時間的退化現象，排山倒海地感受到童年受虐或受遺棄時的感覺**。這種感受可能包括海嘯般的恐懼、羞恥、孤立、暴怒、哀慟或憂鬱，也包括不必要地觸發了戰鬥或逃跑的本能等。

在此鄭重提醒，情緒重現就跟人生中的大多事情一樣，隨時可能會出現。至於重現的強度範圍，從隱約不明到恐怖嚴重，都有可能。持續的時間也能從短短幾秒鐘到數週之久，甚至陷入心理治療師[3]所說的退化（regression）。

最後，一個較臨床且廣泛的CPTSD定義，可以在朱蒂·荷門（Judith Herman）的著作《創傷與修復》中找到。

情緒重現的例子

寫到這裡，我試圖回想自己最早的情緒重現例子。直到它首次發生的十年後，我才知道它是什麼。當時我與第一個伴侶住在一起，當她意外地對我大吼時，我們的蜜月期就嘎然停止，而我已經不記得她為何大吼了。

我所能清晰想起的是，她的大吼給了我什麼樣的感受，那像是一陣火燙的風，我覺得自己好像被吹走了，五臟六腑像是蠟燭那樣被吹熄了。

後來，我首次聽說「靈光」（aura）這東西時，我又重回到了那個情境，感覺就像我的靈光完全被剝去了。當時我覺得徹底迷惘，說不出話來，無法回應或思考。我嚇壞了，發著抖，並且覺得渺小。然後，我終於踉蹌地走到門口，離開房子，最終慢慢地把自己整理好。

就如先前所說，我花了十年才搞清楚，原來這個令人困惑且心煩的現象，是一種強烈的情緒重現。數年後，我了解了這種退化的本質，我理解到，它重現了我母親數百次帶著似乎要殺人的面容，以暴怒轟炸我，使我感到驚恐、羞恥、解離[4]和無助。

情緒重現時，戰鬥或逃跑的本能會被強烈喚醒，交感神經系統也會過度反應。交感神經系統是神經系統中負責喚醒與激發的那一半，一旦情緒重現時的主要情緒是恐懼，這個人便會感到極度焦慮、恐慌，甚至想要去死；當絕望是主要情緒時，這個人可能會出現深度的麻木、麻痺，以及極欲躲藏的反應。

感到渺小、年幼、脆弱、無力、無助，也是情緒重現中常有的經驗，而所有的症狀通常會蒙上一層丟臉、令人難以承受的毒性羞恥。

毒性羞恥：情緒重現的表象

在約翰．布雷蕭（John Bradshaw）的《治癒束縛性的羞恥》一書中，探討了毒性羞恥。毒性羞恥會使CPTSD倖存者深深覺得自己醜陋、愚蠢、令人厭惡，或糟糕得要命，於是消滅了倖存者的自尊（self-esteem）[5]。

---

3 專業心理助人工作者的頭銜，會因各地區法規與制度而有所不同，例如臺灣有諮商心理師與臨床心理師，而美國有相當多種頭銜與分類。在美國，即作者的國家，一般人口語上普遍使用 therapist（治療師，即心理治療師 psychotherapist 的簡稱）或 counselor（諮商師）兩種稱呼，而美國當地的專業心理助人工作者，多數偏好治療師一詞，作者在書中也大多使用心理治療師或治療師這樣的字眼。基於各地頭銜不同，缺乏一致性，所以本翻譯維持作者的用語，請讀者自行應用至所屬地區對應的專業頭銜。

4 解離（dissociation），是一種心理防衛機制，為了因應重大壓力而產生感官感覺抽離、情緒麻木、自我認同混亂或改變、失去自我感（感覺不到自己，退到自己之外）、失去現實感（覺得不真實）、失憶……等現象。

強烈的自我蔑視通常是一種情緒重現，當事者重回到了在創傷性父母的輕蔑與扭曲中掙扎的感受。毒性羞恥也可能來自於父母持續的忽略和拒絕。

在我事業的早期，有個案主名叫大衛，是一位英俊、聰明的職業演員。有一天，大衛在一場成功的試鏡之後過來找我，並且激動地說：「我從來沒讓任何人知道，可是我自知我真的非常醜。我如此不堪入目，還試圖當演員，真是愚蠢！」

我永遠不會忘記，一開始我有多麼震驚和難以置信：如此英俊的人竟然會覺得自己很醜？但是在進一步探索後，我就了解了。

大衛的童年充滿了各種虐待與忽略。他是一個大家庭中沒人要的老么，而且他那酗酒的父親會反覆攻擊他，嫌惡地看待他。更糟糕的是，他的家人也都模仿父親，時常以各種沉重的輕蔑來羞辱他，他的哥哥最喜歡用「我真是受不了看見你，你讓我想吐！」並搭配作嘔的鬼臉來嘲諷他。

毒性羞恥可以在一眨眼之間就消滅你的自尊。在情緒重現當中，你可能一下子就退化到「自己毫無價值、令人鄙視」的感覺或想法，就如同你的家人看待你的方式。

當你被捲入情緒重現之中，毒性羞恥會惡化成強烈而痛苦的孤立感，而孤立感來自於複雜的拋棄感，那是由羞恥、恐懼與憂鬱混雜而成的一團混亂。

「複雜的拋棄感」是包圍著遺棄性憂鬱的恐懼和毒性羞恥，並與遺棄性憂鬱交互作用。「遺棄性憂鬱」是如同走入死巷盡頭般的無助和無望，折磨著受創傷的孩子。

毒性羞恥也會阻礙我們尋求慰藉和支持。由於情緒重現會使我們重演童年的拋棄經驗，受創傷的人常會因此而自我隔離，並且無助地向龐大的羞辱感投降。

如果你深感自己是毫無價值的、有缺陷的，或可鄙的，便可能處於情緒重現當中。這也經常發生在你迷失於自我仇恨與狠毒的自我批判之際。

在第八章中，列出了十三項實用的步驟，可以幫助你立即管理情緒重現。

眾多案主和網站的回應者都表示，「情緒重現」這個概念讓他們大大地鬆了一口氣。他們說，那是他們第一次覺得自己飽受困擾的人生有點道理了，常見的回應是：「現在，我了解為何我過往求助的那些心理與心靈門派，都不能提供解答給我了。」

很多人也說，他們終於從那一連串羞辱人的誤診中得到解脫，無論是自己還是別人給的錯誤診斷。而這樣的覺知，使他們能夠拋掉那自我毀滅的習慣，不再蒐集自己有缺陷或是瘋子的證據。

許多人也說，他們對於挑戰習得的自我仇恨和自我厭惡，有了更強大的動機。

常見的CPTSD症狀

倖存者可能不會有每一種症狀，各式組合都是常見的。影響症狀組合的因素是你的4F類型，還有所遭受的童年虐待或童年忽略的模式。

5 自尊，self-esteem，並非自我尊重（self respect），而是指一個人主觀對自己的態度、想法、情緒、認為的價值等，可以描述成一個人如何主觀地看待自己，並感受自己。

以下是常見的症狀：

- 情緒重現
- 暴虐的內在找碴鬼或外在找碴鬼
- 毒性羞恥
- 自我拋棄
- 社交焦慮
- 悲慘的孤獨感和遺棄感
- 脆弱的自尊
- 依附疾患
- 發展停滯[6]
- 人際關係遭遇困難
- 極端的情緒變化（類似循環性情感症，請見第十二章）
- 解離——透過分散注意力的活動或是心智歷程
- 極易被引發戰鬥或逃跑反應
- 對有壓力的情況過度敏感
- 自殺意念

自殺意念

「自殺意念」在複雜性創傷後壓力症候群是常見的現象，尤其是發生嚴重或長時間的情緒重現時。自殺意念是憂鬱性的思考，或幻想著要去死，從積極性自殺到消極性自殺都有可能。

在我所認識的CPTSD倖存者中，「消極性自殺」是較為常見的。從希望自己死掉，到幻想自己怎麼死，都屬於消極性自殺的範圍。

當倖存者迷失在自殺意念當中時，甚至可能祈禱生命被結束，或是幻想自己死於命中注定的災難。他們甚至可能會沉迷於走到車子前被撞死，或是從高樓跳下這樣的想法，但不是認真的。

然而，如果他們不是認真地要殺死自己，這類幻想通常會結束。這和積極性自殺不同，積極性自殺的人會採取終結生命的行動。

我會談到消極性自殺，是因為我們不必像對待積極性自殺那般驚慌。消極性自殺通常是童年早期的情緒重現，當一個人遭受的遺棄是那麼深刻，很自然就會希望上天，或誰，或什麼來結束這一切。

當倖存者發覺自己在做自殺白日夢時，一個有益的方法是，你可以把它視為你有多少痛苦的象徵，以及情緒重現特別嚴重的訊號，然後採取第八章的管理情緒重現步驟來對應。然而，如果管理情緒重現無效，自殺的想法越來越積極，請撥打「一九九五」給生命線協談專線（簡稱生命線），因為這可能是需要幫助的狀況，而生命線能提供協助。

---

6 發展停滯是指在成長發展過程中，某項發展任務沒有順利發展。比方說，應發展出安全感的階段沒有發展出安全感、應發展出社交能力的階段沒有發展出社交能力……等。

熟練的治療師和照顧者，能夠區辨積極性自殺和消極性自殺的意念，遇到後者時並不會驚慌失措、緊張兮兮。治療師知道在大多數的情況下，口頭抒發自殺意念底下的情緒重現，能夠破解自殺意圖，所以會邀請倖存者探索自己的自殺想法和感受。

在較少發生的積極性自殺中，鼓勵倖存者口頭抒發，也可以幫助治療師或助人者來判斷倖存者是否真的有自殺的風險，以及是否需要採取保護的行動。

你可能遭到的誤診

我曾聽過知名創傷專家約翰・布宜爾（John Briere）諷刺地說，如果複雜性創傷後壓力症候群被當成一回事，那麼所有心理健康專業人士所遵循的《精神疾病診斷準則手冊》（DSM）[7]，就要從厚重的磚塊書縮小成一本小冊子了。換句話說，童年創傷在大多數成人心理疾病中所扮演的角色，佔有巨大的份量。

我見證了許多ＣＰＴＳＤ案主被誤診為各式各樣的焦慮類或憂鬱類疾患。有些案主甚至被不公平且不正確地被貼上躁鬱症、自戀、關係依賴、自閉、邊緣性人格等標籤（但這並不表示ＣＰＴＳＤ一定不會和這些疾患一起發生）。

還有其他混淆的情況，像是注意力不足過動症、強迫症這兩種疾患，的確都存在固著的「逃跑」創傷反應（請見之後關於四種創傷反應〔又稱４Ｆ〕的說明）。注意力缺失症，與某些憂鬱類和解離類的疾患，也的確都存在著固著的「僵住」創傷反應。

這並不是說，被誤診為上述疾患的人，並沒有類似該疾患的症狀。重點是，那些疾病標籤是不完整的，而且還不必要地羞辱了ＣＰＴＳＤ倖存者。把ＣＰＴＳＤ簡化成「焦慮症」，就像是把「食物過敏」稱為「慢性眼睛癢」一樣。若是把CPTSD當作焦慮症，過度聚焦在治療恐慌症狀，就像在這個比喻中只治療眼睛癢一樣，都是治標不治本。恐慌症狀，或是眼睛癢，都能使用藥物來抑制，但真正造成該症狀的整體大問題，依舊沒有得到根治。

此外，上述疾患大多被認為有先天體質缺陷的問題，而非是後天習得的不健康壓力適應模式（即倖存者在童年受虐時被迫學習的適應方式）。最重要的是，後天習得的適應模式通常可以被消除或大幅減輕，並以更健康的壓力適應方式取而代之。

因此，我相信，許多物質成癮或行為成癮的狀況，也都是來自於應對父母的虐待與遺棄時，所發展出走偏的、不健康的適應模式。那是早年試圖舒緩或分散CPTSD所帶來的心智、情緒與肉體上的痛苦時，而發展出的適應模式。

CPTSD的源頭

因虐待或遺棄而受創的孩子，是怎麼發展出複雜性創傷後壓力症候群的呢？

雖然CPTSD的源頭，通常與童年時期的身體虐待或性虐待有關，但我的觀察使我相信，持續的言語虐待和情緒虐待也會造成CPTSD。

嬰幼兒為了連結和依附而悲傷地哭喚，可是許多功能不良的父母卻給予輕蔑的反應。

---

7 《精神疾病診斷準則手冊》（DSM）由美國精神醫學會制訂，是全球專業人士用來診斷精神疾病的兩大準則之一；另一準則是《國際疾病分類》（ICD），由世界衛生組織制訂。

輕蔑不僅對兒童是極具創傷性的，對成人的傷害性也很大。

輕蔑是言語虐待和情緒虐待的毒性雞尾酒，就像致命的水銀化合物般，混合了貶損、暴怒和憎惡。暴怒會製造恐懼，而憎惡會在孩子內心製造羞恥感，使孩子很快地學會壓抑哭喊，不再尋求關注。過不了多久，這孩子就會完全放棄尋求幫助或建立關係。孩子努力地試圖與人親近或得到接納，最後卻徒勞無功，於是只能在遺棄所帶來的恐怖絕望中受苦。

施虐的父母更會透過體罰和輕蔑，來加深遺棄性的創傷，如同奴隸的主人和獄卒便經常使用輕蔑和奚落，來摧毀受害者的自尊。

奴隸、囚犯、兒童，在被影響到覺得自己毫無價值且無力後，便會陷入「習得的無助」（learned helplessness），變得更容易被控制。邪教領袖以短暫且虛假的無條件之愛拐騙到信徒後，也經常使用輕蔑來弱化信徒，使信徒陷入徹底的服從。

還有，光是「情緒忽略」這一項就能夠造成ＣＰＴＳＤ，在第五章會詳述這個重要主題。如果你因為自己的創傷經驗並沒有比其他人嚴重就苛責自己，那麼請你現在先去讀第五章，然後再回來繼續讀這一章。

在明顯可見的創傷底下，通常都潛伏著情緒虐待。**父母的慣性忽略，或是不去理睬孩子為了求關注、親密或幫助而發出的呼喚，就是將孩子置於極大的恐懼之中，孩子最後會放棄，並被無助與無望所造成的憂鬱、死亡般的感受給壓垮。**

這類的拒絕也會同時放大孩子的恐懼，並鍍上一層羞恥感。這份恐懼與羞恥會隨著時間的進展，演變成掌控孩子的毒性內在找碴鬼，而在孩子長大以後，還得為「父母拋棄他」這件事負起完全的責任，最終他會變成自己最糟糕的敵人，落入ＣＰＴＳＤ的深淵。

進一步談創傷

若是攻擊或遺棄對當事人誘發了強烈的戰鬥或逃跑反應，而且情況嚴重到即使威脅已經結束，當事人也無法關閉這個反應，這就是創傷。他困在一種腎上腺素高亢的狀態，交感神經系統被鎖定在開啟狀態，同時無法開啟副交感神經的放鬆狀態。

一個常見的例子是，孩子在放學後遭到霸凌，他可能會維持高度警戒、恐懼的狀態，直到有人向他保證他不會再受害，以及有人幫助他釋放神經系統的過度啟動為止。

如果這孩子從以往的經驗中學到，當他受傷、害怕或需要幫助時，至少可以找父母其中一人，那麼就會把這件事告訴父親或母親。他會對父母進行言語抒發、哭泣、發怒，藉以哀悼暫時失去的安全感（第十一章會詳述哀悼歷程）。

此外，他的父母會舉報那個霸凌者，並採取行動以確保這樣的事不再發生，然後這孩子通常會從創傷中解脫，自然地回到副交感神經運作的放鬆、安全狀態。

如果當事人沒有CPTSD，「簡單」、單一事件的創傷通常可以較輕易地被解決。

可是，如果霸凌事件發生許多次，而且這孩子沒有求助，或是這孩子的生活環境危險到父母無力提供適度的安全性[8]，光是靠父母的安慰，可能不足以讓孩子擺脫創傷。如果這個創傷的持續時間不算太長，大環境的危險也能被有效處理的話，短期的心理治療是有可能解決創傷的。

然而，如果創傷反覆發生、持續，並且這孩子又缺乏幫助，他便可能會被困在創傷當中，開始產生「單純

8 例如，高犯罪率的社區、接觸的人口普遍擁有武器、警方或制度性的腐敗，都是大環境使父母的保護有限的例子。

性」[9]的創傷後壓力症候群症狀。要是一個人遭遇了戰爭、受困於邪教或家暴狀況的長期創傷，也會發生相同的現象。不過，如果一個人受到持續的家庭虐待或深層的情緒遺棄，創傷會發展成特別嚴重的情緒重現，因為他已經有了CPTSD——尤其當他的父母本身就是霸凌者時，更是如此。

4F[10]：戰鬥、逃跑、僵住、討好

先前，我提到了戰鬥或逃跑反應，那是人類遇到危險時內在的自動反應。比較完整且精確的說法，其實應該是：戰鬥（fight）、逃跑（flight）、僵住（freeze）、討好（fawn）反應。複雜的神經系統讓人可以採取這四種不同的反應。

當一個人突然以具攻擊性的反應去對待威脅，就是「戰鬥」的反應；當一個人逃跑，或象徵性地過度活躍，就是「逃跑」的反應；「僵住」反應則是一個人遭遇威脅時，認知到反抗無效，遂有放棄、麻木、進入解離或崩潰，像是接受了注定會受傷的反應；「討好」反應是遇到威脅時，用取悅或提供幫助的方式，企圖緩和或阻止對方。這四種反應統稱為4F。

受創的孩子為了生存，經常會過度使用這四種反應模式的其中一種，而且隨著時間發展，這四種模式會演變成壕溝般的防衛結構，近似於自戀型（戰鬥）、強迫型[11]（逃跑）、解離型（僵住），或關係依賴型（討好）的防衛。

這些防衛結構幫助了孩子在可怕的童年中生存，卻也使他們對人生的反應變得非常狹小且受限。更糟的是，他們在成年後已經不需要再重度依賴如此原始的反應模式了，卻仍困在這些模式中。

我們必須了解，人們優先選擇4F當中的哪一種，會受到童年虐待或忽略的模式、出生排行、先天體質差異

等所影響。在下一節，我們會探討父母造成的創傷，如何影響了孩子而導致這些防衛模式。在下面案例中的四個孩子，即分別代表了四類創傷倖存者的一類。

鮑勃：戰鬥，自戀型
凱蘿：逃跑，強迫型
茱德：僵住，解離型
尚恩：討好，關係依賴型

製造CPTSD家庭的4F

凱蘿是家裡的代罪羔羊。**自戀型和邊緣型人格的父母，通常會把至少一個孩子當作家裡的代罪羔羊。**施暴者透過攻擊較弱的一方，把自己的痛苦、壓力、挫折歸因於外在，往外卸除，而這個受害的弱者就是「代罪羔羊」。

施暴者在利用代罪羔羊時，通常可以得到短暫的紓解，可是這無法完全有效地轉化或解除施暴者的痛苦，於

9 作者是以「單純性」創傷後壓力症候群與「複雜性」創傷後壓力症候群做對比，事實上並無「單純性創傷後壓力症候群」一詞，而是指「創傷後壓力症候群」。

10 由於這四種反應的英文字都是以字母F開頭，所以作者統稱為4F。

11 本書中以「強迫」描述某些症狀或傾向時，是指類似強迫症般的想法或行為，不同於「勉強他人、逼迫他人」的行為。強迫症的症狀，是一直覺得必須重複某些行為，或一直有某些揮之不去的想法，以致當事人在某些行為或認知層面失去了自主性。

是當他內在的不舒服再度發生時，又會找代罪羔羊來發洩。威爾漢・萊克（Wilhelm Reich）在傑出的著作《法西斯主義心理學》中，說明了找代罪羔羊是一個連續性光譜，從施暴父母迫害特定的孩子，到納粹恐怖地拿猶太人當代罪羔羊，都是例子。在功能特別差的家庭，像是凱蘿的家，找代罪羔羊的父母通常會把其他家人組織起來，一起來對付這個代罪羔羊。

凱蘿透過看家庭影片而更了解自己的童年。她的父母非常自戀又無感，無恥地多次錄下凱蘿被他們言語虐待和情緒虐待的事件。那些紀錄影片通常是在他們拍攝受寵的那個孩子時，也就是凱蘿的哥哥，順便錄到背景的虐待事件。

重度自戀的父母很少為自己的攻擊行為感到丟臉，他們覺得因為孩子不順自己的意而處罰孩子是理所當然的，無論這在他人眼中看來有多麼不合理。

凱蘿的父母在她還不滿一歲時，就因為她弄髒了尿布而鄙視地責難她。到了她三歲時，也常常因為說話、玩耍和探索家中環境時發出「噪音」，而被頻繁地處罰，導致她時常處在恐懼的狀態中，並產生了類似注意力不足過動症的症狀。

凱蘿家的大後院是她的避風港，她可以在那裡盡興地玩耍，像是攀爬、奔跑、跳躍；用玩具、樹葉、樹枝、石頭建造村落，再洗劫它。她會從早餐時間忙到晚餐時間，經常忘了進屋吃午餐；後來回想，她認為這讓她母親的日子更好過，因為她母親從來不會叫她進屋子吃飯。

那時期的一段家庭影片，是使凱蘿無法再否認自己遭受家庭虐待的最後一根稻草。在影片中，她玩著一種遊戲：她搖搖晃晃地在客廳走著，觸摸各種小東西，並反覆地用力打自己的手，說自己是壞女孩。有很多段影片都是她的父母與手足在背景中大聲且開心地嘲弄她。

一旦年幼時遭受的輕蔑取代了人類慈善的滋養，會使這孩子感到羞辱並難以承受。這孩子太過無助，無法抗議，甚至無法了解被虐待是多麼不公平；她最終會相信自己是有缺損的、徹底有瑕疵的。因此，她經常相信自己應該承受父母的迫害。

凱蘿四歲時，「不小心」從二樓的窗戶摔了出去。大約三年後，她走到街上的車子前被撞倒在地。成年後，她認為那兩次的受傷，造成了使她嚴重疼痛的早發性脊柱側凸。她也相信自己因為承受了那麼多的痛苦，而不自覺地試圖結束自己的生命。

幸運的是，學校提供了凱蘿一絲喘息的機會。一位和善的三年級老師看出了她的聰明，給予她足夠的讚美，使她很快就成為優秀的學生。不幸的是，她終日生活在嚴重的焦慮中，這股焦慮很快就變成了對課業的強迫傾向，後來又發展成會破壞生活的完美主義和工作狂。

凱蘿的哥哥，鮑勃，是父母最寵愛的孩子和英雄。他不像凱蘿那樣被恐懼和拒絕所框架，鮑勃接受了父母的自戀型期望，由於他表現不完美時，父母就會收回認同，因此他被形塑成多方面的成就者。如果他的傑出成就可以讓父母有面子，他就會得到些許的讚美。他也被收編去把凱蘿當作代罪羔羊，漸漸地，他對凱蘿的折磨更勝於父母。

我相信，困擾著許多功能不健全家庭的手足虐待，是很普遍的。這些家庭中的手足會對「代罪羔羊」受害者造成創傷，其嚴重程度幾乎與父母相同，因此在父母疏離冷漠的家庭中，這些手足實際上會是主要的創傷來源。父母對孩子的情緒忽略相當普遍，他們慣性地被建議「讓孩子自己搞定」，這在西方文化中尤其如此。但是，一個力氣只有哥哥或姊姊一半大的孩子，如何在沒有強力同盟的情況下自己搞定，停止被折磨呢？

鮑勃並沒有逃離父母的病態影響，「找代罪羔羊」已經變成他的習慣。他發展出自戀狂的第六感，能辨識出被家庭所害的受害者，並且拿這些受害者當靶子。父母的利用和對完美的要求，傷害了鮑勃，使他長大後成了徹底的自戀狂和控制狂。他強勢地試圖塑造他「愛」的人，就像父母塑造他那樣。所以，當凱蘿在接受心理治療時，鮑勃正試圖把第四任妻子鞭策成他想要的樣子。

我們再回來談凱蘿。在她青春期時，社交圈裡的人很讚賞她哥哥的成就，跟她的家人一起對凱蘿貼上「壞胚子」的標籤，使得凱蘿的創傷更痛、更深。

很不幸地，凱蘿成年後，事情越來越糟，即使她看似脫離了原生家庭。然而，凱蘿落入了一些自戀狂的圈套，他們就和她的父母一樣地虐待她、忽略她，她仍然象徵性地被原生家庭所困。這種廣為人知的心理現象叫做「強迫性重複」（repetition compulsion）或「重演」（reenactment），極常發生在創傷倖存者身上。我們會在本書中詳細探究這個現象。

老三茱德比凱蘿晚兩年出生。此時，他們的父母已經因為無時無刻地雕塑鮑勃與凱蘿而筋疲力盡。父母把鮑勃和凱蘿鞭策成英雄與代罪羔羊後，茱德對他們來說就沒什麼用處了。他們沒有足夠的精力或興趣去把茱德打造成任何東西。

茱德變成了典型的失落孩子，靠自己長大。她很快地發現，食物和白日夢是獲得慰藉的唯一來源。然而，因為鮑勃也喜歡拿茱德當靶子，所以她盡可能地待在自己的房間裡。

凱蘿後來回想，她認為鮑勃曾經對茱德性騷擾。她推測這是茱德無法忍受媽媽把她丟在各家托兒所和幼兒園的原因。漸漸地，茱德把自己麻痺到一種低度的解離性憂鬱，並且在社交場合感到極度的焦慮和逃避。

茱德四歲時，有位自我中心的阿姨在她房間裡放了一臺電視，茱德很快就迷上了。她發展出一種依附疾患，她與電視的依附遠勝於與他人的依附。

令人難過的是，成長後的茱德依然迷失在那樣的關係中，靠著身心障礙補助過活，住在囤積著大量廢物的雜亂擁擠公寓裡。

糟糕的養育方式製造出病態的手足競爭

如同許多來自CPTSD製造工廠的孩子，茱德無法向手足尋求慰藉，因為她的父母無意識地施行「分而治之」原則。她的父母向孩子示範了譏諷和經常性的找麻煩，並鼓勵他們這麼做，合作或溫暖的互動甚至會被慣性地嘲笑。

失能家庭的孩子在最少量的撫育中存活，因此沒有辦法互相給予資源，於是手足相爭就更為強化，甚至會為了競爭父母所能施給的那一點點什麼，殘酷地進行鬥爭。

兩年後，尚恩出生了。一開始，他看似會跟茱德一樣步上迷失、解離的命運，但隨著逐漸成熟，他變成愛麗絲・米勒（Alice Miller）的《幸福童年的秘密》一書中所描述的「小大人」（gifted child）。

尚恩帶到這一世的天賦，是他的同情關懷之心，以及他覺得如果自己足夠了解母親，並且搞懂她需要什麼，就能給予她需要的。有時候，這會使母親平靜下來，並使她比較不危險、不那麼尖酸刻薄。

多年來，尚恩磨練了那樣的技巧，並且像是有透視眼般地洞悉母親的痛處、情緒和喜好。有時候，尚恩似乎比母親更早知道她需要什麼，並且經由練習而善於卸除她的憤怒，甚至能獲得她的一點點認同。

同時，母親知道自己逐漸老去，也知道她那愛發酒瘋的丈夫應該會比她早離世。她不想要自己孤單一人，便剝削了尚恩富有同情關懷之心的天性，把尚恩打造成配合她所需的家庭幫傭。尚恩一直住在家裡，直到二十九歲那一年，母親去世後，才把他從情感的囚禁中釋放出來。這就是關係依賴的奴役，我們會在第七章詳述。

尚恩有一個朋友認識他的所有兄姊，對於他們之間的差異大到好像是由不同父母養大的，感到非常驚訝。

最後，我必須提醒，代罪羔羊並不一定只會發生在凱蘿那種「逃跑」反應類型上。根據個別家庭的不同狀況，4F的任何一種類型都可能發生。代罪羔羊的角色也可能隨著時間，從一個人轉移到另一個人身上，各個父母或手足也可能選擇不同的代罪羔羊。

第六章與第七章會仔細探討4F的個別狀況，以及相對應的防衛結構。這兩章也會幫助你判斷自己的主要防衛類型是哪一種，並說明你的CPTSD類型。

第2章

復原的各個層面

從複雜性創傷後壓力症候群中復原的過程是很複雜的。我必須強調這一點，因為有太多單一面向的創傷療法自認為是萬能解藥。**我認為，單一治療方式無法處理造成複雜性創傷後壓力症候群（CPTSD）的所有層面的傷害**。此外，一旦採用過度簡化的取向，當你無法達到它所宣稱的功效時，便很可能使你困在毒性羞恥中。我之所以想要寫這本書，很大一部分的原因是，以前我經常因為最新的萬靈丹療法幫不了我，而多次陷入新一層的自我蔑視之中。

我會反覆使用「關鍵」來表示復原所需要的各種任務。這本書提供了觀點與方法的鑰匙（關鍵），可以幫你打開愛麗絲·米勒所說的「童年囚犯」的牢籠。

虐待性和遺棄性的父母，會在許多層面傷害並遺棄孩子，包括認知層面、情緒層面、靈性層面、生理層面和關係層面。**若要復原，就需要學會如何支持自己，滿足各層面中沒有被滿足的部分，以及與童年創傷經驗相關的發展需求**。

這一章是一些CPTSD復原任務的簡短介紹。在本書的第二部會更深入的說明。這本書的詳細目錄會指引你到本章所涵蓋的各項主題，所以，請利用目錄去探索引起你興趣的部分。

CPTSD中關鍵的發展停滯

以下是CPTSD最常出現的發展停滯（developmental arrests）狀況，你可能會發現自己已經失去或缺乏這些健康人類的重要特徵。但是，各個倖存者有哪些或有多少這些發展停滯，通常不太一樣，其影響因素有：所屬的4F類型、童年虐待或忽略的模式、天性，以及已經完成的療癒工作。

最常出現的發展停滯項目有：

自我接納／清楚的身分感／自我憐憫／自我保護／從關係中得到慰藉的能力／放鬆的能力／完全自我表達的能力／意志力和積極性／心智平和／自我照顧／相信「生命是個禮物」／自尊／自信

由於我在早期復原過程中帶著憎恨，儘管試圖培養這些發展停滯的領域，卻是有限且失敗的。「為什麼我必須這樣做？」是我經常會有的內在抑制。這股憎恨應該是衝著父母的，卻常常迴旋到我自己身上，破壞並阻撓了我在自我培養上的努力。

幸好，持續的療癒工作有助於矯正這種憎恨，它教我要練習在精神層面上自我照顧，就像在對待需要被幫助，也值得被幫助的孩子那樣。

我發現，透過小說家大衛．米邱（David Mitchell）妙語如珠的觀點，對於處理發展停滯會有幫助：「……火是從木頭裡自己開展的太陽。」與其相似的是，「有效復原」就是你與生俱來從無意識中開展出來的自然潛能，這是你因為童年創傷而沒有意識到的天生潛能。

有一種特別悲慘的發展停滯，折磨著許多倖存者，也就是失去意志力和自我激勵。

許多失能的父母以破壞性的反應，來對待孩子剛萌芽的主動進取性，如果這樣的狀況持續發生在倖存者的童年時期，倖存者可能會對人生感到迷失和漫無目標，進而在整個人生中毫無方向、沒有動力地漂流著。

此外，即使他有辦法確定自己選擇的目標，可能也很難持續專注地貫徹始終。治療這種發展停滯是必要的，因為非常多新近的心理學研究顯示，**比起智力或先天才能，「持續性」才是達到人生滿足感的必要心理特徵**。

我協助過很多陷在這種無助當中的成人倖存者，那些能從中復原的人，通常會在哀悼過程中投入大量的憤怒工作，本書將會不斷討論這部分。

喚起意志力的能力，似乎與能否健康地表達憤怒的能力有關，透過足夠的復原，你可以學會產生意志力。一開始你可以假裝，直到弄假成真，這就是史蒂芬．強森（Stephen Johnson）所說的「苦工奇蹟」。

有些倖存者空有自信，但沒有自尊。童年時，我的「逃跑」反應，被引導成獲得外界所獎勵的學業能力。但是，那些獎勵的好處不曾穿透我的毒性羞恥，不足以使我覺得自己是個有價值的人。

我的找碴鬼，像是我的父母，總是會在我身上找缺點，來否定我所收到的好回饋。考試拿九十九分沒什麼好驕傲的，反而會刺激我為了少一分而大肆自我批判。就像我協助過的許多倖存者一樣，我發展出了「冒牌者症候群」[1]。這毛病否定了我所得到的外界好評，堅持著如果人們真的認識我，就會知道我是怎樣的一個失敗者。然而，到最後我變得對自己的智力有自信，但我的自尊仍然糟透了。

1 冒牌者症候群：主觀上覺得自己不是外界所看到的那麼好，覺得自己被他人讚賞的優點其實是假象，自己像是騙子或冒牌貨，即使客觀事實上這些優點都是真的。

認知層面的療癒

復原的第一步，通常涉及了修復被ＣＰＴＳＤ所破壞的、關於自己的想法與信念。

認知層面的復原工作之目標，在於使你的大腦變得容易駕馭（user friendly），聚焦於辨識並消除那些從小被灌輸的破壞性想法和思考歷程。

認知層面的療癒，也有賴於學習選擇以健康且更正確的方式，來對自己說話和看待自己。用最廣義的層次來說，這涉及了如何**將你對自己訴說的苦痛故事升級**。

我們需要好好了解，低劣的養育如何創造了我們現在所處的永久創傷，並以卸下沉重如山的不公平自責為方向，來試著了解它。我們可以把這個責怪重新導向至父母糟糕的育兒方式，並且激勵自己去拒絕受他們的影響，以便能自由地安排自己的復原之路。

這個工作需要我們強烈地效忠自己。由於我們的大腦被制約了，總是去攻擊許多正常的部分，而在認知療癒工作解放大腦的過程中，這樣的忠誠能讓我們堅定地繼續療癒下去。

你的父母把自我仇恨的批判灌輸給你，而認知療癒工作正是幫助你停止認同這種批判的重要基礎。我寫到這裡時，我兒子的朋友正好告訴他：「我做的這個樂高生物會向大腦攻擊，還會把那個人的大腦吃掉。」我對這個同步性感到驚訝，並且想著：「這個畫面多麼適合那些製造創傷的父母啊！」

縮小找碴鬼[2]

早年的虐待和遺棄，會迫使孩子把自己的身分和超我（superego）結合在一起。超我是孩子的腦中學習照顧者之規則的部分，目的是得到並維持照顧者的接納。然而，在那些製造ＣＰＴＳＤ的家庭中，孩子是不可能得到接納的，所以孩子的超我會被困在過度運作的狀態中，追求著不可能的目標。孩子鍥而不捨地尋找贏得父母接納的公式，最終變得擁抱完美主義，以此做為降低父母的危險性、使父母更親近的一種策略。他所懷的唯一希望是，如果他變得聰明、有幫助、漂亮、夠無瑕，父母最終可能會在乎他。

令人難過的是，試圖贏得父母的心卻持續失敗，迫使這孩子相信自己有嚴重的缺陷，他之所以不被愛，不是因為他犯錯，而是他本身就是個錯誤，他只看得到自己哪裡不對或哪裡有缺失。

無論他做什麼、說什麼、想什麼、想像或感覺什麼，都有可能把他捲入恐懼和毒性羞恥的憂鬱深淵，也就是說，他的超我長成了創傷所導致的徹底找碴鬼。

於是，他的自我批判持續急迫地試圖逃避那些可能會讓父母拒絕的錯誤；這種激烈化（drasticizing）會變成一種強迫狀態，讓他試圖預見並避免懲罰及更糟糕的遺棄情況。同時，這也會持續在他的心裡填入災難性的故事與畫面。

「只能接受完美」的獄卒囚禁了倖存者。倖存者被歇斯底里的司機接送著，而這司機只看到危險，看不到其他。第九章與第十章會深入介紹縮小找碴鬼的實用工具。

發展停滯的健康自我

找碴鬼逐漸與倖存者的身分劃上等號，超我演變成極權的找碴鬼，勝過了健康自我的發展（自我比超我晚

2 原文的「critic」在不同的表達方式中，意義不同，有時代表「批判者」，有時是「批判行為」或「挑剔、找麻煩」，因此，本書會配合作者的語意，以「找碴鬼」翻譯「苛刻的批判者」之意，其他意義則根據作者的語意而有翻譯變化。

發展）。有別於流行的用法，「自我」（ego）[3]並非不好的字眼。在心理學中，「自我」（ego）代表著我們口中的「我自己」或是「我的身分認同」。健康的自我（ego）是容易駕馭的心理管理員，不幸的是，那些製造CPTSD的父母會破壞自我憐憫（self-compassion，又譯為自我疼惜）與自我保護（self-protection）的重要發展，因而阻撓了自我（ego）的成長。

他們的做法是，每當你有自然的衝動要同情或捍衛自己時，就會羞辱或威嚇你。如此一來，你那照顧和保護自己的本能，便會進入休止狀態。

心理教育[4]和認知療癒

具備CPTSD的心理知識，是處理這種有害健康自我之思維的第一步。

一旦你了解父母對你的健康自我多麼有害時，就會更有動機去矯正他們造成的傷害；而你越能辨識他們造成的傷害，就越知道自己要處理什麼。

這很重要，因為如果自我（ego）沒有發揮妥善的功能，你就缺乏了可以做出健康決定的中心。你的決定大多是來自於害怕惹上麻煩或被遺棄，而非來自於與世界有意義且公平的互動之原則。

你可以學習如何使用支持自己且不再自己嚇自己的觀點，來逐漸取代找碴鬼的有毒觀點。

你現在是自由的成人，可以發展心靈的平靜，並且與自己建立具支持性的關係。擁護自己，可以把你的存在，從掙扎求生轉化蛻變至充實的茁壯。

現在，你可以開始邀請自我憐憫和自我保護的本能，來喚醒並豐盛你的人生。

透過閱讀前面的內容，或許可以開啟或加強你在認知層面的療癒，也希望你現在對自己苦難的核心已經有所領悟。

有些讀者可能已經花了數年時光在尋求知性上的答案，並且透過閱讀和心理治療，建立了療癒工作的大量知性基礎。

同時，那些只試過以認知行為療法治療創傷卻無效的人，在聽到認知層面工作的重要性時，可能會有強烈的抗拒感。如果你跟我一樣，可能曾聽過它被誇大的種種效果。知性工具在治療認知層面的問題上，是無可取代的，但它們無法處理全方位的傷害，如接下來要說的，它們對於處理情緒層面的問題，效果特別有限。

在早期的療癒階段，認知層面的心理教育通常來自他人的智慧：老師、作家、朋友和治療師等，這些比我們更懂CPTSD的人士。然而，當心理教育發揮到最強效的程度時，它會演變為正念（Mindfulness）。

正念

在心理學中，**正念是指花時間在專注上，去全然覺知自己的想法和感受，藉此讓你在回應它們時擁有更多的選擇。**

3 英文的「self」或「ego」在中文都是「自我」，但兩者在心理學中各有不同的意義。若作者所述是「ego」，譯者便特別標明原文；若是「self」，則不另說明。「self」通常是「自己」的意思，有別於他人的個人自我。「ego」根據不同的理論學說有不同的定義，但在心理分析學派以外的心理學，通常與自尊、自重、自我價值、自我認同相關。

4 心理教育（psychoeducation）是對案主進行相關心理知識方面的教育，是心理治療中常用的技術與過程之一。

我真的同意這個想法嗎？還是我是被迫相信它呢？我想要如何回應這個感覺？是轉移自己的注意力？壓抑它？表達它？還是單純地感受它，直到它有所變化呢？

正念結合了自我觀察的能力，以及自我憐憫的本能，因此你有能力用客觀、自我接納的角度來觀察自己。這是健康發展的自我（ego）的重要功能，有時被稱為「觀察性自我」（observing ego）或「見證性自我」（witnessing ego）。

正念是對自己內在經驗的良性好奇心。發展這種有益的內省歷程，可以大幅地加強復原狀況，而隨著正念的發展，它可以用來辨識並解除從傷害性家庭所學到的信念或觀點。

在此我必須強調，你對自己內在評論的覺察非常重要。透過足夠的練習，正念會喚醒你的戰鬥精神，去抗拒來自童年的虐待性抑制，並且以自我支持的想法取而代之。正念也可以幫助你建立起可用的洞察力，引導你努力地療癒自己。

如同史蒂芬・勒溫（Steven Levine）、傑克・寇恩斐德（Jack Kornfield）和約翰・卡貝－曾（John Kabat-Zinn）的著作，本書第十二章詳述了加強正念的方法。最後，我還要強調，正念通常會以漸進的方式發展和擴展，觸及我們各層面的經驗、認知、情緒、生理和關係。正念是帶領我們各層面療癒的精髓，這本書會更進一步地細談這個原理。

情緒層面的療癒

創傷性的父母對我們造成的情緒傷害，就跟思想傷害一樣多，因此我們在情緒層面要做的療癒工作也很多，尤其當整體社會也對我們造成情緒傷害時。

復原情緒的天性

那些尋求與自己的情緒建立健康關係的倖存者，會努力接受一個與存在相關的現象：**人類的感受通常是矛盾的，而且經常在極端相反的感覺之間波動。情緒出乎意料地在連續光譜上變化，是很正常的。這光譜從多種極端的情緒連到另一種極端。**

所以，極端的情緒改變其實符合人性，也很健康，像是快樂與悲傷、熱情與憂鬱、愛與怒、信任與懷疑、勇敢與恐懼，以及原諒與怪罪。

很不幸的，這個社會只允許極端「正面」的情緒，這往往會造成逃避「負面」的一端，進而造成至少兩種痛苦的狀況。

第一個是，這個人會強迫性地試圖逃避那些不被接受的情緒，導致傷害或耗竭了自己，而且會更加陷在那樣的情緒中。這就像典型的小丑表演，瘋狂地試圖擺脫蒼蠅黏紙，卻使得他更難以行動，更被困住。

第二個是，壓抑情緒光譜的其中一端，通常會導致整個光譜都被壓抑，於是這個人就變得情緒麻木，就像要倒掉小嬰兒的洗澡水，卻把嬰兒也一起倒掉一般，情緒生命力連同情緒洗澡水一起沒了。

要是你拒絕進入這個人性經驗的重要基礎，就會導致許多不必要的失去。實際上的情況是，沒有黑夜就沒有白天，沒有工作就沒有遊樂，沒有飢餓就沒有飽足，沒有恐懼就沒有勇氣，沒有淚水就沒有喜樂，沒有憤怒就沒有真愛。

大多數選擇或被迫只認同「正面」情緒的人，最後通常會陷入缺乏情緒生命力的中間地帶——漠然、麻木，並且解離於沒有情緒的「無人之境」。

此外，當一個人試圖過度維持自己所偏好的情緒時，通常會顯得不自然和虛假，就像是人工草坪或塑膠花那般。如果他願意臣服於正常的人性經驗，接受心情本來就會潮起潮落的事實，終究會在情緒彈性方面得到逐漸增強的自我復原力。

壓抑所謂的負面情緒，會產生許多不必要的痛苦，也會失去情緒的許多精華。事實上，大多數蔓延在現代工業化社會中的過度寂寞、孤立感和成癮性的分心，皆來自於人們學會並被迫要拒絕、病態化或懲罰自己與他人的許多正常情緒狀態。

即使是在自己最隱蔽的深處，或是在最親密的朋友面前，一般人都不被允許擁有並探索各種正常的情緒。憤怒、憂鬱、忌妒、悲傷、恐懼、不信任……等，都是生命中正常的一部分，就像麵包、花朵、街道一樣正常。然而，這些卻成了我們極盡所能想要逃避並感到羞恥的人性體驗。

這是什麼樣的悲劇啊！在完全整合的心靈中，這些情緒全都具有極為重要且健康的功能，尤其是在健康的自我保護方面。要是無法進入不舒服或痛苦的感覺，將剝奪我們去注意環境中不公、虐待或忽略等最根本的能力。

那些無法感覺到自己的悲傷的人，常常不會發現自己被不公平地排擠；而那些無法感覺到自己對虐待的正常憤怒或恐懼反應的人，則常常將自己置於不戰而降、容忍虐待的危險之中。

也許人類在歷史上從來不曾像二十一世紀這樣，被孤立於自己的正常情緒之外，也從沒有這麼多人是情緒麻木和情緒貧乏的。

這種情緒營養不良症是廣為存在的，它對健康的影響常被委婉地稱為「壓力」。但就如同情緒，壓力也常被當作該被丟掉的垃圾。

一個人直到情緒能夠被全然地接納（接納並不表示可以不負責任地亂發洩情緒或惡劣對待他人），才能變得完整，感覺安好，感到堅實的自尊。因此，就算你在感覺到愛、快樂或平靜時，能夠輕易地喜歡自己，但是，更深度的心理健康，卻是展現於即使面臨人生無可避免的偶發性失去、孤獨、困惑、無法控制的不公、意外的錯誤時，仍能維持愛自己和自我尊重。

人類的感覺，猶如天氣，時常變幻莫測，無論認知行為療法怎麼說，都沒有哪一個「正面」情緒可以被維持成永恆的感受。雖然這很令人失望，雖然我們可能寧願否定這個事實，雖然這會使每個人的生命中都有挫折，雖然我們被教育成要試圖控制並選擇情緒，這仍然是人性的真理，並非我們的意志可以決定的。

情緒智力

丹尼爾・高曼（Daniel Goleman）對情緒智力的定義是，能成功辨識且管理自己的情緒，並健康地回應他人情緒的能力。如前所述，我相信，**情緒智力的品質，反應在我們有多麼接受自己的情緒，不會自動解離，也不使用傷己或傷人的方式表達情緒**。當我們有良好的情緒智力時，就會把這樣的接納延伸到親密的人身上，我的一位案主稱之為「關係的品質標章」。換句話說，就是我有足夠的自尊可以為自己的一切情緒敞開心房，而且當我和朋友彼此提供這種情緒接納時，我就擁有了親密感。

再一次強調，這並不代表你可以用破壞性的方式來表達憤怒，因為那對信任與親密是有反效果的。

那些製造CPTSD的父母，常常會虛偽且矛盾地攻擊孩子的情緒表達。孩子表達情緒時會被虐待，同時也被父母那有毒的情緒表達所影響。那些製造創傷的父母，大多會特別不屑於孩子所表達的情緒痛苦，逼得孩子將重要的健康哀悼能力推入了發展停滯的狀況。

一種典型的例子是，當父母把孩子傷害到哭了，他們竟然會說：「不准哭！要不然我就讓你哭得更厲害！」有位案主曾經表示，他常幻想要這樣憤怒地回應父親：「你在說什麼？你已經害我哭了啊！」然而，他沒有這麼做，因為他早就學乖了，知道憤怒的回應會帶來罪大惡極、最野蠻的報復，那通常是意圖殺人般的暴怒：「我要把你從這裡揍飛到天國去！」

上述是屠殺情緒表達的明顯例子。

同樣常見的，還有對情緒表現的陰險被動攻擊，這經常在父母迴避孩子的情緒表達中見到，像是情緒遺棄型的父母，會在孩子哭鬧時採用隔離懲罰，或慣性地躲到自己的房間裡。

最糟糕且最具傷害性的狀況是，這種方式被用在還不會說話、只能用情緒表達的嬰幼兒身上。你要知道，還不會說話的孩子本來就太過幼小，根本就無法學會兩、三歲孩子的發展任務，用話語來溝通感受啊！

有一種特別令人難以忍受的情緒虐待是，在創傷性家庭中，孩子就算表現出愉悅的情緒，也會被攻擊。

當我寫到這裡時，有一個場景重現了，就是我母親譏諷我妹妹，咆哮著說：「你在高興什麼！」還有我父親經常說：「笑什麼笑！給我把你臉上的笑容擦掉！」

情緒虐待幾乎總是和情緒遺棄一起出現。**情緒遺棄，簡單來說，就是父母持續無情地缺乏溫暖與愛意**。有時候最令人辛酸的說法，就是父母不喜歡你。

雖然很多製造CPTSD的父母會在嘴巴上說愛自己的孩子，實際上卻用一千種方式來表現，說明他們其實不愛自己的孩子。在我成長的過程中，「看到你我就覺得噁心」是我的父母常說的話，這是最明顯的例子。至今，我只要回想起那被情緒遺棄的妹妹躲在房子的角落，請求我們家的狗：「喜歡我，金爵，喜歡我！」仍會令我眼眶泛淚。

毒性羞恥與靈魂謀殺

父母拒絕我們的情緒表達，使我們被孤立於自己的感受之外，這樣的情緒虐待或情緒忽略，會把我們嚇得脫離自己的情緒，也使我們害怕別人的情緒。

約翰．布雷蕭用「靈魂謀殺」來形容這種對孩子情緒天性的蹂躪。他說，孩子的情緒表達（也是孩子自我表達的第一個語言）被憎惡地攻擊，以至於任何情緒經驗都會讓他立即陷入毒性羞恥中。

我相信毒性羞恥是內在找碴鬼造成的。內在找碴鬼的思考歷程是羞恥性的認知——一種從最初的遺棄所放射出的可怕陰陽歷程。[5]

由於家庭與社會對我們的情緒自我的致命攻擊，我們需要修復內在的情緒智力。這非常重要，就如同卡爾．榮格（Carl Jung）所強調的，**情緒會告訴我們，什麼才是對我們真正重要。**

當情緒智力受限時，我們通常不知道自己真正想要的是什麼，以至於連做個小小的決定都充滿掙扎。

隨著情緒療癒的進展，之前提到的正念會開始擴展到情緒層面，而這會幫助我們停止自動地與感覺解離，然後學會辨識自己的感覺，並選擇以健康的方式對感覺做出反應，或如何健康地從中反應。

---

5 作者以道教與太極圖的「陰／陽」概念來比喻，所要表達的是，「毒性羞恥」和「內在找碴鬼」二者就像雞生蛋、蛋生雞的關係，但除了循環的因果關係外，二者還互補相成，近似一體。

這樣的情緒發展將會彰顯我們的自然好惡，於是能夠幫助我們更輕易地做出好的決定。

一位男性案主曾在經過長期治療的最後表示：「昨天，我仔細思索了我們合作這幾年來的發現。我很驚訝自己的價值觀已經脫離了那個我從小生長的、強調男子氣概的家庭與文化。

我覺得，現在自己偏好藝術勝過科學、喜歡小說勝過非小說、愛做園藝勝過看高爾夫賽、喜歡在家陪另一半勝過去酒吧玩樂。」

哀悼是情緒智力的一部分

哀悼是能讓你與壓抑的情緒智力再度連結的重要歷程。**哀悼把我們和整套的感覺重新連結起來。**

若要釋放並突破糟糕童年失落的相關痛苦，哀悼是必要的。這些失落就像是自己的一些部分已然死去，而哀悼可以促使它們重生。

哀悼與言語抒發能力

哀悼能修復我們那發展停滯卻至關重要的言語抒發能力。「言語抒發（或口頭抒發）」是哀悼的倒數第二步，它是以釋放並化解情緒苦惱的方式，讓人發自感受地訴說。以下我要描述一組六幅無字漫畫，我相信它能夠以視覺的方式，傳達出言語抒發的強烈轉化力量。

第一幅，一個頭頂有烏雲的女人正在和一位朋友說話，而那位朋友頭上有著閃耀的太陽。

第二幅，第一個女人看起來像是在抱怨，那朵烏雲遮住了她朋友的太陽。

第三幅，隨著女人的憤怒傾洩，那朵烏雲開始放出閃電，她的朋友也跟著眼睛散發怒氣。

第四幅，那朵烏雲降下雨水在她們身上，兩個人相擁，在雨中共享淚水和安慰。

第五幅，解脫的神情在她們臉上擴散開來，雲從太陽處移開。

第六幅，太陽照耀著她們，兩人微笑地進入愉快的談話。

這組漫畫徹底說明了言語抒發的力量。言語抒發是連結親密關係的過程，也是有效心理治療中的關鍵療癒歷程，而這正好是心理治療中言語抒發的例子。

當案主前來諮商時，都是處在情緒重現和痛苦之中，他在口頭上抒發感受，變回那個受傷的孩子，感覺很糟，一部分很悲傷，另一部分很憤怒。他再次迷失於原始遺棄所造成的痛苦感受中，而這種狀態就像死亡一樣，對哀悼會有良好的反應。

隨著他讓感受化為言語，便能發自痛苦地訴說、哭泣、發怒。透過處理他的痛苦，他會漸漸脫離重現的情緒，並被修復回到日常的正常狀態，而不被童年創傷所困，這會讓他感到寬心，使他可以回到正常的應付能力。如果哀悼得夠深，他通常會覺得更有希望、更輕鬆愉快。

我也常看到案主重拾幽默感，在言語抒發當中穿插笑聲，而這種笑聲不同於他一開始來接受治療時的狀態，不是出自內在找碴鬼挖苦諷刺、自我霸凌的那種幽默。

內在找碴鬼對於哀悼通常很有敵意，所以縮小內在找碴鬼可能是你療癒工作中的必須優先項目。在找碴鬼被馴服以前，哀悼可能使情緒重現變得更嚴重，而非只靠哀悼就能進行修復。

我協助過的許多案主，受創非常深，導致我們必須花數個月的時間去處理認知層面，才能讓哀悼從惡性找碴鬼的惡性影響中釋放出來。

第十一章提供了大量可幫助你重建哀悼能力的實用指引。

靈性[6]層面的療癒

透過高層次歸屬感，撫慰遺棄造成的失落

靈性的信仰是非常個人的議題，也是很私密的話題，我相信也希望我在此撰寫的內容不會動搖你的信仰。我的目標是要點出靈性方面不分宗派的心理學觀點。然而，我了解有些倖存者在童年時遭受了糟糕的靈性虐待。如果「靈性（或信仰）」這種字眼冒犯了你，或是勾起你的任何不快，敬請跳過這一節。在這本書中還有其他有用的工具。

在CPTSD的遺棄性憂鬱中，有一個關鍵是，他們缺乏在人類群體、人生、任何人或任何事物中的歸屬感。我認識很多倖存者首次得到的些微「歸屬」，大多來自於他們開始追尋靈性層面的時候，因為在人類的國度中只有背叛，所以他們轉向靈性層面求助。

靈性的追求有時候來自無意識地希望找到歸屬感，一個孩子所能遭遇最糟糕的事，就是原生家庭不歡迎他，永遠排擠他。此外，許多倖存者只有少數安全的、受歡迎的人際經驗，甚至毫無這樣的經驗。

許多倖存者也覺得在傳統宗教組織中找不到歸屬感，因為傳統宗教太像他們失能的家庭，所以傾向於較獨自性的靈性取向，他們會透過閱讀靈性書籍或冥想，感到自己歸屬於更宏大、更舒慰的某種什麼，而這也讓他們可以避開直接與人接觸的危險。

其他倖存者則透過接觸大自然、聽音樂、欣賞藝術，來感受到自己歸屬於更宏大的、更值得的什麼。我曾經

對一本書感到驚奇，但現在已記不得它的書名。它是一本語錄，收錄了許多知名人士透過直接欣賞自然美景所感受的神聖體驗。

「神聖」體驗是一種強大的幸福感動，伴隨著一種「在宇宙背後以及自己之中，存在著正面、良性力量」的感覺。有時，這會逐漸帶來足夠的恩典，你會有一種深層的感覺，感受到你在本質上是有價值的，在人生中有歸屬，而生命是一份禮物。

我的網站回應者中，有一位寄來了她的療癒性感恩文章。她的名字是瑪莉．昆，來自愛爾蘭。當我徵求她的同意以使用這篇文章時，她的回答是：「可以，而且為了向小時候的我致敬，也為了她的聲音沒有被聽見的那些時候，你可以使用我的名字。」以下是她的感恩文章。

前天早上，我去海邊坐看日出。我有了難以置信的一刻，感到最純淨的清晰。我看著鳥兒在水上低飛而過，月亮依然可見，太陽正緩緩升起。我發現自己正看著三顆星球，而且放眼所見，一個人也沒有。

那是美麗得令人屏息的一刻，能夠這麼深刻地感受，使得眼淚從我臉上滑落。我已經麻木很久了，我抱著自己，並且強烈地感覺到小時候的我的存在，強烈到幾乎令人痛苦，但這是一種療癒的方式，如果這合理的話。我理解到，是我至今所有的人生經驗帶我到了此時此刻，並且給了我如此欣賞感動的深度。一種像是溫和潮浪的平安感沖洗我的全身，並且讓我感受到短暫的連結，能感覺到這一切都是人生的一部分。

6 英文的「spirituality」是廣義的心靈靈性意義，包含了宗教，以及不屬於宗教或標籤的任何心靈層面。在本書的翻譯，譯者根據原作者表達上的脈絡與意義，以廣義的「靈性」或「信仰」穿插使用。

那是令人屏息的美麗！我覺得自己正在用所有感官經歷著這一刻，而我從不知道我的身體裡可以這麼豐富。當這感恩發生時，它是深刻且深層的，感覺像是與生命本身做最深層的連結，而且人生中一切的狀況，以及我認為的難題，在此時刻全都變得黯淡且無足輕重，只有最純淨的愛。這個感覺真的像是恩賜，儘管短暫，卻給了我足夠的份量與希望，讓我可以繼續踏上這段旅程。

無論靈性或神聖經驗來自什麼，有時能讓倖存者感受到自己歸屬於更大的、真正的良善，這個經驗可以引領倖存者接近那些有類似感受的作家、演講者或其他的療癒旅人，然後開啟一道門，讓倖存者從另一個人身上尋到慰藉。最終，甚至可能成長為「這世界上有些人是好的、足夠安全、可以往來」的感受。

感恩與夠好的養育

當發展中的孩子接受了「夠好的養育」，他們會覺得人生是一份禮物，即使通常會有困難與痛苦的經歷。「夠好的養育」（good enough parenting）來自知名的成人與兒童心理學家 D. W. 溫尼考特（D. W. Winnicott），用以描述他的觀察：**孩童不需要完美的父母**。這個詞是呼應「夠好的母職」（good enough mothering）一詞。透過長期的工作，他注意到，當孩子的父母具有合理的一致性，並且有愛及給予支持時，孩子在成長過程中就會有自尊，並且具有建立親密關係的能力。

現今，有許多心理治療師把「夠好的」這個詞彙結合在朋友、伴侶、治療師或個人等概念上，通常是用來解構對關係的完美期待，因為這是一種不切實際且會破壞真正值得的關係的期待。

當我將「夠好的」這個概念應用在人身上，通常是指一個人本質上是好心、盡力公平的，並且大部分時候都會說到做到。我也喜歡把「夠好的」應用在其他概念上，像是夠好的工作、夠好的嘗試、夠好的外出、夠好的一天，或夠好的人生。我都是隨意地運用這個概念，來對抗非黑即白、全有全無的找碴鬼思考模式。因為找碴鬼思考模式會反射性地論斷人和事物：如果他們不完美，就是有缺陷的。

夠好的父母會提供大量的支持、保護與安慰，也會引導孩子以具建設性的方式，去處理生命中反覆出現的困難，像是失去、真正的壞人、痛苦的世界事件，以及對於朋友與家人的正常失望。最重要的是，他們會示範如何修復對於親密之人的失望。他們示範的關鍵方式是，能夠輕易地原諒孩子正常的錯誤和短處。

那些獲得夠好的養育的孩子，可以輕易辨識出欺侮及剝削他人的人，也能保護自己不被這些人欺侮及剝削，因為他們不習慣被不當對待。

在夠安全也夠有愛的家庭中成長，會自然地增強孩子去注意並享受人生許多禮物的能力，他們學到了人生中有足夠的良善，而且大幅地勝過必然的失去和艱難。

然而，在製造創傷的家庭中，很少甚至沒有什麼是夠好的，因此也沒有可以感恩的事項。於是，孩子被迫過度發展找碴鬼，過度聚焦在自己與他人的具危險性的不完美，這可以幫助他在可能遭到處罰時將自己隱藏起來，或進一步幫助他避開可能處罰他的人。

不幸的是，多年下來，這會使孩子習慣「只」看到自己的負面、人生的負面和他人的負面。即使他長大並離開了真正有傷害性的家庭，也無法看見人生提供的許多新可能性。他那看出自己的「好」，以及某些夠安全的人的能力，仍處在發展停滯的狀態中。

感恩的培養需要平衡的觀點，你不必放棄對不可接受或負面情況的辨識能力，也能學會看見並感激生命中的美好。

生理層面的療癒

創傷會以各種方式拖累我們的身體，所以我們需要了解CPTSD對身體所造成的生理傷害，以激勵我們來幫助自己進行生理層面的療癒。長期創傷所造成的生理傷害，大多來自於我們長時間被迫困在過度反應的戰鬥、逃跑、僵住與討好狀態。當我們被慢性壓力壓垮（困在交感神經啟動的狀態），有害的生理變化便會被深深地烙印在身體中。

以下是CPTSD有害身體最常見的壓力反應：

- 過度警覺。
- 淺而不完整的呼吸。
- 持續的高濃度腎上腺素狀態。
- 武裝，例如慢性的肌肉緊繃。
- 因倉促或武裝而造成的損傷。
- 無法完全感受身體的當下狀態、無法放鬆，並感到不踏實。
- 因過度運作而有睡眠問題。
- 因消化道緊繃而產生消化疾病。
- 因過度使用酒精、食物或藥物試圖自我藥療[7]而造成生理傷害。

此外，對於遭受身體虐待或性虐待的人，以身體接觸的方式很難安撫他們；那些遭受言語虐待或情緒虐待的人，則很難發展出被眼神接觸或人聲撫慰的能力。

生理層面的自助

好消息是，透過更有效的管理情緒重現，可以降低身體的壓力，有些生理層面的修復會自行出現。其中特別有效的是，**透過哀悼工作，能重拾自我憐憫性的哭泣能力，以及表達自我保護性的憤怒能力**。這兩種歷程都能釋放武裝、促進身體統合、改善睡眠、減少過度反應，並且有助於較深且規律的呼吸。

然而，如果沒有更進一步、更明確的生理療癒工作，便可能無法達到完全放鬆地待在身體裡的境界。幸好，還有其他自我幫助的方式，可以讓我們療癒CPTSD在生理層面的傷。

第十二章的「身體的正念」和「內省的身體工作」會教導我們如何降低腎上腺素濃度、更深層地放鬆，以及改善消化的技巧。

此外，第八章的管理情緒重現步驟當中，第七步驟包含了六種生理層面的自助技巧，可用來幫助放鬆情緒重現時的生理過度反應。

另一個特別有益於生理療癒的方法是伸展運動。**規律且系統性地伸展身體的主要肌群，可以幫助減少因4F反應慢性發作而產生的武裝反應**，這是因為當我們預期到自己必須反擊、逃離、使自己不被注意或討好他人時，就會引發4F反應，並使身體緊繃收縮。

對我個人來說，由於身體處於極度武裝的狀態，學習伸展對我來說是一項大考驗。當時我強烈厭惡自我撫育，所以花了很長一段時間，才能規律地練習伸展。

---

7 自我藥療，指的是在非醫師醫囑的狀況下，採用任何物質來試圖療癒自己。物質不限合法藥物與非法藥物，食物、酒精或其他物質，都可能是自我藥療的「藥」。療癒也不一定是有效或適當的療癒，而是非專業的做法，可能有好的目標，但做法不當，也可能是一種暫時的逃避或麻痺。

雪上加霜的是，我總是在一群人裡柔軟度最差的那一個，這使得我必須承受許多毒性羞恥的攻擊與自我批判。每當很多人說伸展有多舒服時，我通常會感到一頭霧水，並且感到更加羞恥，因為伸展對我來說一點都不愉快，也不舒服。

幸好，閱讀相關文獻說服了我伸展有多重要，而且經由持續的練習，最終給了我無法否認的成果。我的獎品是，數十年來的背痛解決了。

雖然我依舊不太喜歡這個練習，但我完全相信它是使我到了六十幾歲還能跑步、游泳、打籃球的原因。伸展已經成為我真實的自愛與自我撫育的功課。

瑜伽、按摩、冥想和放鬆練習，都能有助於釋放身體不必要的緊繃，在許多地方都可以找到價格合理的相關課程。

最後，「僵住」的主要類型與次要類型，通常也能受惠於多種動態療法和規律的有氧運動。此外，**練習把話說出來和釋放憤怒，對於不擅表達自己或自我保護的倖存者，特別有幫助。**

CPTSD與身體療法

有許多身體療法也能幫助療癒身體，就像我之前對認知行為療法的評論，如果有身體療法宣稱「可以不處理認知與情緒層面，就治癒CPTSD」，我建議你要小心。

有些身體療法迴避了「縮小內在找碴鬼」這個重要的工作，而且全面否定認知層面的工作。有些身體療法也相信他們的技術可以跳過基本功，這些基本功包括哀悼童年失落、了解到虐待性與忽略性的養育方式是自身問題的根源。

但是，有些身心治療師可以舒緩我們身體裡卡住的生理創傷，只要他們不否定或妨礙你的認知層面與情緒層面的工作。

像是眼動減敏與歷程更新療法（Eye Movement Desensitization Reprocess, EMDR）和身體經驗創傷療法（Somatic Experiencing）都是減壓的強效工具。它們對於化解單純性的PTSD特別有益，但不是完整的CPTSD治療，除非治療師能夠兼容並蓄地納入內在找碴鬼的處理，以及哀悼童年失落的工作。

至於其他有幫助的身體技術，還包括羅森派身體療法（Rosen Method Bodywork）、羅夫療法（Rolfi ng）、重生療法（Rebirth Therapy），以及萊克療法（Reichian Bodywork）。這些技術有助於增強人們療癒性地觸動淚水與憤怒的能力。

我相信羅森派身體療法對身體虐待或性虐待倖存者的幫助特別大。我發現，由於羅森派身體療法強調溫柔的觸碰，療癒了我因為CPTSD而對觸碰會產生的驚嚇反應。**「驚嚇反應」指的是，倖存者遇到大聲的噪音或不在預期中的身體接觸時，會突然全身縮起來的反應。**

這通常是一種對於從前受虐經驗的身體性重現。以我的經驗來說，因為父母經常打我巴掌，導致驚嚇反應深植於我的內心。我喜歡在公共游泳池游泳，卻經常被身邊泳者的手腳動作給嚇到，我花了許多年才大幅減輕這種驚嚇反應。

我也花了一番功夫才找到能包容我進行言語抒發的羅森派身體治療師，因為有些治療師喜歡安靜地工作，但這會限制或消除了大多數倖存者能受惠的療癒效果。

在此，我也必須強調，許多身體虐待或性虐待的倖存者會對觸碰或身體的接近有焦慮反應，而身體療法對這種反應特別有效。

其他例外情況是，我接觸過一些倖存者，他們透過非常和善且安全的伴侶而改善了症狀。

藥物的角色

做為心理治療師，我無權給予藥物方面的建議，但我常常發現，選擇性血清素回收抑制劑（SSRI）這種抗憂鬱劑，似乎對需要使用藥物的倖存者最有效。適量使用選擇性血清素回收抑制劑，通常不會使你變得情緒麻木而無法哀悼。

此外，如果在進行縮小找碴鬼的長期工作後，你的找碴鬼仍不退讓，選擇性血清素回收抑制劑通常可以使找碴鬼小聲一點、不那麼刻薄，讓你能有效地縮小它，等它被縮得夠小了，你就不再需要藥物。

要提醒你的是，如果你沒有做大量的縮小找碴鬼工作，在藥效過後，找碴鬼還是會一如往常地強壯。

自我藥療

對於那些試圖停掉或減少使用非療癒性藥物或物質，卻一再失敗的人，蓋博・麥特（Gabor Mate）在降低傷害方面的研究可能有幫助。

關於藥物與酒精濫用的治療，超出了這本書的範圍，但如果你陷在自我藥療的習慣中，而不允許自己處理CPTSD的療癒，我鼓勵你向戒癮相關單位求助。

處理飲食議題

讓我們來談談生理性療癒的最後一個主題，那就是飲食的自我幫助。

我同意約翰・布雷蕭所說的：「幾乎每個在失能家庭中成長的人都有飲食失調。消化道問題是常見的CPTSD症狀，而飲食失調是一個關鍵因素。」

改變飲食習慣是極為困難的，有位案主在我的等候區布告欄留下了這段話：「治療酒精和藥物成癮，就像是對付籠子裡的老虎。治療飲食失調則像是一天三次把老虎放出來，還帶著牠去溜一溜。」

破解飲食成癮，是件令人氣餒的工作，需要漸進以對，並且抱持關懷之心。這是因為，受到拋棄性創傷的孩子為了尋求慰藉，會自然地投向食物的懷抱。**食物提供了首次來自外在的自我慰藉經驗，而當一個孩子渴求愛的時候，通常會把食物當作愛的對象，長期下來，他很可能會從食物升級到藥物**。此外，越來越多的科學證據顯示，混有大量的糖、鹽、脂肪的加工食品，特別容易使人上癮。

食物成癮在一個人還不會說話的時候就開始了，它在當時具有功能性，可以幫助我們度過令人難以忍受的拋棄感。不幸的是，我們通常被迫長期依賴食物的慰藉，以至於很難克服這種過度依賴。

除非你的飲食問題會造成生命威脅，否則我不建議任何人在CPTSD療癒的初期就專攻飲食議題。我建議使用蓋博・麥特的降低傷害取向。此外，吉尼・羅斯（Geneen Roth）的書《掙脫強迫性飲食》也提供了溫和且合理的飲食改善方式。

許多倖存者對自己有害的飲食習慣並沒有自覺，但我也遇過許多受害者走向另一種極端。有些人非常執著地過度注意飲食上的自我幫助，期望能找到完美的飲食方法，就可以解決他們所有的一切苦難，我也曾是其中之一員。也有很多人為了這個目的，盲目地接受所有受到吹捧的新款健康補充品，還有些人為此而過度運動。

這些都是可被理解，卻也過度簡單的救贖幻想，而且經常排除了解決核心議題的療癒工作。還有，每個人都對自己怎麼吃（和怎麼運動）比較健康有些想法。我的建議是，如果你做得到，可以試著在溫和可行的程度內調整飲食。

第 3 章

改善關係

預先聲明

有些父母的背叛情況非常嚴重，如果期望這些倖存者試著再信任他人，是不公平也不合理的。

本章建議你試著敞開心胸接受他人的幫助，但如果這些建議使你感到非常不快或難以忍受，請跳過這一章，本書還有其他內容可以幫助你減輕許多複雜性創傷後壓力症候群（CPTSD）症狀。

復原是相對而論的，並沒有完成的時候，而且你不需要實踐書中的每個建議，只需挑揀對你最好的項目就行了。

此外，以我的個人經驗，以及許多的案主與網站回應者告訴我的，真正的關係療癒（relational healing），其實可以來自人類以外的關係，尤其是哺乳類寵物。牠們的依附需求與設定，跟人類很相似，因此人與寵物之間可以形成相互療癒的關係。

貓和狗可以是卡爾．羅傑斯（Carl Rogers）所說的「無條件的正向關懷」的極佳來源。**「無條件的正向關懷」是孩童茁壯所必需的。**

其他的療癒性關係來源，包括了大自然、音樂與藝術。還有，對於一些倖存者來說，有益書籍的作者也能在安全距離下提供療癒。

最後，即使是最令人髮指的背叛，有時也會發生奇蹟，使倖存者能發現一個具療癒性的人類連結，尤其是在療癒的後期。

CPTSD是一種依附疾患

許多治療師都把CPTSD視為一種「依附疾患」（attachment disorder）。也就是說，倖存者在童年成長期缺乏具安全性的大人可以讓他建立健康依附。

容我重複一次，情緒忽略幾乎總是CPTSD的核心。**情緒忽略的關鍵結果，就是孩子在成長過程中沒有人示範關係技巧，而關係技巧是建立親密感所必需的。**

當倖存者童年期的發展需求——與主要照顧者練習建立健康的關係——沒有被滿足，長大後通常會難以找到並維持健康且具支持性的關係。

社交焦慮的源頭

那些在成長過程中沒有人提供可靠的愛、支持與保護的孩子，往往會對社交非常不自在，他們會自然地變得不願向他人尋求支持，並且不得不把「靠自己」當作求生的策略。

對別人有需求，可能會使倖存者感到特別危險，以致他很難甚至無法感受到關係中的慰藉和支持。許多高功能的倖存者，即使有足夠的社交能力，其內心感受仍是如此。

在結構性的情境[1]中，該情境的期待很清楚，彼此的共同目標比談天更重要，而且聚焦在完成任務上。然而，在沒有結構的社交情境中，例如參加派對，或只是和他人聚會，則可能會令倖存者相當焦慮，因為隨興地表達自我，感覺就像童年時會導致災難的陷阱一樣。

無論是在結構性或隨性的情境，倖存者在建立關係時通常需要隱藏大量的焦慮和不安。有位案主是成功的生意人，他表示：「在會議上我是那麼酷、冷靜又鎮定，有如麥可．凱恩（Michael Caine）的風采，稱得上是名副其實的舌燦蓮花。我的外在像是個國王，但內在卻是個激動女王，為了自己所說所做的每件事而感到懷疑、羞恥，並因此感到痛苦。」最糟的情況是，這種社交焦慮可能嚴重到成為社交恐懼，尤其是倖存者經歷長期的情緒重現時，因為大量的童年虐待會在倖存者的內心安裝了「人類很危險」的強大程式。

當我的狀況很差又處於情緒重現時，甚至連拿垃圾出門都做不到。我還會害怕那位總是會說好話的和藹鄰居會看出窗外，並發現我有多卑鄙及可悲。更糟糕的是，我害怕她可能會想來與我互動。

但數十年來，我還是會在必要的時候社交，而且似乎做得很好，無論內在找碴鬼認為我有多爛；甚至在沒有情緒重現時，我還是能看出原來有很多人真的喜歡我。

不幸的是，這樣的觀點無法使我感到滿意或寬慰，因為我在圓滑的表象底下，仍感到極度痛苦，而且不時都在計算何時可以用最不冒失的方式逃脫社交情境。

關係療癒的旅程

打開心房接受真正的親密感，對我來說是一段漫長的漸進旅程，接下來要說的故事，是這趟旅程中關鍵的一大步。我和我的狗，喬治，一起坐在我家前廊；喬治是我唯一能夠放鬆共處的對象。突然間，牠掙脫了牽繩，飛奔到街道對面去追一隻貓，但牠還沒抓到貓，就被車子撞了，還被車子的前後輪輾了過去。那是我長大成人後所經歷最糟的一件事。當我的驚嚇（解離）退去後，就深陷在被拋棄的複雜情緒中。

1　結構性情境，是指有硬性或柔性制度的情境，像是上班、上學、當兵、在便利商店購物和結帳……等，有制度可循，知道自己和別人該如何扮演角色的情境。相對來說，作者所說的參加派對、朋友聚餐之類，沒有明確規則，可以自由發揮與他人互動的情境，就屬於非結構性情境。

我不只感到震驚和心碎，同時還恐慌、口齒不清，就像小時候覺得受不了時的情況，而且我在房間裡躲了三十六個小時，逃避接觸我那酒肉朋友型的室友。當時，我二十八歲，仍然徹底害怕顯現出自己的任何脆弱。我的所有人際關係都建立在討好他人的行為，以及我是個有趣傢伙的表象，而此刻，我想不到任何笑話，我不可能讓他人看到我這種令人反感的狀態。

我睡不著，而隨著睡眠不足的情況越來越嚴重，我開始害怕自己真的要瘋了！然而，卻突然來了一個奇異恩典，它就隱藏在我通常會厭惡的型態中，**那是深深地臣服於哭泣的恩典，那長長的啜泣帶來的釋放，是我所經歷過最大的撫慰。**

那是我在第十一章以及貫穿全書所談及的釋放。當我把眼淚哭出來時，就知道自己會沒事，並且知道自己不會發瘋。我可以用有生以來所知的最真實的（或許可說是感官性的）自尊感覺，來面對室友。從那時候起，我知道自己想要流下更多這種極為療癒的眼淚。

療癒那份把我們困在孤獨中的羞恥感

然而，我很快就發現，我的眼淚一直都卡住了，或者至少從我六歲開始，那是我最後一次記得的哭泣情況。進一步的閱讀和研究，引導我去尋求幫助，接著接受心理治療的洗禮，而我受到好運的祝福，找到的第一位治療師就夠好了。

這是我達成的里程碑，然後它發展成一條漫長曲折的旅途，去尋找各種療癒者、治療師、治療團體、更深的友誼，以求得到更多關係性的協助。這段經驗從極為有益到反效果都有，但隨著時間過去，卻是越來越有幫助。

這些關係工作真正有效的核心，是約翰・布雷蕭所說的「治癒那份束縛性的羞恥」。我相信，毒性羞恥必須靠關係性的協助才能療癒，而一些治療師和團體大大地幫助我從毒性羞恥中鬆綁。那毒性羞恥曾使我只要無法完美，就想要躲起來。同時，我學到了，真正的親密感，與我分享了多少自己的脆弱極其相關，當我持續練習情緒的真誠，我的孤獨感就開始融化了。

有個重點是，要治癒毒性羞恥，團體治療比個人治療更強大。這是因為，比起個人治療，團體成員通常會有共同的脆弱感。此外，憐憫有相似苦難的人，有時會自然地使我們憐憫自己。

療癒性的關係體驗，大幅強化了我的自我憐憫，其效果更勝於靠自己。還有，我相信，自我憐憫不足是最糟糕的一種發展停滯，而修復自我憐憫是有效療癒的關鍵。

在事後，我可以看清楚，當我的自我憐憫增加，我的毒性羞恥就會減低。神經科學的現代發展（請見《愛的概論》）認為，我們調節情緒和安撫自己的能力，在本質上是有限的，而越來越多的研究指出，我們**消化痛苦情緒的能力，可以透過安全地與他人溝通而得到提升**。

找到夠好的關係性協助

我在第十三章提供了如何找到夠好的治療師之建議，也會更深入地說明「治療性關係療癒」，來幫助你了解什麼是對治療師的合理期待。

我認識一些運氣不錯的倖存者，他們能夠得到這類的關係療癒，無論是來自伴侶或朋友，而這伴侶或朋友通常會有夠好的父母，或是自己也曾走過療癒之路。

另外，依附理論專家研究發展了一個「贏得的安全依附」（earned secure attachment）的概念，用以描述「已足夠療癒的狀態」，也就是CPTSD的依附疾患能夠大幅痊癒。

痊癒的證據，通常是倖存者能建立至少一個具支持性的可靠關係。我所帶領的許多成功治療個案，是以案主能夠在我們的治療關係之外，建立起「贏得的安全關係」做為結束。而那個對象通常能讓案主真正做自己，像是伴侶或最好的朋友。

關係療癒的另一個可能來源是互助諮商關係。建立互助諮商關係的指南也在第十三章。

我的網站上有許多回應者，熱情地分享了透過線上療癒團體和線上療癒論壇所得到的幫助。對於尚未能在真實世界展現脆弱的倖存者來說，這些團體特別有益。有時候，這些論壇的距離和相對的匿名性，可以降低倖存者對自我揭露的恐懼，並且增強療癒性的關係。因此，似乎有越來越多的治療師也是基於相同的原因，而提供了遠端電話療程。

在第十三章的「尋找線上團體」那段，我列出了線上團體的推薦清單。

與父母切割，以及關係療癒

許多案主在開始接受我的幫助時，還處在被創傷性父母過度控制的狀況中，包括外在和內在，有時候，甚至透過一週一通電話，就維持著控制的情況。

這些案主也常常處在跟父母一樣的虐待性、忽略性關係中，被壓迫或被遺棄。這是強迫性重複中最具破壞性的，迫使倖存者經歷了兩個世界的最壞狀況。

透過深度探索童年創傷，很多原本受困的案主都能夠達到心理上的自由，首次掙脫父母的控制。我再重複一次，即使他們已經獨自生活了幾十年，仍不代表他們擁有真正的自由。這些案主逐漸學會不受到過度控制的父母之影響，建立起自我撫育的能力，而這總是與大幅減少或完全切割與父母的關係相關。

我的案主喬，受到各種誤診：類精神分裂型人格、亞斯伯格症、妄想症。他開始接受治療時，處於獨居狀態。他極度封閉，並且自給自足，但他在閱讀我網站上的文章後，察覺自己是「僵住」類型。

一開始，要他講話就像是拔牙一樣勉強，但我後來發現，他每天都跟強勢的自戀母親通電話。透過我們的工作，以及他個人強大的勇氣，他逐漸減少跟母親通電話的次數，一開始降到一週一次，後來一個月一次，再後來只有重大節日才通電話，幾年後就幾乎不聯絡了。

當父母的無情具備毒性，倖存者即使只聽到父母說幾個字，都能引起強烈的情緒重現。當案主與有毒的父母保持聯絡時，療癒的進程便會非常艱難。因此，這類案主通常必須與父母切割，才能有所進展。羅伯特・哈夫曼（Robert Hoffman）的經典書籍《與父母分手》便與這個議題相關。

隨著脫離「令人窒息的母愛」而得到外在的自由，喬逐漸擁有越來越多的內在自由。這時，他在ACA團體中開始體驗到人生首次有意義的關係；ACA團體多年來對他提供了大量的正向陪伴和關係療癒。當喬與一位團體成員維持了兩年健康的主要關係時，他終於結束了我們的療程。

學會處理關係中的衝突

在你修復「真誠做自己」的能力時，有一件要注意的事：如果你傷害性地發怒或蔑視他人，卻期望別人接受你，這是不合理也不公平的。

有些創傷倖存者會因為情緒重現，導致外在找碴鬼發作而出現這種行為。如果你有這種狀況，第十章提供了指引，可以幫助你破解這種摧毀親密關係的習慣。

同理，我們必須注意，親密關係不等於無條件之愛。如約翰・高曼（John Gottman）的學術研究所顯示，在關係中，某種程度的爭執、不滿、失望，都是很正常的。**成功伴侶關係的特徵是，他們能夠以具建設性的文明方式處理憤怒與受傷的感受**。高曼的研究指出，相處超過十年的伴侶仍然真心喜歡彼此，這就是一個關鍵。

第十六章的四號工具箱「有愛地化解衝突」，是一份務實的清單，提供了技巧與觀點，能幫助伴侶化解關係和諧方面的問題。

此外，高曼博士夫妻的書，以及蘇・強生（Sue Johnson）的書，也提供了很多實用的協助。我還發現丹・比佛（Dan Beaver）的書《超越婚姻幻想》對男性特別有幫助。

重新撫育

重新撫育是關係療癒中的一個關鍵。受創孩子的許多需求都有發展停滯的情況，而重新撫育是處理這些需求的過程。在本書，我們會不斷提到這些需求的兩大基礎：愛與保護。

第十六章的一號工具箱「復原意圖的建議」，也提供了另一種介紹，描述了CPTSD倖存者可能尚未解決發展停滯的問題，而這個工具箱把那些發展需求化為具體的目標，能指引倖存者在療癒過程中的努力方向。

當自己的父母

重新撫育當中一個重要的陰陽狀態，就是平衡地當自己的母親（自我母育）和父親（自我父育）。

當一個孩子對母愛的需求獲得足夠的滿足時，他就會發自內心地建立自我憐憫。

同樣的，當他對父愛的需求得到足夠滿足時，自我保護的能力也會深植其中。

自我憐憫是療癒的住所，自我保護則是此住所的地基。當自我憐憫能夠成為艱困時期的避風港時，一股想要保護自己的強烈慾望便會因它油然而生，而生活在缺乏這兩種求生本能的世界中，實在可怕！

當我們認真投入重新當自己的父母時，療癒過程將會有大幅度的進展。我想鼓勵有CPTSD的你，現在就投入，成為你不可動搖的自我憐憫與自我保護的來源。

自我母育能孕育出自我憐憫

自我母育最重要的任務，就是建立一種「我們是可愛的，而且值得被愛」的深刻感受。自我母育，是要關愛並接納內在小孩的心智、情緒、生理經驗的所有方面（如果「內在小孩」對你來說是個困難的概念，你可以想像撫育自己那些發展停滯的部分）。

自我母育，是根基於「**無條件之愛是每個孩子與生俱來的權利**」這個基本認知。然而，要從失去無條件之愛中修復，並不容易。童年時期沒有得到足夠的無條件之愛，是最大的失落；更令人難過的是，這種失落永遠無法被完全修復，因為無條件之愛只有在人生的頭兩年是適當且有助於發展的。

過了那兩年，幼兒就必須學習人類的愛帶有一些條件。雖然此時孩子仍需要源源不絕的愛，但是他必須被溫柔地教育，進而了解有些行為是不被容許的，像是打人、咬人和破壞東西。此時，有條件之愛的階段已經展開，並且透過漸進地教導必要且健康的限制與規則，成功地發展有條件之愛。

獲得夠好養育的幼兒，能夠相對容易地適應無條件之愛漸漸消失，在這段適應期，他一點一滴地學到別人也有權利和需求，那「我要即我得」的態度已經到了該結束的時候，而父母也不再總是為了他而犧牲自己的需求。

再提一次，心理健康建立於兩歲以前擁有的、毫無質疑的無條件之愛，這是一種正常健康的自戀，佛洛伊德將之形容為「寶寶陛下」。

然而，如果幼兒沒有開始學習到自己不能夠再予取予求，將會產生嚴重的問題。如果長期處在無限制的狀態，就可能發展出成人的自戀問題。反之，如果太早給予過多的限制，則會造成創傷。

明智的父母會緩慢而穩當地將限制帶入孩子的生活中，他們所調控的速度，會讓孩子在進入青春期時，能夠在利己與利人之間取得平衡，並學會分享與回饋，而這是在人生中維持親密關係的重要發展任務。

CPTSD是一種無條件之愛（或卡爾・羅傑斯所說的「無條件的正向關懷」）不足時，所造成的併發症。在童年早期，如果無條件之愛以全有全無的方式被切斷，也會造成CPTSD。

有些父母極為寵愛嬰孩，但等孩子長成幼兒，並開始表達自己的意志時，他們反而會變得非常嚴苛和排斥。

無條件之愛的限制

嚴重地缺乏愛（或突然過早地終止愛），會造成當事人極度的痛苦，而且這種失落非常難以處理。我們經常會渴望那份被不當剝奪的無條件之愛，但身為成人，我們無法期待他人滿足我們幼年未被滿足的予取予求。

有一個例外，那就是進行心理治療時，但這只有每星期一或兩小時的時間。神奇的是，我已經多次見過治療師無條件的正向關懷，足以顯著地修復缺乏父母之愛所造成的傷害。

如果治療師所給予的一致且足夠的關心，便能夠喚醒那發展停滯的需求，使倖存者能夠以足夠的無條件之愛來擁抱自己。

倖存者常常苦於管理那些可被理解卻不實際的渴求，也就是渴望從朋友或伴侶得到永恆的無條件之愛。但是，就跟幼童一樣，我們終究必須接受成人之愛的限制，這在愛情中尤其如此。

在愛情中，無條件之愛的狂喜很少能維持一年以上，然後，因為伴侶各自的需求不同，雙方將無可避免地開始對彼此感到挫折。

但是，愛情仍可以是療癒性且近似無條件之愛的重要來源，尤其是當它能撐過無可避免的失望時。蘇珊・坎貝爾（Susan Campbell）的《一對伴侶的旅途》是一本務實、有研究基礎的書，論及如何在正常關係的失望中獲得更多親密感。

內在小孩的工作

讓我們回來談談自我母育。身為自己的母親，我們要投入於增進自我憐憫和無條件的正向關懷。自我母育堅決地拒絕沉溺於自我仇恨和自我拋棄之中，它深深了解自我懲罰是有反效果的。一旦了解到「耐心與自我鼓勵，比自我論斷和自我拒絕，更有助於療癒修復」，我們就更能夠做到這些。

要提升自我母育的技巧，你可以想像在心中創造一個安全的地方，那是你的內在小孩和現在的你永遠受到歡迎之處。用對待自己的溫柔之心，歡迎這孩子進入你現在的成人身軀，向他展現這裡是一個受到溫暖而有力的成人所保護的滋養之處。

以這孩子不曾從父母那裡得到的療癒性話語，來更正內在找碴鬼的負面訊息，也有助於你成為自己的母親。有一位案主曾分享他的智慧：「想法，就算只是想法，也跟電池一樣有力，它可以像陽光那麼棒，也可以像毒藥那麼糟。」

以下是一些可用於滋養你的自我憐憫和自尊的訊息。建議你想像自己對著內在小孩說這些話，尤其是當你受到情緒重現所苦的時候。

- 我好慶幸你出生了。
- 你是好人。
- 我愛真實全部的你，並且盡我所能永遠支持你。
- 無論何時，你覺得受傷或不高興，都可以來找我。
- 你不必完美，就能得到我的愛與保護。
- 我能接受你一切的感受。
- 我總是很高興見到你。
- 你生氣沒關係，我不會讓你傷害自己或別人。
- 你可以犯錯，錯誤是你的老師。
- 你能知道自己需要什麼並求助。
- 你可以有自己的喜好與品味。
- 看著你令我欣喜。
- 你可以選擇自己的價值。
- 你可以選擇自己的朋友，而且不必喜歡每個人。
- 你有時候會覺得困惑、不確定、不知道所有的答案，但沒有關係。
- 你使我感到驕傲。

自我父育與時光機救援任務

很多被遺棄的孩子在成年後會覺得這個世界很危險，因為他們缺乏保護自己的能力。**「自我母育」聚焦在療癒「忽略」所造成的創傷，「自我父育」則是療癒「無法保護自己免於虐待」所造成的創傷。**

自我父育是企圖建立為自己說話的能力，以及自我保護的能力。這包括了學習有效地對抗外在或內在的虐待，還有為成年孩子的權利挺身而出，這在第十六章的二號工具箱有所說明。許多倖存者能從自信表達訓練的課程和書籍中獲益。

我最喜歡的自我父育練習之一，是「時光機救援任務」，我用它幫助了自己和案主。在幫助案主的時候，我用它打造一個過程，讓案主擊退那一股經常伴隨情緒重現而來的巨大無助感。

以下是我用來幫助自己和案主的一個版本。

我告訴內在小孩，如果時光旅行是可能的話，我會旅行到過去，並阻止父母的虐待。同時，我會說這樣的話：「我會打電話給一一〇，通報社會局；如果他們要打你，我會抓住他們的手臂，把他們的手臂反折到背後；我會摀住他們的嘴，這樣他們就不能對你怒吼或挑剔你；我會把他們的頭套起來，這樣他們就不能表現不滿或是瞪你；我會不給他們吃甜點就要他們去睡覺。無論你想要我怎麼保護你，我都會做到。」

這樣的想像經常能使我逃離恐懼和羞恥，有時候甚至能使內在小孩愉快地笑出來。

有時我會以此做結：我告訴內在小孩，我會通報有關單位，這樣父母就會被送去接受諮商輔導，學學怎麼當更好的父母。

或者，我會說，如果可以的話，我會在那些糟糕的事情發生前，就帶他到未來和我一起生活。我提醒他，他事實上就和我一起活在現在，我會永遠盡全力保護他。我們現在擁有強壯的身軀，更好的自我保護技巧，以及能夠保護我們的同伴和法律系統。

當倖存者總是歡迎內在小孩的全部，這孩子就會覺得越來越安全，並且變得越來越有生氣，也能夠自我表達。當他體會到他的成人自己總是會保護他時，就會覺得夠安全，可以開始使用與生俱來的生命力、玩心、好奇心和自發性。

代理團的重新撫育

重新撫育的最佳狀態是一種陰陽動態，平衡著「受他人重新撫育」和「自己重新撫育」兩者相互提升的過程。重新撫育有時候需要由他人開始，並且由他人示範，像是由治療師、支持者、和善的朋友、支持性團體，來示範如何自己重新撫育。或者，有許多倖存者是透過我的某位案主所說的「書籍社群」，直覺、自發性地接受他人的重新撫育。那些作者鼓勵他們重視自己、支持自己，使倖存者得到重新撫育。

愛麗絲是個倖存者，她的家庭對她造成了全面性的童年創傷，使她很快地學到，向他人展現脆弱是危險的、愚蠢的、不經考慮的。然而，她依然渴望得到那些被不公平剝奪的支持與幫助，這種渴望在覺知層面的展現，使她被那些自助書籍強烈吸引。透過閱讀許多心理學知識，她終於得到了足夠的幫助，能去思考也許真的有和善、安全、樂於幫助的真人存在，並接受一些非常有助益的治療（第十五章的「閱讀治療」中，包含了我最喜歡也樂意推薦的自助療癒書）。

在我能夠克服恐懼與尷尬而投入治療之前，也花了很長一段時間慢慢閱讀和參加講座。如前所述，我很幸運地能夠找到夠好的治療師，幫我把關係療癒提升到另一個層次。

心理治療讓我能夠內化並模仿我的治療師，像她那樣一致且可靠地站在我自己這邊。然後，這導致我被更安全、更真正親密的友誼所吸引，而我在許多案主和朋友身上，也看到了同樣的結果。

後來，我達到了在治療關係以外首次「贏得的安全依附」，於是治療關係不再是我能得到有意義的深度連結的唯一來源。

我相信，**從他人那裡得到父育和母育般的支持，這種需求是一輩子的，並不僅限於童年**。很幸運地，我在多年後體驗到他人多重層次的重新撫育，我稱之為「代理團的重新撫育」，其概念是，擁有不同親密等級的一群朋友，而我自己的重新撫育委員內部小圈圈，包括了最親近的五位朋友。

我認為，這個內部小圈圈是我可以無話不談且卸下心防的人，包含了妻子、一位治療師友人、一位運動夥伴，以及我長期參與的男性團體中的兩位成員。在這個圈子的外圍還有一些人，如果我能夠多見到他們的話，他們也可能納入內部小圈圈裡。

在這個圈圈外，是各種關係，屬於比較沒那麼親密，但仍有意義的。再往外一圈，是過去很親密但現在不常見到的人，而我現在透過想像他們關心我，便可以得到慰藉。我已過世的祖母、三位前治療師、兩位陸軍夥伴、高中與大學的朋友、我待在澳洲十年的四位最要好朋友，都在這個圈子內。

再往外一圈，是我的醫護師、我偶爾造訪的身體工作者、一些治療師同僚，以及常幫我兒子選書的睿智老圖書館員。

往外再一圈，是我一起運動的朋友、我兒子朋友的父母，還有一些鄰居。和那些人接觸時，不會使我感到特別脆弱，而且我們之間有一種輕鬆的感覺，能幫助我在整體上有歸屬感。

最外圈是偶爾碰到的陌生人，有時候，在一些機緣下，我有幸能和他們產生自在舒服的互動。

我知道許多倖存者在有效的復原工作之下，從他人那裡得到了足夠的愛，於是他們心中對於幫助與支持的童年期飢渴，得到了顯著的滿足。像我一樣，他們的代理團從第一個夠親密的人開始，再把自己算進去，這代理團就有兩個人了，然後這代理團可以慢慢地，一次增加一段友誼地建立起來。

自我關係與他人關係之道

於是，透過可靠他人的幫助，我們的復原療癒會在各個層面提升。然而，再說一次，曾遭遇特別嚴重背叛的倖存者，可能需要先改善其他層面，才能夠承擔展現脆弱的風險，並願意接受關係性的幫助。

此外，深度的復原和健康的「人性」，通常是自助與他助的混合體。關係工作有助於療癒遭家庭遺棄的初始創傷；自我工作則能降低因童年模仿父母遺棄自己所造成的自我遺棄。也就是說，你花越多時間練習本書提出的各種自我照顧方法，就會花越少時間在自我遺棄上。一旦持續下去，自我照顧會變成無價、無可取代的習慣。

在進階的療癒中，自我幫助和關係上的幫助混合成了很重要的「道」。道，是相反又互補的陰陽結合。「關係療癒之道」涉及了在健康獨立和健康依賴兩者中取得平衡。

對於倖存者，療癒會發生在你改善了支持自己的能力，進而使你能選擇及接受他人的助益關係之時。有時候，與他人建立了安全且具支持性的關係，也會促進你更能自我支持。然後，這會使你減少慣性自發的自我遺棄。錦上添花的是，這會促進你的社群發展，而那是你在童年時期被不公平地剝奪的重要人生資源。

我們越能自我支持，就會吸引越多支持我們的人；我們越受到他人支持，就越能支持自己。我們進入這個道，有時是始於自己的努力，有時則是幸運地找到支持我們的朋友或專業人士。對於許多倖存者來說，在尚未能夠清明地選擇安全有益的支持之前，我們必須先做大量的自我幫助工作，才能接受他人在關係上的支持。

第 4 章
復原的進展

復原的跡象

有效的療癒工作會使**情緒重現越來越少發生**。透過足夠的練習，漸漸的，你會變得更擅於管理被誘發的狀態，使得情緒重現較不常發生，程度較不嚴重，也較不難受。

另一個重要的復原跡象是，你的**找碴鬼開始縮小，並且失去對你心理的控制**。而隨著它的縮小，你那容易駕馭的自我（ego）會有成長的空間，並發展出正念，能辨識出找碴鬼是否又佔領你了，進而使你逐漸拒絕找碴鬼的完美主義和極端化，你將不再為了正常的小缺點而迫害自己。還有，你也比較不會執著地為了他人的失誤而感到失望。

復原的更進一步徵兆，是你**越來越能夠放鬆，這會使你越來越不會在被誘發時過度反應**，然後你能夠以健康且不自我毀滅的方式，來善用戰鬥、逃跑、僵住、討好等本能反應。

這表示，你只會在遇到真正的攻擊時開戰，只會在無能為力時逃開，只會在需要進入敏銳觀察時定住，只會在自我犧牲是合宜的時候討好。

減少過度反應的另一種解釋，是你在戰鬥與討好的兩個極端中取得良好平衡。隨著你越來越了解這一點，便可以在表達自己的需求及妥協於他人的需求之間健康地擺盪。另一個是在逃跑和僵住兩個極端中得到平衡。這會發展出行動與存在之間的平衡、交感神經與副交感神經的平衡、左腦和右腦的平衡。

第六章會再詳述平衡戰鬥、逃跑、僵住、討好的重要性。

深度的療癒也會顯現於你**越來越能在夠安全的陪伴中放鬆，然後越來越能在可信任的關係中表現出真誠與脆弱**。運氣好的話，你還能達到終極的結果，也就是你能獲得親密且互相支持的關係，而且你們都能永遠有福同享、有難同當。

進階的療癒和**放下救贖幻想有關**，那救贖幻想就是：你永遠不會再有情緒重現。放下這個救贖幻想，是「進兩步，退一步」過程中的例子，我們往往必須和「自我的否認」辛苦角力，以漸漸接受一個不公平的現實，也就是我們不會永遠沒有情緒重現。如果不接受這個現實，我們很難以自我憐憫、自我安撫和自我保護，去辨識情緒重現，並且快速地反應。

復原的階段

雖然我們常常同時進行許多層面的療癒，但復原在某種程度上是漸進的，它一開始是在認知層面接受心理教育和學習正念，藉以幫助我們了解自己有複雜性創傷後壓力症候群（CPTSD），而這個覺醒會使我們學習解構CPTSD所造成的各種破壞生活的動態。

接著依然是在認知層面，但我們的下一步是縮小找碴鬼的長期工作。有些倖存者必須在這方面下很多苦工，才能進展到情緒層面的工作，也就是如何有效地哀悼。

強烈地哀悼童年的各種失去，這個階段可能會持續兩年。如果在哀悼中得到足夠的進步，倖存者會自然地進入下一個復原階段，包括透過哀悼在這世界上失去的安全，從而化解恐懼。在這個階段，我們也學會透過哀悼失去的自尊，來化解我們的惡性羞恥。

隨著我們越來越擅於運用這種深度的哀悼，就可以進一步處理創傷的核心議題——遺棄性憂鬱。這項工作涉及了透過身體工作、放下武裝，以及放下對遺棄性憂鬱的生理反應。在第十二章會介紹這項身體工作。處理被遺棄的憂鬱，將使我們學會在憂鬱時憐憫並支持自己。

最後，就如我們會在第十三章探討的，很多倖存者需要一些關係性的幫助，才能達成以下這個複雜的任務：解構舊痛苦所造成的防衛機制的各個層面。

以漸進復原培養耐心

如先前提到的，CPTSD的療癒是複雜的。有時候它複雜到令人絕望，以至於讓人完全放棄，並且長時間陷在惰性中，這也是為什麼了解療癒是漸進的、時進時退的，很重要。

通常要有效復原，同一時間的進展不宜超過兩個主題，操之過急往往會造成反效果。身為「逃跑」類型，我總是像工作狂般拚命地試圖一次就修正並改變一切，而我花了數年時間在適度地復原這種情況。

在早期的療癒中，時常需要簡化我們的自我幫助。因此，如果你不確定該如何進行，我建議你把（第九章）「縮小找碴鬼」當作首要的功課。

當找碴鬼縮得夠小，你會注意到自己的大腦容易駕馭的時期會增加，想要幫助及照顧自己的衝動也會自然升起。此時，你會更容易分辨自己究竟是用愛，還是嚴苛地引領自己。如果發現你對自己很嚴苛，請試著卸下找碴鬼的武裝，並以慈愛對待自己——如同對待受苦孩童的那種慈愛。

改善對自己的耐心，與處理內在找碴鬼同等重要。內在找碴鬼幾乎是無所不在，以至於你無法在它每次發作時就挑戰它。如果你每次都要挑戰它，可能就沒有時間做別的事了。

但是，如果我們漸進地練習縮小找碴鬼，便能慢慢地脫離它的負面焦點，並轉換到更具自我支持性的觀點。然後，拯救自己脫離羞恥和自我仇恨，會變成新的正向習慣，而且這個習慣會自行壯大。現在，我仍有許多情緒重現，但很少會讓有毒的找碴鬼發生作用。

我們都會試圖要把任何自助練習變成第二本能，其實當我們練習足夠了，自我幫助就會開始變成常識。精神與靈魂的真正本質是支持自己的，隨著我們與自己的精神和靈魂合拍，自我幫助就會變成「對的事」，並且漸漸地自行茁壯。

每當找碴鬼用全有全無的思考方式來批判我們的不完美時，只要勇於挑戰它，就可以大幅幫助我們療癒。

「進步而非完美」是強而有力的口號，可以帶領我們自助療癒。

隨著復原的進展，尤其是找碴鬼縮小了，我們那想要幫助自己、照顧自己的慾望，就會變得更自動自發，而當我們正念地以慈愛友善的精神為自己做事時，尤其會如此。因此，我們可以用這種精神來對待童年的自己（就是那個沒有錯卻被剝奪的孩子）。我們做得到，因為我們相信每個小孩毫無例外地值得被愛、被照顧。

最後，如果你和以前的我一樣，對於自己的苦難沒有全面性的理解，你可能會覺得自己只是在危險且失控地瞎忙。我花了十幾年嘗試各種方法，只覺得自己越來越徒勞無功和有缺陷。

幸好，後來我到達了一個無形的臨界值，並理解實際上自己已經大有長進，而且在療癒地圖的拼圖中，得到好幾個拼塊，只需要把它們在地圖中整理一下，就能走得更長遠。所以，我設計了一個基礎計畫，它幫助了我自己、案主，以及網站造訪者，可以更理解自己的苦難，並知道如何有效地減輕它。

我同時也希望這本書所製作的地圖，能減輕你的痛苦。

從求生到茁壯

復原涉及了學習處理不可預見的內在情緒改變。

也許這部分的終極面向，是我所說的「求生⟷茁壯」連續光譜。在進入療癒之前，我們可能覺得人生只不過是在奮力存活而已。然而，當療癒的進展足夠時，便會開始有一些自己正在茁壯的體驗，像是感到樂觀、有希望，以及確定自己的確在復原中。

然後，低潮無可避免地出現，因為療癒從來就不是一直往前進的過程。喔，這多麼不公平啊！我們又回到了幾乎難以存活的感覺，更糟的是，我們還忘了自己曾經從求生存之中暫停下來。接著，一個情緒重現，就讓我們極端化地回到光譜中的求生端，受困於焦慮和麻木的混雜遺棄感中。

在求生模式中，即使是最小且正常容易的事，都能使我們覺得痛苦地困難，就像童年時那般，覺得什麼事都很難。如果情緒重現特別強烈，桑納托斯（Thanatos，希臘神話中的死神之名）還可能會來敲你的門。桑納托斯是佛洛伊德所說的死之慾，在情緒重現中，它和第一章提到的自殺意念有關。

我必須再說一次，這種感受狀態是童年最糟糕時光的情緒重現，那時我們的生存意志受到相當大的影響。但隨著正念的增強，我們可以辨認出自殺意念代表著情緒重現，並開始用第八章的管理步驟來拯救自己。

隨著復原有所進展，即使我們回到求生模式，也不會再處於光譜極端的徹底絕望中。但是，求生模式仍然會使我們覺得很糟糕，尤其當它具有高度焦慮或使人癱瘓的憂鬱時。

當管理情緒重現效果不佳時，處在求生模式中特別令人痛苦，而且會覺得人生就是一場掙扎。

這種感覺可以持續數天，甚至數週，在這種情況下，情緒重現往往會發展成退化。

我相信，**退化有時是心理在呼叫我們，去重視重要的發展停滯之部分。在這種狀況下，我們需要在長時間的痛苦中，學會堅定的自我接納，並且需要發展出絕不退讓的自我保護**。這種保衛自己不受不公平待遇的熱切意願，是一種基本天性，而它需要逐漸強壯起來，才能使我們反抗內在找碴鬼的攻擊。

此外，透過使用第十三章的正念技巧，練習並建立持久的自我憐憫，便可以培養度過求生模式的能力。還有，如果我們已療癒足夠到能擁有一個安全的盟友，便可以徵求他的支持，幫助我們在口頭上抒發困在求生模式的痛苦。

在這種時刻，我們很可能受到強烈的誘惑，想要重拾過去那些不是很好的自我撫慰方式。根據4F類型的不同，這常會造成過度飲食、物質濫用、工作狂、過度睡眠，或是不當的性生活。

有時候，我們會被誘發而自行藥療，因為我們拚命地想要把自己維持在光譜上茁壯的那一端；即使我們在現實中已經做不到，但拚命地試圖茁壯，是難以抗拒的衝動。

然而，隨著療癒和正念的增加，我們會開始注意到，這種自我藥療即意味著處於求生狀態的情緒重現。我們不再真誠地想待在光譜上茁壯的那一端，因此，透過自我藥療而不自然地延長偏好的體驗，將使自己更進一步地退化。這時，對我們最好的方式，是再次試著練習自我接納，承諾要當自己的支持者，無論自己在光譜上的哪個位置。

值得再提的是，所有人類都會受到存在性的挑戰，必須應對從茁壯變成求生所產生的失望。然而，倖存者處理這種改變的困難度會更高，因為他們被遺棄在求生的那一端實在太久了。可是，隨著逐漸復原，當倖存者困於求生模式時，反而更能夠支持自己。

辨識復原跡象的困難之處

有些讀者可能長期耕耘著自己的療癒，卻錯誤且羞恥地覺得自己沒有任何進步。這是因為CPTSD會讓人帶有全有全無的思考方式，所以在早期療癒階段的倖存者，時常沒有注意到或是不認同自己的進步。如果不留意自己在療癒中的進步，我們就非常容易放棄。非黑即白的思考方式，可能使我們不承認或不重視實際上的成就。因此，在早期療癒階段，倖存者時常以完美主義的角度去否定未達滿分的進步。

以下是我在療癒中的倖存者身上時常看到的進步跡象，但他們自己卻不會留意且不認同的狀況：

1. 4F反應較不強烈。
2. 較能抗拒找碴鬼。
3. 對於情緒重現或內在找碴鬼的攻擊，更能善用正念來應對。
4. 覺得自己夠好的時間增加了。
5. 在滿足第二章所列的停滯發展上有所進步。
6. 較少過度反應，或較少自我藥療。
7. 與他人有夠好的關係經驗增加了。
8. 情緒重現的痛苦與強度降低了。

關於前面的第三點，要注意的重點是，即使正念沒有立即停止情緒重現或找碴鬼的攻擊，光是能夠意識到並辨識出CPTSD的現象，就已經比盲目迷失於其中更進步了。此外，持續地辨識，能使我們更容易採取有效的進步作為，也更能記得如何使用第八章所列的管理情緒重現技巧。

另外，同樣重要的是，我們要注意到焦慮、羞恥與憂鬱等情緒重現的強度，已經逐漸降低。社交焦慮會漸漸減少，光譜上的恐慌程度也將縮減，以致較能容忍社交上的不舒服，甚至感受到一段時間的社交自在。憂鬱也會漸漸消失，從光譜上使人癱瘓的絕望，到無法感到快樂，再到倦怠，然後是相對較無動力的平靜。當然了，這些歷程通常都會是搖擺不定，時進時退的。

撰寫至此，我感到一些過往的悲哀，有數十年時間，我用「非好即壞」的全有全無方式，來論斷自己的情緒。我感覺不太好時，就好像一切都很糟糕。「感覺很棒」是大部分人在相對少數的時間裡才會有的感受，但「感覺很糟」卻不必要地主導了我的體驗。事實上，輕微不悅的感受通常會透過遭到羞恥所汙染的全有全無思考，很快就使我感到很糟糕。

我很感恩那改變我一生的領悟，引領我放棄了過往熱切期望的「歡慶」，而是以「平靜」取代之。

只要發生新的情緒重現，無論它跟以往比起來有多麼輕微，內在找碴鬼的思考歷程都會駁斥進步的跡象。每次只要你再度感覺到羞恥、恐懼或憂鬱，找碴鬼都會將之解讀為，這是一切都沒有改變的證據，即使你不被誘發情緒重現的時間已經越來越多了。

找碴鬼非黑即白的評估是這樣的：「我若不是被治癒了，就是仍有無可救藥的缺陷。」一旦你認同了找碴鬼所宣告的缺陷，就會向下沉淪至情緒重現的大發作，再次被困於毒性羞恥的冰層中，凍結於CPTSD無助與無望的緊箍咒裡。

接受療癒是一輩子的事

這個提議（也是事實）是極難被接受的：療癒沒有終點。

雖然我們可以期待情緒重現會隨著時間大幅減少，但是，倖存者很難、甚至不可能接受自己得要放下「永遠不會再有情緒重現」的救贖幻想。

但是，如果不放下這個救贖幻想，我們很可能在每次情緒重現發作時，就責難自己。了解這一點非常重要，因為**復原之路本來就是一個偶爾會發生退步的過程**。

大部分在療癒中的人，不幸地常會有這種主觀感受，亦即這種暫時性的退步感覺像是水泥般永恆，尤其是情緒重現時那沒完沒了的感覺，會使得這種主觀感受更加強烈。情緒重現時，我們會退化到童年的心智，無法想像未來會有不同於現在正持續的遺棄感。

那麼，要如何接受「我們糟糕的童年造成了一些永久性傷害」的事實呢？對我有幫助的是，我把自己的CPTSD當作糖尿病這類必須終身控制的慢性病。當然，這是一種讓人討厭的壞消息，但好消息是，就像糖尿病一樣，隨著我們變得更擅於管理情緒重現，CPTSD會越來越不擾人。更重要的是，我們可以進化至活出更豐盛且有回報的人生。

還有更好的消息，那就是如果CPTSD管理得好，將會帶來禮物，它將伴隨著黑暗中的一絲曙光而來，這是沒受過這麼大創傷的人無法得到的，我們會在本章尾聲說明。

有療癒意義的情緒重現和生長痛

療癒童年創傷是一個漫長的過程，因為自我表達的復原需要大量的練習。「做自己」可能是很嚇人的事，並且會引發情緒重現，原因是，在失能家庭中健康地表達自己，會受到嚴厲的懲罰。

一開始，在練習運用那些父母不允許的方式來表達自己時，通常會引發強烈的情緒重現，這可能會使你忘記，這個練習能逐漸減少你因為一直隱藏自己而產生的長期痛苦。我們可以把這種狀況想成是有療癒意義的情緒重現，用以鼓勵自己面對這些生長痛。然後，我們可以選擇度過這些情緒重現，以停止那些羈絆我們的過去，重新獲得被父母剝奪的基本人權，並最終擁有我們應得的自由。

我們也可以把「表達自己」看成「牙痛時就診」，以支撐我們挺過這些必要的情緒重現，因為如果我們不接受牙醫治療時的劇痛，就得一直忍受慢性牙痛呀！所以，如果我們不表達自己，沉默所帶來的孤寂就會永遠監禁我們。

要療癒極痛苦的童年傷痛並不容易，畢竟我們都想要避免更多的痛苦。我們甚至可能相信，練習表達自己時需要冒著情緒重現的風險，而繼續沉默的話就可以輕易避免誘發狀況，因此有時會選擇放棄並保持噤聲。

然而，**如果要復原我們真正的聲音，有時必須拿出勇氣。**我認為，**勇氣是透過恐懼來定義的，它是即使內心害怕也要去做對的事**，做不害怕的事情，算不上勇敢。

第十一章介紹的憤怒工作，可以大幅地幫助你。透過夠強的意圖，一開始你可以偶爾透過「感到害怕但還是要做」的方式帶出勇氣。你可以輕輕敦促自己這麼做，把內在小孩從一直被忽視的孤獨中拯救出來。

還有，當我們擁抱這個練習後，會學到一件事，即恐懼不一定會使人失去能力。我們可以害怕又同時有力地行動，我們可以拒絕不表達自己、沒有表達空間、不表達自己的好惡，並拒絕從不說「不」與從不建立界線。

有足夠練習的話，這些情緒重現不只會消失，而且會被健康的自豪所取代，因為我們是如此勇敢地為自己而戰，並將會逐漸獲得在這個世界上的安全歸屬感。

當我們感到恐懼、羞恥、罪惡，有時是自己說對了或做對了的反應；了解這一點，對我們的深度療癒相當重要。那是情緒重現，來自於我們過去試圖要求正常權利卻受到創傷的經驗。

隨著療癒的進展，我們需要學會容忍這些感覺，其關鍵在於重新詮釋這些感覺中更深沉的意義。這通常來自於這樣的領悟：

「我現在覺得很害怕，但我已經不像小時候那樣處於危險中。」

「我有罪惡感，但不是因為我有罪，而是因為小時候被嚇到，讓我覺得需要為了表達自己的意見、需求和好惡，而感到罪惡。」

「我覺得羞恥，是因為父母對於『我做自己』這件事充滿了憎惡。我堅決地對這些惡性父母的詛咒說：不！並且自豪且正確地看穿他們是怎麼試圖謀殺我的靈魂。我憎惡地把他們的羞恥還回去；那種憎惡，是任何健康的成人看見父母以輕蔑態度霸凌孩子時的感覺，或是看見父母無情地忽視受苦中的孩子的感覺。」

最佳壓力

對於「從童年創傷中持續成長並進化至掙脫」這樣的追求，我總是在想起一位詩人所說的話之後，比較能接受這件事，那句話是：「他不是忙著出生，就是忙著死亡。」事實上，近期的一些神經科學研究表示，我們的生活中真的需要少量的壓力，這種壓力稱為「最佳壓力」（optimal stress）。

最佳壓力是平衡且適度的壓力，而且對於維持大腦健康相關的神經新生與神經連結來說，它是必要的。研究顯示，過度的壓力會產生損傷腦部神經元的生物化學狀況，但太少的壓力也會導致神經元的萎縮和死亡，並缺乏能取代舊神經元的新神經元，這就是為什麼終身學習被廣泛認同為預防阿茲海默症的必要做法。

我認為，終身療癒是終身學習的一種提升。

當我們去做那些能療癒發展停滯之部分的行為時，就是在承受最佳壓力，閱讀自助書籍、參加自我成長工作坊、透過寫日記來處理深度的自我發現，或是努力地在心理治療或發展中的關係裡，展現脆弱和真誠，都是一些很好的例子。

此外，小小的情緒重現有時候也可以是最佳壓力，我確實知道有一些長期療癒的人似乎一直在進化，並且在老年時變得更精明。

黑暗中的曙光

我們生活在一個情緒貧乏的文化中，但那些堅持長期療癒的人，常常獲得比一般人更好的情緒智力。這其實有些矛盾，因為童年創傷的倖存者遭受了比一般人更嚴重的情緒傷害。

然而，這黑暗中的曙光是，許多人由於創傷十分嚴重，必須有意識地處理苦難，而那些認真接受療癒的人，不只顯著地修復了他們的情緒傷害，還從一般大眾的情緒貧乏中升級。我的一位案主說，這變得「比『正常人』的情緒智力好上太多」。

也許情緒智力進步所帶來的最大收穫是，有更好的能力去建立更深的親密關係。情緒智力是關係智力（relational intelligence）的基本成分，而一般人常常失去關係智力。

如前所述，當兩個人能無話不談，親密感便會大幅提升，尤其是當他們超越了所有情感溝通禁忌之時。因此，當我們互相展現完全的自己，包括自信或害怕、愛或孤立、驕傲或尷尬，就會自然地增加愛、欣賞與感恩的感受。

當彼此創造了如此真誠且支持的關係，是多麼了不起的成就啊！我曾見過的許多最親密的關係，即存在於兩個努力從成長經驗中解放自己的人當中。

未經檢視的人生不值得活

療癒帶來的更多光明，包括了獲得更豐富的內在生命。內省的過程對於有效的療癒是非常重要的，而且可以使倖存者的心靈更有深度、更豐富。持續以正念來探索全方位的經驗，可以幫助我們體會蘇格拉底所說的：「未經檢視的人生不值得活。」

如果倖存者選擇走那一條較少人走的內省之路，他會漸漸從強迫性、無意識的忠誠中解脫出來，那是在小時候易受影響的年紀時，被灌輸的關於家庭、宗教、社會價值的無用忠誠。

復原中的人這時可以選擇自己的價值，並且拒絕那些對自己不利的價值。他會發展出更深、更紮實的自我尊重，不盲從，也不跟隨流行。用心理學的說法，就是變得夠自由、夠勇敢，能夠個體化，並且更能夠發展自己的完全潛力。

以喬瑟夫．坎伯（Joseph Campbell）的話來說，倖存者將學會「跟隨自己的天賜之福」。他能更自由地追求那些吸引自己的活動與興趣；發展出自己的風格，甚至可能大膽地不照主流時尚標準來打扮自己；以及把這種自由延伸到家中的裝飾。

我看過許多倖存者發現了自己的美感，而且整體來說，比我那些「正常的」運動夥伴更能欣賞美。那些運動夥伴的家幾乎沒什麼裝飾，好像他們太害怕那些裝飾品不夠酷，而不敢放上來。

隨著倖存者重新獲得自由選擇權，他會更願意嘗試新的事物，包括那些主流社會認為不酷，甚至是禁忌的健康事物。

---

1 這裡所說的另類醫學，是以美國文化觀點而言，像是中醫、順勢療法……等主流西醫以外的醫學，但非系統性的偏方不包含在內。

這裡是一些我認為有益療癒和每日健康生活的例子：自發性的單純、改善飲食、冥想、另類醫學[1]、廣泛的慈愛心、環境主義、更深度的情感溝通，以及更廣泛使用的哀悼歷程。

在療癒之路上追求長期發展的倖存者，通常會比一般人成就更大的全面性進化。許多沒有創傷經驗的人，通常在結束正規學習後（無論是高中或大學），往往就停止了持續學習。

內省性的發展也會使療癒中的人在做重要的人生決定時，具有洞見和智慧，它也會改善這個人日常的本能選擇，像是遇到危險時究竟要戰鬥、逃跑、僵住，或是討好。

最後，另一道曙光，通常發生在療癒階段的晚期，就是用最健康且不會重複受創的方式面對正常的痛苦。我所說的「正常的痛苦」，是指每個人偶爾都會經歷的復發性、存在性痛苦，這種痛苦通常會發生在失落、疾病、財務困難、時間壓力……等情況。造成這些痛苦的時刻，總是會引起一些情緒反應，像是憤怒、悲傷、恐懼、憂鬱等等。一般人如果沒有學到如何用言語來抒發和轉化這樣的感受，將會長期性地陷在痛苦的情緒中，尤其是憂鬱。

「別擔心，要開心」的情緒霸業

復原中的倖存者能夠得到更好的情緒智力，原因之一是，他們後來看穿了主流媒體總是在灌輸「人們應該要開心」這樣的觀念。

相較之下，一般大眾卻和自己的完整情緒經驗越來越解離，他們焦慮地努力為自己的情緒打氣。許多「正常人」努力地追求快樂，猶如愛國義務似的，但漸漸地，他們會採用社會允許的「癮」來達成這個目標。於是，亂吃零食、亂花錢、自我藥療、掛在網路上……似乎是越來越普遍的廣泛癮頭。

有一種特別猖獗且不健康的情緒改變行為，就是色情成癮。對色情影像成癮，會對許多受苦惱的男性造成嚴重的意識窄化，並且經常摧毀他們處理真正親密關係的能力，但是，色情卻越來越被正常化，即使是在許多心理學的圈子中也一樣。

這裡是兩個有啟發性的相關參考資料：

http://www.interchangecounseling.com/blog/why-men-are-so-obsessed-withsex/

和 https://www.youtube.com/watch?v=wSF82AwSDiU

隨著我們的情緒智力越來越好，就可以從那種要求自己一直充滿喜悅，實際上卻會引起歇斯底里的壓力中，解放出來。

請不要把我的話解讀成「反喜悅的頌歌」。擁有自然合理的笑聲和感覺是很好的，這是一種恩賜，但我也相信，抗拒越來越龐大的「要求我們成為喜悅之泉」的情緒霸業，也是一種恩賜。

要知道，我們每天都在遭受廣告訊息的攻擊，受到充滿罐頭笑聲的電視節目攻擊，以及如果我們沒有一直開心地充滿迪士尼樂園般的狂熱喜悅，新時代（臺灣亦稱「身心靈領域」）的啟迪大師們就會羞辱我們，使我們覺得自己不夠好。

數十年來，必須要一直保持正面情緒的壓力，對我來說足以引發強大的羞恥感，同時我也必須很難過地說，我已看到越來越多的案主與朋友因為不夠快樂，而受自我輕蔑所苦。

再說一次，我不是在否定喜樂，但如果喜樂不是真誠的，它會是難堪的悲傷，而且有時候會造成孤立。最壞的情況是，愛控制人的自戀狂會以情緒勒索我們，使我們加入他去虛假地製造喜樂。同樣痛苦的是，我們的相互依存者強迫我們用笑來掩蓋恐懼或羞恥。

但是，這不是說真誠的喜樂不能有渲染力。有感染性的喜樂會正向地誘發同感，並將真誠的欣喜分享給他人（要體會這種經驗，你可以上 Youtube 搜尋「四胞胎的笑聲」〔Quadruplets Laughing〕）。

在我的經驗中，那些受到良好養育的孩子，在生命中似乎較常有真誠的喜樂。但我不認為喜樂是成人生活中的主要情緒，除非是透過藥物或酒精誘發。另一方面，隨著倖存者在療癒中努力增加自己在這個世界上的安全感，他的喜樂可以越來越常出現。

我經常目睹的情況是，隨著情緒智力越來越好，我們對於喜樂的期待會變得更合理。這使我們能夠放下不實際的復原目標，也就是「永遠的快樂」。在放下這個不實際的目標之前，我們仍會因為自己不夠喜樂，而受到找碴鬼的輕蔑謾罵。我的一位案主最近已有足夠的正念可以看出，他是怎麼為了自己不像啤酒廣告中的人那樣歡喜而羞辱自己。

在概論的最後，我必須強調，就像生命中大多數的事物一樣，ＣＰＴＳＤ也有程度之分，其光譜從輕微的神經質到精神錯亂，從高功能到失能，都有可能。它的嚴重程度，包含了長時間沒有情緒重現，到大部分時間裡都在經歷恐怖的完整情緒重現。而它的範圍，也可以從更為茁壯的狀態，到幾乎殘廢的求生狀態。

復原的進展，展現於你越來越能將情緒重現管理好，並且越來越常對人生感到滿意。我的一位朋友曾經開玩笑說：「我復原了這麼多，已經超越正常了，我讓正常人看起來像是他們才有ＣＰＴＳＤ。」

我們即將結束概論，進入到下一章，接下來將說明各種童年創傷經驗如何造成CPTSD，了解言語虐待和情緒虐待如何造成CPTSD，以及深層的情緒遺棄通常是CPTSD的核心。

PART 2

療癒的細節

第5章

如果我不曾挨打呢？

肢體虐待和性虐待是孩童所能經歷的最明顯創傷，尤其是持續性的類型。然而，在製造複雜性創傷後壓力症候群（CPTSD）的家庭中，還有很多不受注意的創傷，這通常是因為父母的肢體虐待，比言語或情緒的虐待或忽略更明顯之故。而我認為，因為情緒創傷而出現CPTSD的孩子，就跟因為肢體創傷而出現CPTSD的孩子一樣多。

否認童年的遺棄創傷所帶來的影響，會嚴重地阻礙療癒進程。在童年時期持續遭受情緒忽略，通常會令人產生海嘯般的恐懼、羞恥和空虛。身為成人倖存者，你可能會持續陷在這種遭受遺棄的複雜情緒重現之中。復原有賴於了解到，你的恐懼、羞恥、憂鬱，是源於缺乏愛之童年的持續影響，如果沒有這樣的了解，你那關鍵的、未被滿足的需求（需要撫慰性的人際關係），會把你捲入不必要的嚴重痛苦中。

否認與貶低

挑戰否認不是件簡單的工作，由於兒童非常需要相信父母愛自己、在乎自己，因此在面對極嚴重的忽略和虐待時，都會採取否認或貶低（Minimization）。**停止貶低，是挑戰否認的一個關鍵，那是一個人瓦解了他的童年創傷「沒什麼」的防衛機制的過程。**

停止看輕童年創傷的影響，就像剝下很滑且具刺激性的洋蔥，對某些人來說，最外層是赤裸裸的虐待證據，如性虐待或過度體罰；下一層則是言語、靈性和情緒的虐待；核心則是言語、靈性和情緒的忽略。

從一種病態的諷刺角度來說，父母對我的肢體虐待其實是一種恩賜，因為那是如此直接，以至於我到了青春期就無法再試圖壓抑此經歷，或是將之合理化、貶低、輕鬆看待，而且我可以看透父親是個惡霸（之後我才看透母親其實也虐待我，而我把她過度理想化了）。

認清父親的虐待之後，幫助了我能夠覺察父母較不直接的壓迫，然後我發現了童年遺棄中的言語虐待和情緒虐待。

言語虐待和情緒虐待

許多童年創傷受害者大多對於言語虐待和情緒虐待的創傷缺乏了解，雖然受到洗腦的受害者在復原過程中很少忽略這件事，但仍容易產生ＣＰＴＳＤ。

許多言語虐待和情緒虐待的倖存者，從沒學會肯定虐待對他們造成的靈魂傷害。他們從沒有正確地把現在的痛苦歸因於它，而且時常認為，跟那些常挨打的孩子相比，自己的遭遇不算什麼。小時候，父親常打我巴掌，而我會和那些常被其父親毆打的朋友相比，於是覺得自己的情況沒那麼嚴重。

然而，我後來終於了解，對我及許多案主來說，言語虐待和情緒虐待所造成的傷害，比我們遭受的肢體傷害更大。吹毛求疵的持續言語攻擊，系統性地摧毀了我們的自尊，並且由有毒的內在找碴鬼接棒，不斷地論斷我們是有瑕疵的。更糟的是，那些具有情緒毒性的輕視話語，把恐懼和毒性羞恥灌輸給孩子，進而制約了孩子，使他不再尋求關注，以及避免會引來關注的自我表達。不久後，他就學會了不尋求任何幫助或連結。

找碴鬼的神經生物理論

無情的苛責，尤其是來自父母的怒火和責罵，其傷害性足以改變孩子的腦部結構。

重複的鄙視訊息會被孩子內化和接受，然後孩子會反覆不停地鄙視自己，並建立自我仇恨和自我憎惡的神經通路。漸漸地，自我仇恨的反應會越來越常附著在孩子的思考、感受和行為上。

後來，每當這孩子想要真誠或脆弱地表達自己，就會引發自我嫌惡的內在神經網絡。於是，他被迫活在自我攻擊的極大損傷中，然後變成徹底的自我遺棄，自我支持的能力將會被大幅毀滅。

隨著父母對此情況的持續強化，這些神經通路會擴展成龐大又複雜的神經網路，變成主導孩子心智活動的內在找碴鬼。內在找碴鬼的負面觀點，產生了許多自我拒絕的完美主義程式，同時也不停地執著於危險和災難。後續的第九章和第十章會進一步探討如何縮小及破解這些破壞人生的程式，而在完成這些之前，倖存者大多時候都活在各種程度的情緒重現中。

在虐待洋蔥的言語和情緒層之下，有很多層的「貶低」。我聽過許多案主開玩笑地用不同版本一再重複這樣的話：「我知道我對自己很嚴苛，但如果我不時常督促自己，就會比現在更失敗。事實上，如果我試圖偷懶的話，我真的需要你嚴格地對待我！」童年時充斥的言語和情緒虐待，逼使孩子如此徹底地認同找碴鬼，好像找碴鬼就是他的身分一樣。

要斷開對找碴鬼的認同，是一輩子的戰鬥。要把自己的身分認同，從有毒的找碴鬼中解放出來，你必須長期重複地挑戰它，在這個過程中，如果你能夠原諒自己重複地掉入自責的舊習慣，就會更容易成功，同時，你要明白，進步是漸進且時進時退的過程。

但很諷刺的，自我仇恨的一種致命類型，可能會與「覺得自己很有瑕疵」的自我論斷成為一體，因此讓倖存者無法輕易地趕走找碴鬼。而這正是找碴鬼典型的全有全無的毒性思考方式。令人難過的是，許多倖存者在了解找碴鬼是怎麼偷偷地大肆折磨自己之前，就放棄了對抗找碴鬼。

然而，沒有比逐漸把心靈從找碴鬼的控制中釋放出來，更加宏大的事了，而且，直到這件事有顯著的進展之後，你才可能發展出容易駕馭的健康自我（ego）。

現在讓我們來了解，情緒忽略如何產生控制心靈的找碴鬼。

情緒忽略：CPTSD的核心傷口

不把大量情緒忽略所造成的傷害當一回事，是CPTSD否認洋蔥的核心。如果我們真的能感覺到並了解情緒遺棄有多具毀滅性，療癒之旅就會發生大躍進。

缺乏父母的愛和投入，尤其是在人生的頭幾年，會讓人產生一種壓倒性的空虛感。那些被長時間忽略、沒有被慰藉和關照的嬰孩及幼童，會對人生感到苦惱和驚恐。一旦孩子長時間感到無助和無力，覺得無人可依靠時，便會害怕、悲傷和沮喪。許多成人倖存者之所以活在持續性的焦慮中，大多原因是他仍然對駭人的遺棄感到痛苦及害怕。

許多倖存者從沒發現並突破相關的傷口，因為他們把自己的痛苦過度地歸因於顯性的虐待，從沒觸及核心的情緒遺棄。如前所述，特別容易有這種狀況的倖存者，是輕忽地把自己的創傷，和那些較明顯、較戲劇化受虐者相比較的人。

這使我覺得相當諷刺，因為有些人經歷了嚴重的顯性虐待，卻沒有產生CPTSD。一般來說，他們能被CPTSD「放過」，是因為至少有一位照顧者沒有在情緒上忽略他們。

如果孩子有需求或遇到危險時，卻沒有任何照顧者可供他求助，就會造成情緒忽略的創傷，一旦沒有其他大人（親戚、兄姊、鄰居或老師）可以提供慰藉和保護，ＣＰＴＳＤ就會進駐。當生命前幾年的每日每夜都受到遺棄時，尤其會如此。

在情緒忽略中成長的孩子，就像隔絕在父母的溫暖和興趣之泉的圍牆外，幾乎要渴死。情緒忽略會使孩子覺得自己沒有價值、不值得被愛，還有痛苦的空虛，使得他們的存在中心被「飢渴地需要他人的溫暖和慰藉」這種渴求啃蝕著。

生長遲滯症候群

當一個孩子持續地缺乏照顧者的撫育，對愛的飢渴會穩定地增加，有時候會變成生長遲滯症候群。生長遲滯是二十世紀中的一個用語，描述一種導致嬰兒死亡的常見現象，發生在醫院開始出現恐懼細菌的新風氣之時，當時的新標準是，護士不可以抱嬰兒，以免感染他們。然而，嬰兒的死亡率立刻開始攀高。

由於針對生長遲滯的研究，讓現代醫療拋棄了那種無情的做法。另外，東歐孤兒院的資料（人手不足以滿足嬰兒的接觸撫慰需求），也證實了這方面的研究。現代醫學也已經接受這個科學事實，就是嬰兒需要大量的肢體接觸和撫育才能茁壯。

在我的經驗中，生長遲滯並非全有全無的現象，而是一個光譜，從被遺棄的憂鬱到死亡。許多ＣＰＴＳＤ倖存者在嬰兒時期從未得到茁壯，我相信他們許多人承受著一回又一回的持續性痛苦，在光譜末端感覺如同處於死亡狀態。

我的幾位案主經常開玩笑說，當他們在情緒重現時，就像是「死亡溫暖著我」。

還有，我懷疑有些受創孩童的確是死於遺棄。也許是他們的免疫系統變差，使得他們更容易生病；也許像大衛・卡謝（David Kalshed）所指出的，他們無意識地被致命的「意外」所吸引，以終結他們的悲慘。

當我與一位案主在處理她深陷其中的情緒重現時，她分享了這個痛苦的回憶。當時她才十歲，在恍惚中，從兩輛停著的汽車之間走出到馬路車流中。然後，她被一輛卡車撞到，住院數個月才救回她的腿。重新經歷這段回憶，最讓她哭泣的部分是，她記得自己在醫院醒來時，對自己還活著感到極為失望。

情緒飢渴和成癮

那種源自遭父母遺棄的情緒飢渴，通常會演變成對物質或成癮性歷程的慾求不滿。某些倖存者對於早年遭遺棄的貶低態度，會在後來轉化成不把自己的物質成癮或歷程成癮當一回事。

幸好，許多倖存者後來會發現自己的成癮是個問題，但其他倖存者仍會看輕成癮的有害影響，並且不在乎自己需要停止或減少對物質或歷程的依賴。

當倖存者不了解創傷的影響，或不記得自己受過創傷時，其成癮通常是可以被理解的，因為這是在錯誤地試圖調節痛苦的情緒重現。然而，許多倖存者後來能看出成癮具有自我毀滅性，而他們的年紀也大到足以學習用更健康的方式來自我撫慰。

物質成癮和歷程成癮可以被視為是，試圖用錯誤的方式去分散內在的痛苦，而那股想要降低此習慣的渴望，可以用來激勵成癮的倖存者學習更好的自我撫慰方式，而這也是CPTSD療癒工作的一部分。

在第十一章，我們會看到哀悼工作提供了無可取代的工具，可用來處理內在的痛苦，幫助我們不再需要以有害的方式來分散痛苦。

依附需求的演化基礎

狩獵－採集時期佔據了人類在地球上百分之九十九點八的時間，而人類的大腦也在這段時間裡進化。對小孩子來說，如果不想遭受掠奪者的危害，就必須緊緊跟著大人，即使是極短暫的時間和父母分開，都會引發恐慌的感覺，因為野獸只需要幾秒鐘就能逮到不被保護的孩子。

恐懼深植於小孩心中，這是與大人分開時的健康反應，而且恐懼也會自動地和「戰鬥」反應連結，如此一來，當嬰幼兒需要關注、幫助和遭受遺棄時，就會自動大哭。然而，那些製造CPTSD的家庭厭惡大哭，而且許多人還會找到一些專業人士，來支持他們放任嬰幼兒哭到自動停止的行為。

在最失能的家庭中，父母會對孩子任何的幫助或關注需求感到不屑，此外，那些最善意的父母，也會因為相信二十世紀極糟糕的「智慧」——「小孩需要有品質的時間、重質不重量」，而嚴重地忽略孩子。

當孩子長時間覺得無力獲得與父母的連結，就會越來越焦慮、不悅和憂鬱。在那些製造CPTSD的家庭中，照顧與關心是極度缺乏的，照顧者很少甚至從不提供支持、慰藉或保護。

如果這是你的經歷，你長大後便會覺得：大家都不喜歡你；沒有人願意傾聽你；沒有人想接近你；沒有人對你有同理心；沒有人給你溫暖；沒有人會讓你親近；沒有人關心你的想法、感受、所作所為、想要什麼、夢想什麼。於是，你早早就學到，不管有多痛，感到多麼孤立或害怕，找父母只會讓你更感到被拒絕。

當父母背棄了孩子對於幫助與支持的需求，孩子的內在世界就會越來越如同惡夢般，混合著恐懼、羞恥和憂鬱，這個被遺棄的孩子會覺得，這世界是一個教人害怕的地方。

漸漸地，這孩子對於自己的主要體驗，會充滿情緒痛苦，並且難以控制到他必須解離、自我藥療、對外採取攻擊性的行為，或對內攻擊自己，來分散這種痛苦。

隨著持續缺乏溫暖與保護，將導致內在找碴鬼惡性成長，這個被遺棄的孩子狀況只會越來越糟。

孩子會把自己想要被接受的願望，投射成自我完美，等到孩子能夠自我省思時，他的認知層面會這樣說：

「我是如此可鄙、沒價值、不值得被愛和醜陋。如果我能把自己變得像電視上那些完美的小孩一樣，也許父母就會愛我。」

這樣一來，這個孩子就會過度注意不完美，並且努力想變得完美無瑕。到後來，他會根除終極的瑕疵，也就是想要父母的時間或精力的凡人之罪。這個過程的本質是，他越來越過度警覺地意識到，只要自己需要什麼，無論是關注、傾聽、興趣或情感，父母就會背棄他，或變得憤怒或厭惡。

光是情緒忽略，就能使孩子遺棄他自己，並且放棄形成自我。他們會保存和父母連結的錯覺，並且保護自己不要失去這個微薄的連結，而這通常需要放棄自我，像是喪失自尊、自信、自我照顧、自我興趣和自我保護。

此外，隨著這孩子學會「不能要求父母保護他」（無論外面的世界甚或家裡有多危險與不公），找碴鬼的有害程式就會開始激增，而他唯一能做的，就是對於「出錯的可能性」保持高度警覺。找碴鬼則會為他蒐集了一長串可能發生的災難，尤其是媒體上生動呈現的那些事件。

媒體大量地餵養了那些被遺棄孩子的找碴鬼。這孩子可能每天有好幾個小時都在觀看經過美化後的嘲諷節目，或是中傷、欺負人的節目，而新聞節目所報導的百分之九十都是壞消息，使他的腦袋裡充滿了「這世界盡是敵意與危險」的印象。更糟糕的是，情緒忽略的父母通常會把孩子遺棄給他們最愛的保母，也就是電視。

透過這樣的忽略，孩子的意識會被極端化和災難化的歷程所淹沒，導致孩子持續地預演著可怕情景，然後徒然無益地試圖做最壞的打算。這個過程會使CPTSD過度發展的壓力與毒性羞恥程式開始發作，並且會被一般來說無害的大量刺激誘發了創傷反應。

在這些刺激當中，最明顯的就是自己以外的其他人，尤其是不認識的人，或是會使孩子聯想到父母的人。漸漸地，找碴鬼會認為其他人都是危險的，並且只要有陌生人或不確定的人進入視線內，就會讓孩子自動地啟動戰鬥、逃跑、僵住或討好反應。

這種「人們很危險」的歷程，通常會變成社交焦慮，這是常見的CPTSD症狀。最壞的狀況是，它會發展成社交恐懼症和懼曠症。我認為，懼曠症很少是真的害怕空曠之處，反而是社交恐懼的一種掩飾，為了怕遇到其他人而害怕外出。

遺棄會降低情緒智力和關係智力

如前所述，那些被情緒遺棄的孩子，通常會覺得其他人都是危險的，無論事實上那個人有多無害或寬厚，而且，就算愛朝著他們而來，他們也會下意識且具威脅性地將之彈回去。

他們直覺地害怕這樣的情況：就算他們短暫地「拐」到其他人喜歡自己，但只要他們的社交完美主義無可避免地失敗，並且暴露了他們的一無是處，這個禁忌的獎品就會消失。還有，當這種狀況真的發生時，他們的遺棄感就會被誘發，並且深陷其中。

父母的遺棄會迫使孩子的情緒智力和關係智力進入發展停滯的狀態，因此，孩子從未學到，與健康的他人建立關係可以是舒適且充實的。對愛與他人的關心敞開心房，以及從愛與他人的關心中受益等等，通常是他們身上處於休眠狀態且未發展的能力。

還有，從來沒有人向他們示範，如何適當地在重要關係中管理反覆出現的正常情緒，於是關於憤怒、悲傷、恐懼的健康性與功能性情緒智力，便猶如休耕般停滯了。

正視情緒遺棄

如同處理肢體虐待，有效地處理言語和情緒虐待的傷害，有時會讓我們開始正視情緒虐待所造成的糟糕影響。有時，我很同情那些「只有」被忽略的案主，因為忽略很難被視為「遺棄」的有力證據，大多數人對四歲以前的事記得不多，而到了四歲，這種傷害多半已經形成，通常需要很深的內省工作，才能知道：現在情緒重現的痛苦，是以前情緒遺棄的再現。

若要倖存者記起並正視情緒忽略的影響，可能要花很長的時間，這通常是他們直覺地把各種線索拼在一起，但謎團得要在童年重建達到一個臨界值時才會解開。有時，這會促使倖存者領悟到「忽略」的確是現在受苦的核心；有時，這個領悟會帶來寬心的確定感，讓倖存者知道自己脆弱的自尊、頻繁的情緒重現、反覆出現缺乏支持的關係，是來自於父母緊閉的心。

有時我會感到遺憾，因為當我寫第一本書時，還沒明白現在所了解的這種遺棄，真希望自己當時沒有過度聚焦於虐待在我的童年創傷所扮演的角色。

對於那些找碴鬼會貶低其過往經歷，並且透過不當地與我相比：「我的遭遇沒有你那麼糟。我媽媽從沒打過我！」藉此來羞辱自己的倖存者，我很難將前述的訊息傳達給他們。

諷刺的是，這通常會讓我產生一種感覺，覺得至今我所發生過最糟的事，就是在情緒遺棄中成長。事實上，直到我學會把現在的各種情緒重現痛苦歸因於童年的淒苦之後，才能有效地處理那導致我進入許多忽略性關係的強迫性重複。

我要再說一次，這並非否認或淡化造成ＣＰＴＳＤ的創傷確實是來自各式各樣的虐待，包括肢體、性方面、言語和情緒。

練習脆弱

我們討論過，**真正的親密感可以療癒情緒遺棄**。但我要再說一次，真正的親密感有賴於我們展現脆弱。當我們處在情緒重現當中，感覺受困於恐懼、羞恥和憂鬱的混雜遺棄感時，如果能成功地與夠安全的他人連結，便會帶來深度的復原。

為此，我必須花費多年刻意地練習在痛苦時出現在他人面前，但一開始我只能偶爾這麼做。我太習慣童年既定的方式，只要感到被複雜的遺棄感抓住時，就會以物質來躲避或偽裝。

然而，我越來越對自己那討好他人的關係依賴和社交完美主義覺得反感，於是鼓起勇氣勤奮練習。但不知怎麼的，我就是知道自己的孤獨永遠不會減少，除非我冒險一試，看看是否某些經妥善選擇的人能夠全盤地接受我的一切經歷，而不是只接受我光鮮亮麗的一面。

當然，如同大部分的倖存者，一開始我也很無知，根本不知道自己在經歷遺棄感的情緒痛苦，所以，我除了隱藏它，還能怎麼辦？

即使我已經相當正視自己的童年虐待與忽略，卻仍相信著，如果我分享自己的情緒重現，除了治療師以外，恐怕每個人都會厭惡我。而我對治療師的信任，一開始也頗為搖擺不定，尤其是在我最深的情緒重現發生時。

幸好，我與治療師有足夠的正面經驗，使我後來能有勇氣把真誠的脆弱帶入其他經過挑選和時間考驗的關係中，在那些關係裡，我找到了接納、安全和支持，那是我以前想都想不到的。

前述的洋蔥比喻是有限的。

療癒的後期通常涉及同時處理多個層面，而「正視」是必須持續一生的過程，有時，回顧受遺棄故事中的核心議題，對我們的影響會比當初更為深刻。

有一個事件使我糾結於以下的想法：挨打總是比被遺棄在憂鬱母親上鎖的房門外好幾個小時更好。因為我無法忍受這種隔離，所以我會狂敲她的門，即使我知道她會暴怒。雖然我已經知道這一點很久了，可是寫下這件事時，仍然讓我流下了一些悲喜交加的新淚水。

在持續「剝否認的洋蔥」工作中，很常出現悲喜交加的眼淚。悲的眼淚，來自於理解了遺棄遠比之前以為的更有毀滅性；喜的眼淚，來自於淚水確認了回憶的真實性，並且把責備歸屬到它真正該去的地方。然後，我們可能又開始流下悲苦的眼淚，因為在自己還那麼小，合理地需要那麼多幫助的時候，卻一次次地發生了可怕的遺棄；接著，我們可能開始流下甜美的眼淚，這是感激的淚水，因為經歷這麼深的療癒工作之後，常常需要更加憐憫自己的苦難，並且對自己的倖存感到一種健康的驕傲。

在我最近一次的哀悼經驗中，甜美的淚水來自於：知道自己的確經常在關係中體驗到夠好的愛和安全感。然後，我的淚水又變得悲苦，因為我仍會情緒重現至孤寂悲涼之感，無法從他人那裡得到慰藉，甚至有時候連妻兒都無法使我感到安慰。之後，我又得到喜悅的淚水，因為現在我的情緒重現已經更容易處理了，尤其當我越來越擅長使用第八章介紹的技巧時。

敘事的力量

有越來越多的證據顯示，CPTSD的復原程度，會反應在一個對自己人生故事的敘述中。倖存者復原得越多，他的故事就會越完整、協調、情緒一致，並且會以自我同情的角度訴說。

在我的經驗中，**深層的復原通常反映在那些突顯情緒忽略的述說中，其中描述著一個人受了什麼苦、持續應付著什麼。**

我的案主麥特，在母親節的兩天前剝了一大層否認與貶低的洋蔥。然後，他帶著糟糕的情緒重現來到會談中。「人生爛透了，而我甚至更爛！我甚至連挑選母親節卡片這麼簡單的事都做不到。」

幸運的是，從前一年的母親節起，麥特已經在「正視」方面有大幅的進展。一年前，他仍以為母親是個好媽媽，因為她從來沒有打過他。但當時，他因為花了一小時在卡片商店裡挑不出一張母親節卡片，而被嚴重地引發情緒重現。

隨著我們進一步探索後才發現，原來是每一張卡片中所印的詞句，都會使他覺得，如果他寄出這張卡片，就是背叛了自己的內在小孩。

「我跟你說，佩特，沒有一張卡片描述了我能感恩的事。我完全不記得她曾經為我做過或說過的任何好事！」不久，他開始深深地哀悼著母親給他的愛護如此稀少。他與母親的互動中充滿了母親輕蔑的表情和挖苦的語調，他為此哭泣、發怒。「為什麼我在母親牌卡中拿到這麼一手爛牌?!」

如同健康的哀悼通常會發生的情況，在那次會談的尾聲，他覺得自己的情緒重現被化解了，並重新感覺到自己站在自己這一邊。脫離情緒重現後的紓解，也使他的健康幽默感回來了。他開始絮叨著：「我要創立一個卡片生意給我這樣的人。我要製作一系列的卡片給有失能母親的人。這個如何？『謝謝媽媽從不知道我讀幾年級』，或『謝謝媽媽給我的記憶，記得你在我痛苦的時候走開』，或是『謝謝媽媽教會我只注意到自己不對的地方』；又或是『謝謝媽媽教我如何厭惡地對自己皺眉』。」

你獲得復原的關鍵之一，是要了解父母在撫育與保護你的職責上有多麼嚴重失職；而且，看清楚那些情緒重現來自於童年遭受的父母拒絕，對你大有好處。當你大幅破解了自我否認時，通常會真誠地憐憫童年的自己。

在你的童年經驗中，痛苦時得不到父母同理心，反而是受到輕蔑或遺棄，而自我憐憫可以提供童年所缺乏的同理經驗，進而減緩情緒忽略帶給你的痛苦，並且翻轉你在童年學會的求生習慣：自動地自我遺棄。然後，這能激勵你去辨識並處理所受到的各種虐待和忽略。

最後，**真正了解童年情緒忽略有多麼深層而重要，是一種使人更有力量的成就**。在情緒重現的混亂和無望當下，只要理解到「這其實是在情緒上再度經歷童年創傷」，通常都能化解情緒重現。特別的是，這能產生一種自我保護的衝動，讓人想要保護童年的自己和現在的自己，展開化解各種情緒重現的過程。

第6章
我的創傷類型是哪一種？

本章會介紹創傷的分類，以便你辨識不同的複雜性創傷後壓力症候群（CPTSD）類型，並從中復原。人類對童年創傷的反應不盡相同，這個模組詳述了四種基本的求生策略和防衛類型，它們是發展於戰鬥、逃跑、僵住和討好的本能反應。

你的童年虐待或遺棄模式、出生排行、基因等差異，會導致你偏向4F求生策略的其中一種，而你小時候會這麼做，是為了預防、逃離或改善更多的創傷。「戰鬥」類型會發展出類似自戀的防衛反應；「逃跑」類型會發展出類似強迫症的防衛反應；「僵住」類型會發展出類似解離的防衛反應；「討好」類型則會發展出類似關係依賴的防衛反應。

健康的使用4F

那些童年經歷了「夠好的養育」的人，在成年後面對危險時，都會有健康且靈活的反應技能。

一旦面對真正的危險，他們可以妥當地選擇運用全部的4F類型。能夠輕易採用「戰鬥」反應，可以確保一個人維持良好的界線、健康的表達、具侵略性的自我保護（如果必要的話）。

那些未受創的人可以輕易且妥當地使用「逃跑」的本能，並且在對抗的行為會造成更大的危險時，能夠停止互動並撤退。

如果進一步的行動或抵抗是無益或反效果，那些未受創的人也可以適當的「僵住」，並且放棄掙扎。還有，「僵住」有時是面對危險的反應，我們會變得靜止、安靜或是偽裝起來，以換取時間，並且評估危險，來決定究竟最好的辦法是戰鬥、逃跑、繼續僵住，還是討好。

最後，那些未受創的人能以不卑躬屈膝的態度做到討好，能夠傾聽、幫助、妥協，也能夠維護並表達自己的需求、權利和觀點。

以下和下一章會深入說明這四種防衛的來源。

4F的正面特色

戰鬥	逃跑	僵住	討好
敢言	脫離	警覺	愛與服務
界線	健康的撤退	正念	妥協
勇氣	勤勞	沉穩就緒	傾聽
大膽	知道怎麼做	平靜	公平
領導力	堅忍不拔	當下	調停

但那些童年反覆受到創傷的人，會變得過度使用4F中的一種或兩種來求生。然而，固著地使用4F中的任何一種，不只會限制我們採用其他策略的能力，還會嚴重損害我們在非防衛狀態下放鬆的能力，此外，更會把我們捆限在狹隘、耗竭的人生經驗中。

漸漸的，慣性的單一防衛類型也會「幫助」我們從找碴鬼的嘮叨聲及其造成的痛苦中轉移注意力。如果滿腦子都是防衛反應，我們將難以覺察那些未化解的過去創傷，以及現在因疏離而產生的痛苦。

接下來的表格比較了4F有害的防衛行為，當情緒重現發生時，真實或想像的危險通常會引發這些行為。

4F有害的特色

戰鬥	逃跑	僵住	討好
自戀	強迫性	解離	關係依賴
有爆炸性的	恐慌	緊縮	諂媚
控制狂	匆促或擔憂	隱藏	奴性
理所當然的心態	受驅策的	隔離	失去自我
A型性格	追求刺激	沙發馬鈴薯	討好他人
霸凌	瘋狂忙碌	活在自己的世界	任人踐踏
暴君	過度管理者	隱士	奴僕
要求完美	受完美主義驅使	害怕成就	社交完美主義
反社會性格（社會病態）	情緒障礙（躁鬱症）	精神分裂	家暴受害者
品行疾患	注意力不足過動症	注意力缺失症	小大人

CPTSD是一種依附疾患

那些受創傷的孩子會對戰鬥、逃跑、僵住或討好反應的過度依賴，是因為他們無意識地試圖藉此應付接連到來的危險，也會藉此強化一種幻想：爸爸媽媽真的在乎我！

4F類型在成年後通常都會對真正的親密關係存有矛盾的心態，這是因為親近感通常會對我們引發痛苦的情緒重現，提醒了我們，童年時期如何在缺乏撫慰人心的連結下求生存。

要是對他人展現脆弱，將會導致更深的連結，於是4F防衛機制會透過阻擋這樣的關係，來保護我們不會遭受更進一步的遺棄。

倖存者會逃避那些展現脆弱的人際交往，也是因為過去的經驗使他們相信，自己會如童年那樣被攻擊或遺棄，所以展現脆弱通常會對他們引發痛苦的情緒重現。

許多「戰鬥」類型的人逃避真正親密關係的方式，是透過以憤怒使他人疏遠，以及控制要求無條件之愛。這種企圖滿足童年未滿足之需求的不切實際的要求，摧毀了親密關係的可能性。還有，某些戰鬥類型的人會自我欺騙地相信自己很完美，這種防衛信念使他們認為，自己理所當然地可以把人際關係的問題全都怪到父母身上。

很多「逃跑」類型的人會永無止境地忙碌和辛勤工作，以逃避那種會引發情緒重現的深度交往。

還有其他逃跑類型的人會過度努力地使自己完美，希望有一天自己會值得被愛，這種逃跑類型的人很難展現自己不完美的一面。

許多「僵住」類型的人會躲在自己的房間和幻想裡，深信與他人建立關係一點好處也沒有。至於那些沒有被糟糕的童年忽略或虐待，傷害得完全排斥關係的僵住類型的人，會偏好網際網路上的關係，因為線上交往可以讓他在家裡安全地進行，而且越少接觸越好。

很多討好型的人會藉由鮮少展現自己，來逃避情感投入和可能的失望，他們躲在助人的表象下，過度傾聽、過度引誘或過度為他人努力，藉由過度聚焦在伴侶上，他們就不必冒險把自己暴露出來，也不需要承受深層拒絕的風險。

以下的表格比較了4F類型的差異。

4F對依附和安全的扭曲直覺

	戰鬥	逃跑	僵住	討好
與他人連結的手段	控制	自己必須完美	不要連結	融合
追求安全的手段	暴怒	自己必須完美	隱藏	卑躬屈膝

現在，以減少過度依賴4F防衛反應的角度，來更進一步了解它們。

戰鬥類型與自戀型[1]防衛

戰鬥類型者相信權力和控制能夠創造安全、減緩遺棄及穩固愛，並且無意識地受到這樣的信念所驅使。那些被寵壞且沒有得到足夠限制（一種獨特的痛苦遺棄類型）的小孩，可能會變成戰鬥類型；如果小孩被允許模仿自戀型父母的霸凌，也可能會發展出慣性的戰鬥反應，許多戰鬥類型的人始於身為兄姊用權力制伏弟妹，就像父母用權力制伏他們一樣。

戰鬥類型者學會用憤怒去回應遺棄感，許多人會使用輕蔑（一種自戀型暴怒[2]與憎惡的有毒混合物）去脅迫並羞辱他人，使他人回應自己。自戀狂對待別人的方式，猶如別人是自己的延伸。

有著理所當然心態的戰鬥類型，通常會把別人當作自己滔滔不絕獨白的聽眾，他們可能把「被捕獲」的僵住或討好型人，當作主從關係中的奴僕。與極端自戀狂進入一段關係的代價，就是自我毀滅，我的一位案主說：

「自戀狂沒有人際關係，他們只有俘虜。」

迷人的惡霸

那種憤怒轉移情況特別嚴重的戰鬥類型者，可能會變成社會病態[3]。社會病態是一個光譜，從貪腐的政客到邪惡的罪犯，其中一種特別令人厭惡的社會病態，我稱之為「迷人的惡霸」，大概落於這個光譜的中間。迷人的惡霸有時候表現得很友善，甚至偶爾會傾聽並給予小小的協助，但仍然會用輕蔑去制伏和控制他人。

這類型的人通常會把他們的尖酸刻薄傾倒在代罪羔羊身上，而這些不幸的代罪羔羊通常比他們脆弱，可能屬於弱勢群體，如弱勢族裔的員工、同性戀者、女性、惡霸的「問題」小孩或妻子……等。一般來說，惡霸會對他們最偏愛的人手下留情，除非這些人犯了規。

1 心理學中的「自戀」不同於一般口語中形容虛榮或自以為美麗或了不起的自戀。心理學中的「自戀」是指病態地自我中心、同理心不良或缺乏，以及其他自戀型人格疾患的診斷標準。然而，作者在此並非指符合自戀型人格疾患診斷者，而是廣泛性地描述戰鬥類型者會出現許多類似自戀型人格疾患的症狀，但實際上並不一定有自戀型人格疾患。

2 關於自戀型暴怒，可見此網頁的介紹：https://freeryou.com/2603/narcissistic-rage。

3 社會病態（sociopathy）與心理病態（psychopathy）二詞常被交互使用，都是指反社會人格疾患中最嚴重、最惡性的類型。源自於病態自戀的社會病態與心理病態，亦被稱為病態自戀狂，以下網頁中有深入的介紹：https://freeryou.com/1893/narcabuse-01。

如果迷人的惡霸很有魅力，那些親近他們的人通常會忽略了其對代罪羔羊的無良心惡行，而且那個受到惡霸偏愛的人通常會進入否認狀態，為了自己不是惡霸的目標而感到欣慰。特別有魅力的惡霸甚至可能受到欽佩，被視為優秀人才。這種惡霸的代罪羔羊小孩或配偶，是最容易發生問題的，因為別人通常不會承認他們的確受到了惡霸的惡行對待。

我記得以前自己曾對希特勒仁慈對待他孩子的照片感到十分困惑。

寫到這裡，我也想到有很多億萬富翁受到尊崇，但大多禁不起近距離檢視，因為其中許多人使用社會病態的手段獲得財富，例如惡性接收、剝削性的勞工政策、有害健康的工作條件、毀滅環境的作為，以及其他各種的作弊、謊言和陷害。

「偉大的」偶像亨利・福特（Henry Ford），會例行地把年輕的新工人安排在「創新的」裝配線前，一旦在裝配線遠端那些疲倦、被榨乾的工人跟不上進度，就會被隨便地趕出後門。後來，美國的公會限制了這樣的做法，但從那時起，許多工作就被出口到缺乏規範的第三世界國家，那裡的工人必須在惡劣、摧毀身心靈的環境中工作。

從較小的層面來說，我記起一位二十幾歲時的摯友，幾乎有兩年的時間，我都以為他是很棒的傢伙，直到有一天，我和他在超市購物，目睹他純粹出於惡意就痛罵無辜的結帳人員。

其他的自戀狂類型

暴怒型自戀狂會把自己的憤怒傾倒在他人身上，他們對這樣的情緒淨化方式上了癮，但那種緩解通常維持不了太久，然後他們又會開始尋找下一個解癮的機會。

這種自戀行為完全就是在霸凌，而霸凌會對受害者造成創傷後壓力症候群，如果持續夠久，像是失能家庭中的惡霸父母，便會造成孩子有CPTSD。如果你對這種情形有共鳴，請造訪www.nobully.com。

與這本書的主題更密切相關的是，有多位案主被其自戀的社會棟樑父母恐怖地虐待了。我那溫文爾雅、沉默安靜的父親，便是恐怖父母的代表之一，他經常對我和妹妹暴怒及揮耳光，但在社區裡卻非常受到景仰。

自戀的最後一個例子，是一種迷人但不一定是惡霸的自戀狂，我稱之為「披著關係依賴外衣的自戀狂」。我朋友的父親就是這種迷人的自戀狂，你見到他時，他會用問題和打探誘惑你，使你覺得他對你很感興趣。但是，在你上鉤後的幾分鐘內，他會突然變成自說自話，開始長篇大論。

這種類型通常擅於不斷句、滔滔不絕地說話，完全讓人找不到插話的空隙，甚至你連找藉口逃走的空間也沒有，最後，你變成受俘的聽眾，而且不容易被釋放。

從極端化的戰鬥反應中復原

極端的自戀狂和社會病態，普遍被認為是無法治療的，我同意這個看法。他們通常認為自己是完美的，所有問題都出在別人身上。

然而，那些並非真正自戀狂的戰鬥類型者，如果了解到自己用恐嚇、批評、譏諷去控制別人，因而付出了多大的代價之後，就能從這樣的了解中獲益。我協助的一些案主，後來看清了自己的攻擊性行為如何嚇跑了可能的親密對象。一位倖存者也理解到，雖然她的伴侶沒有離開，但他很害怕並怨恨她的苛求和易怒，以至於他無法再提供她所渴望的溫暖或真實的好感。

我也幫助了一些戰鬥類型者了解到，自己的過度控制是如何造成權力和疏離的惡性循環：戰鬥類型者過度使用權力，引發其他人害怕地情緒退縮，於是他更覺得自己被遺棄了，然後變得更憤怒及瞧不起其他人，使自己和親密對象的距離拉得更遠，這再度使戰鬥類型者更憤怒和反感，於是更製造了距離，以及永遠地失去溫暖。

如果戰鬥類型者能學會把憤怒轉移至他們糟糕的童年——那個害他們學會採用這種破壞親密的防衛反應之童年——便能幫他們破解將遺棄感立刻變成憤怒和反感的習慣。

隨著復原中的戰鬥類型者越來越能覺察自己的遺棄感，他們可以學著透過淚水，來釋放恐懼和羞恥感。我幫助過好幾位戰鬥類型者，帶領他們哭出自己的傷痛，而非總是極端地發怒。**我們受傷時，一部分會感到悲傷，一部分會感到憤怒，但不管如何，發怒永遠都無法轉化悲傷**。

戰鬥類型者需要看清楚自己高傲的道德魔人角色，是如何疏離他人，以及如何維持他們現有的遺棄感。他們必須拋棄「自己很完美」的錯覺，以及把自己完美主義的內在找碴鬼投射到其他人身上的習慣。

戰鬥類型者在發現自己被引發情緒重現和過度吹毛求疵時，如果能學會自發地暫停，對他們也有益處。暫停的時候，他們可以把受傷的感覺大量地轉移至哀悼，並處理原本的遺棄感，而不是破壞性地錯植到現在的親密對象上。

如同所有僵化的4F，戰鬥類型者在使用其他4F反應類型方面，需要變得更有彈性、更適當。如果你是復原中的戰鬥類型者，會特別受惠於學習討好型的同理心反應。一開始，試著想像如果你是與你互動的那個人，你會有什麼感受？盡量常常這麼做。然後你可以擴展它，對於你希望建立親密感的人，發展正念去體察他們的需要、權利和感受。

在療癒的早期，你可以在還沒辦法真正做到之前，先假裝就好。你必須知道，如果不練習替他人著想，如果沒有互惠和雙向互動（相較於長篇大論的獨白），你渴望的親密感就難以發生。

逃跑類型與強迫型[4]防衛

極端的逃跑類型者就像開關卡在「開」的機器，他們執著且強迫地受到一種無意識的信念所驅使，深信完美會帶給他們安全，並且可以使他們被其他人所愛。他們也急於完成目標，於是在想法上衝刺（執著），也在行動上衝刺（強迫）。

逃跑類型者小時候對家庭創傷的反應，是多變地落在過動的光譜上，可以是極端拚命的優秀學生，也可以是輟學亂跑的注意力不足過動症者，只因為逃跑類型者想用不停忙碌的象徵性逃跑，來逃離躲避內在的拋棄之苦。

左腦解離

當強迫症般的逃跑類型者沒有在忙著做什麼時，就是在擔憂和計畫要做什麼，他變成了約翰．布雷蕭所說的「做事的人」（而非「存在的人」）。

「執著」屬於左腦解離，與僵住類型典型的右腦解離不同。

左腦解離是利用不停思考，來分散自己對遺棄性痛苦的注意力。當思考等於憂慮時，就好像深層的恐懼飄起並沾染了思考過程。如果「強迫行為」是為了搶得先機去控制你所壓抑的痛苦，那麼「執著的思考」就是藉由擔心來居高臨下地控制你深層的痛苦。

像我自己就是逃跑類型，有時候會發現自己在講課前執著地擔心講課大綱，當我這麼做時，有一部分會浮現

4 如前註釋，本書多次使用「強迫」一詞，是精神醫學與心理學的術語，是「強迫症般」的意思。強迫症的症狀有認知層面的執著與行為層面的強迫，但中文病名只有「強迫」二字，容易造成中文讀者混淆，誤以為只有行為上的強迫症狀。若無特別說明，本書中的「強迫」症般的描述與翻譯，即包含認知與行為層面，而非只有強迫性的行為。

在我的表現焦慮上，而這表現焦慮其實是我遺棄性恐懼的一個次類型。在教書早期，我會採用一種強迫行為的防衛反應，也就是當我焦慮地在腦中搜尋一個想不起來的字時，就會走來走去，甚至會狂亂地翻遍字典查找。我沒有意識到的是，那就像是我在尋找一個嚴重焦慮以外的安全地方。

逃跑類型者也容易對自己的腎上腺素上癮，有些人便常常魯莽地追求有風險性的危險活動，以激發腎上腺素。另外，逃跑類型者也容易變成工作狂和忙碌狂這種對過程上癮的人，為了維持這些忙碌的過程，他們可能惡化到對興奮物質成癮。

也就是說，嚴重受創的逃跑反應者，可能會發展出強迫症。

從極端的逃跑反應中復原

我協助過的逃跑類型者總是忙著試圖超越自己的痛苦，因此，在治療的會談中說出內省的話，是他們唯一能夠自我檢視的時間，而學習4F知識常常能幫助他們拋棄內在找碴鬼的完美主義要求。

我溫和並重複地聚焦在挑戰他們如何否認及貶低自己為完美主義所付出的代價，這對工作狂來說特別重要，因為他們通常會承認自己的工作癮，又偷偷地不肯放手，把這癮頭當作驕傲和優越。

逃跑類型者可能會因過度分析而困在自己的腦袋裡，一旦他們對於CPTSD的了解達到臨界值時，使其轉移到感受層面就至關重要了，因為他們或早或晚都必須要深層地哀悼童年失落。**自我憐憫的哭泣是非常有用的工具，可以縮小找碴鬼持續的執著，並改善強迫性匆忙的習慣。**隨著漸漸復原，逃跑類型者可以有一個「變速箱」，讓他們用各種不同的速度處理生活，其中也包括N檔（空檔）。所以，耕耘空檔對逃跑類型者尤其重要。

如果你是逃跑類型者，有非常多書籍、光碟和課程可以幫你學習放鬆及減少慣性的忙碌，這非常必要，因為你會迷失在忙碌中，變得見樹不見林，進而使你容易放錯優先順序，並且在不重要的事情上瞎忙。當我情緒重現時，常常會覺得自己必須要忙一些很簡單的小事，有時反而忽略了重要的責任。

在情緒重現時，逃跑類型者可能會惡化至「無頭蒼蠅」的狀態，恐懼和焦慮會驅使他們進入雜亂的活動中，以致他們沒重點地瞎忙，好像行動本身才是重點。

這種時候，逃跑類型者可以藉由把一句俗語反過來說，將自己從恐慌亂逃中救出來：「別做些什麼。待著。」我說的「待著」，是停止你正在做的事，並且花點時間靜心和重新安排輕重緩急。我推薦三分鐘的椅上小冥想，如果你是逃跑類型者，每天做幾次，可以使你的復原狀況有大幅進展。

椅上小冥想可以始於閉上雙眼，然後溫柔地請自己的身體放鬆。感覺你的每個主要肌群，溫和地鼓勵它們放鬆。深深地、慢慢地呼吸……

當你的肌肉已經放鬆，而且呼吸既深且慢時，便問問自己：「我現在最重要的優先事項是什麼？接下來我能做最有益的事是什麼？」

當你越來越熟練，並且能夠做得更久時，試試這個問題：「我正在逃避什麼傷痛？我是否能敞開心房，接受那個在痛苦中撫慰自己的想法和畫面呢？」

最後，有很多逃跑類型者呈現的症狀，可能被誤診為循環型情緒障礙症，即一種輕度的躁鬱症。這個議題會在第十二章詳細說明。

僵住類型與解離型防衛

僵住反應，又稱為保護色反應，常使倖存者躲藏、隔離和逃避與他人接觸。另外，僵住類型者可以退避成關似乎卡在「關」的狀態。

4F當中，僵住類型者似乎有最深的無意識信念，深信「人」和「危險」是同義詞。雖然4F的每個類型都常有社交焦慮，但是僵住類型者通常會更避居於孤獨當中，有些僵住類型者甚至完全放棄與其他人建立關係，並且變得極度孤立。

除了幻想外，許多人也完全放棄了愛的可能性。

右腦解離

那種通常是代罪羔羊或最被深深遺棄的孩子（失落的孩子），會習慣性地使用僵住反應，因為僵住類型者不被允許成功地使用戰鬥、逃跑或討好反應，所以他們發展出典型的右腦解離做為防衛。

解離讓僵住類型者能切斷遭到遺棄的痛苦經驗，並保護他們遠離任何可能引起再次受創感受的、具有風險的社交互動。

如果你是僵住類型者，便可能會長時間地睡覺、做白日夢、想著心願，或是進行右腦領域的活動，像是看電視、上網、打電動，透過這樣的解離，來避難並獲得慰藉。

有些僵住類型者會有（或看起來像有）注意力缺失症，而且他們擅於在內在感受不舒服時切換內在頻道，如果受到特別大的創傷或情緒重現，他們就可能呈現類似精神分裂的狀況，與一般現實脫節，這是最糟的狀況，像是《未曾許諾的玫瑰園》書中的主角一樣。

從極端的僵住反應中復原

僵住類型者的復原，涉及了三個關鍵的挑戰。

首先，他們很少有正面的關係經驗，甚至完全沒有。因此，他們極度不願進入能轉化自己的那種親密關係，甚至不太願意尋求心理治療的幫助。那些克服了這種不情願的人，也通常很容易受到驚嚇，很快就結束治療。

其次，僵住類型者和戰鬥類型者有兩個相同點，他們比較沒有意願去試著了解童年創傷的影響，許多人都不知道自己有個麻煩的內在找碴鬼，或是自己活在情緒痛苦中。

還有，他們傾向於把找碴鬼的完美主義要求投射到他人身上，而非自己；在童年時，這種求生機制幫助他們拿別人的不完美來合理化自己的隔離，在過去的經驗裡，隔離是聰明、尋求安全的行為。

第三，僵住類型者否認這種單一適應模式對人生的侷限性結果，其否認程度更勝於工作狂的逃跑類型者。我協助過的一些僵住類型者，似乎對自己的隔離有很長一段時間的滿足，我認為他們或許有能力釋放體內的「鴉片」（腦內啡）來自我藥療；那種「鴉片」是我們的動物性腦部在面對的危險巨大到似乎死亡將近時，必然會釋放的元素。

僵住類型者比較容易釋放內在鴉片，是因為僵住反應的光譜中，最極端的反應就是崩潰。崩潰反應是意識的一種極端遺棄，它看起來像是一種超脫身體的體驗，是一種終極的解離，有時候在即將被殺的動物身上可以看到，我在自然生態影片中曾看過，當被狩獵的小動物顯現出完全的放棄狀態時，死亡似乎毫無痛楚。

然而，僵住類型者的鴉片對他們的止痛效果是有限的。當他們對這種滿足感到麻痺之後，就會變成嚴重的憂鬱，然後可能透過物質成癮來自我藥療，像是使用酒精、大麻和毒品。或者，僵住類型者可能會使用抗憂鬱和抗焦慮藥物，並且服用的劑量越來越重。

我甚至懷疑，有些精神分裂症患者是極度受創的僵住類型者，而且徹徹底底地解離至無法回歸現實。

我的好幾位僵住類型的回應者非常推薦一本自助書籍，那是蘇潔・布恩（Suzette Boon）所寫的《處理創傷相關的解離》，該書充滿了非常有用的練習，對於療癒有強大的功用。

僵住類型者通常比其他類型更需要治療性的人際關係，因為他們的隔離，使他們難以發現有關係療癒性質的友誼。不過，我也知道，有些人透過寵物、書籍和網際網路團體那種有安全距離的人類療癒，就得到了夠好的關係療癒。

菲莉絲自稱是個懶骨頭，一開始帶著非常猶豫且矛盾的心情接受我的治療。她所用的第三種抗焦慮藥物已經無效了，而且每天使用大麻，使得她越來越偏執多疑。她的死亡幻想出現得越來越頻繁、越來越病態。她說：「我知道治療不會有用，但是我怕丈夫會離開我。他說他開始怕我了。」

菲莉絲能維持婚姻，是因為丈夫負責養家，並且任憑她看電視、科幻小說，或是掛在網路上。而且他還是工作狂，很少在家，就算在家也是跟電腦為伍。

在療程中，建立信任感是一個漫長漸進、時進時退的過程，無論是哪種4F類型，這都是常見的現象。

菲莉絲的黑色幽默是個可取之處，能夠幫助她承受我的心理教育，以致當我試著連結她現在的痛苦和糟糕的童年時，她常常會嘲諷地反駁。幸好，在紐約長大的我對於嘲諷有些抵抗力，而且我願意忍受她的嘲諷式幽默，因為她沒有惡意。

後來，我幫她把嘲諷中的憤怒，導向她那霸凌的家庭，於是我的心理教育終於開始滲透一些道理進去了。她漸漸開始憤怒地抱怨父親的性虐待、母親是無聲的共犯，以及全家人拿她當靶子。後來，她的憤怒演變成哭泣，使她第一次經歷到自我憐憫。

在治療數年之後，直到這個階段，菲莉絲才稍微了解惡毒的內在找碴鬼如何迫害她。在這之前，她認為我的「找碴鬼鬼話」很荒誕，而且不願意接受。

隨著處理內在找碴鬼的進展足夠了，同樣的歷程也發生在我對她的假設上：她有嚴重的潛在恐懼和焦慮，導致她足不出戶。對此，她用非常諷刺的幽默笑著說：「看看我，佩特！沒有什麼嚇得了我，我這麼放鬆，連在椅子上都坐不直了。天啊！你知道我常常打瞌睡，我丈夫都叫我『棉黃糖』（菲莉絲是金髮）。」

有一次，她在我的辦公室外與一位男子擦身而過，那男子長得就像她父親的分身。就在那一天，我們終於有了突破性的發展。她一進入會談室，就一副快要換氣過度的樣子，我協助她把呼吸放慢、放深的同時，她也有了療癒性的重現。她重現了一個駭人的回憶，是她父親在晚上偷偷進到她的房裡……然後，許多的哀悼化解了她的性虐待重現。

在這次的會談中，菲莉絲的否認大幅縮小了，她真的理解了社交焦慮的確把她困在家裡。從這時起，深度的療癒工作就開始接連發生，她甚至覺得膽子大到可以重返校園了。

之後，她成了一名醫療助理，這也為她打開一道門，讓她可以在外面的世界找到意義，其關鍵之一是，她與一位同樣在療癒中的同事發展出健康的友誼關係。

僵住類型者的療癒進展通常是這樣的：漸進地建立信任感，使他們可以接受心理教育，學習糟糕的父母在他們的痛苦中所扮演的角色；然後，這能夠為他們鋪好縮小找碴鬼的道路，也促使他們哀悼童年失落。哀悼的憤怒工作對僵住類型者來說，就像有氧運動般特別具有療癒性，兩者都有助於復甦倖存者沉睡的意志和幹勁。

討好類型與關係依賴型防衛

討好類型者通常是透過與他人的希望、需求和要求合而為一，來得到安全感。他們表現得像是相信著「進入任何關係的代價，就是要放棄自己所有的需求、權利、好惡和界線」。

討好類型者從童年就開始被剝奪權利。他們學到，只要成為父母有用且配合的奴僕，便能使他們得到少量的安全和依附。

討好類型者，或關係依賴者，在童年時期通常有至少一位自戀型父母。那名自戀狂顛倒了親子關係，讓孩子成為小大人，並且要照顧自戀型父母的需求，而自戀型父母表現得像是需索無度且鬧脾氣的小孩一般。在這種情況下，這孩子可能會被當成自戀型父母的心腹、代班配偶、教練或傭人，或者可能被迫代理母職照顧弟妹。最糟糕的狀況是，他可能會遭到性剝削。

有一些關係依賴的孩子會透過娛樂他人來適應這種狀況。因此，他們變成了弄臣，非正式地擔負起取悅父母的責任。

迫使孩子提供關係依賴式的服務，涉及了用恐懼和羞恥來阻止他們發展自我。在4F當中，討好類型者在健康自我方面的發展停滯是最嚴重的。

從極端的討好反應中復原

針對4F所實施的心理教育，通常能帶給討好類型者很大的慰藉。然後，這會幫助他們辨識，自己是如何一次又一次不由自主地受到剝削他們的自戀狂所吸引。

關係依賴者需要了解，自己是如何透過過度傾聽而出賣了自己。

他們的療癒，包括了縮小傾聽防衛的機制，同時要練習擴大自己的言語和情緒自我表達。

我見過很多積習已深的關係依賴者，一旦他們發現自己連說「不」都會引發情緒重現，就會有動機要變得更加敢言。一位案主在做了許多努力後，驚訝地發現，當他盤算著要挑戰老闆的糟糕行為時，他的解離情況有多嚴重。這個發現後來變成了一種憤怒的領悟，讓他領悟到在家庭中要抗議任何事情時會有多危險。這在我們後來的工作中，大幅幫助他克服了對練習敢言角色扮演的抗拒。

以往他只要想表達自己，找碴鬼的聲音就會使他立即短路，進而不敢說話；透過大量的練習，他克服了這種狀況。在這個過程中，他想起了童年時的自己如何重複地被迫壓抑了個體性。在哀悼這些失落之後，幫助他重新獲得了發展停滯的自我表達。

下一章會更深入地探討討好類型者的療癒。

混合的創傷類型

當然，單一的創傷類型並不多見，而且各種類型都是落在由輕至重的光譜上，因此大部分創傷倖存者都是4F的混合型。當優先類型的效果不佳時，我們就會採取備用反應，如果兩者都無用，我們通常會有第三或第四個選項。

以下是一些常見的混合類型。

戰鬥－討好混合型

戰鬥－討好型對應了先前所說的迷人惡霸，結合了兩個相反的關係類型：自戀和關係依賴。然而，戰鬥－討好型者的核心通常是自戀性的予取予求，其極端可能會是邊緣性人格疾患，他們會頻繁且誇張地在戰鬥與討好反應之間擺盪。當戰鬥－討好型者對某人不高興時，可能會在同一次的互動中，一再地在攻擊誹謗和強烈表示在乎之間變來變去。

如果把「戰鬥－討好型」與「討好－戰鬥型」相較，就能更深入地了解它，下一章我們會介紹討好－戰鬥型。討好－戰鬥型者在情緒重現時，也容易兩極化地擺盪，但他們通常沒那麼傷人，也沒那麼予取予求。

這兩種類型的另一個差別是，戰鬥－討好型的「關心」，給人的感覺都是高壓或有操弄性的，而且通常是為了達成私人目的，從露骨到隱晦的都有。戰鬥－討好型很少會為了自己造成別人的問題，而承擔起任何真正的責任，他們通常會用典型的戰鬥反應把不完美投射到他人身上。本質上，這個自戀的類型和討好－戰鬥型的另一個差別，就是戰鬥－討好型更為予取予求，他們的討好通常缺乏真正的同理心或憐憫。

我協助過好幾位被他人或自己錯誤地貼上邊緣性人格標籤的案主，但我從他們的內心素質便知道他們不是。他們在本質上是對他人仁慈且善意的，在情緒重現退去後，他們總是會回到這個本質。當他們難免傷害到別人時（就像每個人都會遇到的情況），也會感到並展現真正的懊悔自責。他們在適當的時候也能夠真誠地道歉並改過，不像真正的邊緣性人格有著自戀的核心。

另一種戰鬥－討好型的狀況，是那個人在一個關係中表現得像戰鬥型，在另一個關係中卻像討好型。例如，典型怕老婆的老公，在工作時像個暴君，而且因為他偏好戰鬥的狀況，所以長時間在工作，但也可以反過來，在家像個怪獸，在辦公室卻很討喜。

逃跑—僵住混合型

逃跑—僵住型是最不會建立關係，也是最容易精神分裂的組合。他們偏好一切自己來的隔離式安全感，有時候這類型的人也可能被誤診為亞斯伯格症。

逃跑—僵住型者會用強迫症般和解離性的兩步驟，去逃避再度受到關係創傷的可能性。第一步是把自己累到筋疲力盡；第二步是崩潰到完全放空的狀態，然後重新累積足夠的精力直到能夠重複第一步驟。這種非必要安全感的代價，就是一種嚴重窄化的存在。

逃跑—僵住型的死胡同在男性身上較為常見，尤其是那些在童年因為顯露脆弱而受創的男性，這會導致他們在隔離或「輕親密」（intimacy-lite）的關係中尋求安全感。

有些不強勢的男性倖存者，結合了逃跑和僵住的防衛反應，變成了刻板印象中的科技宅男，遠距辦公是他們偏好的方式。逃跑—僵住型是電腦成癮者，會花很長的時間專注於工作上，然後解離地飄入電腦遊戲、物質濫用或大睡。

逃跑—僵住型者容易對色情上癮。處於逃跑反應時，他們會過度地在網路上找幽靈伴侶，並強迫性地自慰；處於僵住反應時，如果沒有色情影像，他們就會進入右腦的性幻想世界。

還有，如果他們有輕親密的關係，通常在真正有性互動時，會更受到自己幻想的理想伴侶吸引，而勝於真正的伴侶。

戰鬥—僵住混合型

這種類型的人很少會主動尋求療癒。一位同業曾跟我說過，有個戰鬥—僵住型者被妻子拉去做治療。她抱怨道，如果自己一個星期內能從他嘴裡擠出十個字就算幸運了，她已經窮途末路了，如果心理治療搞不定他，她就要訴請離婚。

那位丈夫是一名電腦工程師。他遠距辦公，而且只有在上廁所和吃飯時離開家裡的辦公室，就連吃飯也不跟妻子一起吃，還逼妻子要依照他寄的電子郵件中的時間表供餐。

我的同業第一次對那位丈夫打招呼時，得到的是一臉怒容和嘀咕聲。她直覺地盡量不把焦點放在那位丈夫身上，但每次她細膩地嘗試要跟他建立連結時，都會換來他諷刺輕蔑的斷然拒絕。「你以為我會被那虛假的微笑給騙走嗎？」「你才沒辦法用你的心理鬼話唬弄我的腦袋！」

這位同業是我所認識最慈悲、最沒有侵入性的人，她無法打開這個可憐男子極端社交退縮的帶刺戰鬥反應保護殼。她說，後來回顧時，她很驚訝那男子竟然能待上二十分鐘，才因為敵意和怨恨發作而離開。

我有幾次也在類似的狀況中見過戰鬥－僵住型者，他們都是被另一半威脅要離婚，並且是被拉來做心理治療，每個都像是名詩中所描述的：「早餐桌上的獨裁者。」

戰鬥－僵住型是陰性或被動型的自戀狂，要求凡事都要照他們的意思來，但他們對於與其他人互動沒什麼興趣。餐桌上沒人可以開口說話，連他們自己也不行，除非有人必須要被教訓。

戰鬥－僵住型是約翰．韋恩（John Wayne）[5]和懶骨頭的綜合體，用壞心情和單音的咕噥與咒罵來支配全家，通常像前述的極端戰鬥類型者那樣沒救。

自我評估

我建議你評估自己對4F的使用優先順序。

試著判斷自己的主要類型和混合型，然後想想自己在４Ｆ各類型上花了多少比例的時間。

你也可以評估自己是位於以下各個光譜上的何處。

４Ｆ的正面與負面光譜

戰鬥：敢言⟷惡霸

逃跑：效率⟷拚命

僵住：平靜⟷木然

討好：樂於助人⟷受人奴役

復原與自我評估

如前所述，復原的關鍵目標之一，是要能夠輕易且適當地使用４Ｆ，另外還有兩個光譜可以用來評估這個目標。我們有多麼平衡地使用４Ｆ，便反應了我們療癒的程度。

● 與他人建立健康關係的戰鬥⟷討好之光譜

當兩個人能夠輕鬆且互惠地在敢言與接受之間移動，就能建立健康的關係。常見且重要的例子是，在聽與說之間往返，在幫助與被幫助之間往返，以及在領導和跟隨之間往返。

---

5 約翰．韋恩是二十世紀著名的美國演員，以硬漢、牛仔、叛逆小子的形象最為深入人心。

正常健康的自戀和關係依賴落在這個光譜的中間，如果你是在自戀或戰鬥的光譜極端，就會滔滔不絕地說獨白、控制整個對話；如果你是在關係依賴或討好的光譜極端，就會困在過度傾聽的防衛反應，以及隱藏自己所思所感中的脆弱性。

雙方的對話當然不可能剛剛好落在中間，否則就會像單音來回的乒乓球了。不過，隨著時間越長，真正的平衡也會越多，比方在一個小時的對話中，我們各自大約說了半個小時。

• 與自己建立健康關係的逃跑←→僵住之光譜

與自己建立健康的關係，會顯現於能夠在做事與存在之間取得平衡，在堅持不懈和放手之間取得平衡，在交感神經與副交感神經運作之間取得平衡，在緊張專注和放鬆做白日夢之間取得平衡。

第7章

療癒以創傷為基礎的關係依賴

如果你在上一章評估自己的次類型是討好型，或是在「戰鬥⟷討好」光譜上的位置偏右，即使討好不是你的主要類型，這一章也可能與你有關。以下的第一節包含了關於各類型來源的重要資訊。

我把一整章獻給關係依賴，因為這是4F當中我最了解的類型。這些知識來自於我私人的療癒之旅，也來自二十多年專攻治療關係依賴的經驗。我在一個有幸開悟的夜晚寫了這一章節的要旨，那時我注意到自己焦慮地對著一張被我撞到的椅子道歉。當時我想，我這輩子大概向物品道歉了很多次，而這是我第一次注意到這件事。

覺察到自己剛剛在向椅子道歉，使我突然感到憤怒。我怒不可遏，是因為曾經發生在我身上的事，使我有帕夫洛夫型[1]的「對不起」反應。

那時我已經探索原生家庭的議題好一陣子了，而累積的證據很快地使我相信，父母對我深深地烙印了討好反應。也因此，我被預設程式洗腦了，只要我周邊事物的正常秩序改變了，我就要討好地道歉。

1　帕夫洛夫（Pavlov）是制約研究的著名學者。作者指自己對物品道歉的行為，是猶如被制約般的反射反應。

以我的例子來說，對於顯然無害的狀況突然產生焦慮反應，通常是早期創傷事件的情緒重現。有時，當下的事件和過去的創傷狀況可能只是隱約地相似，就足以引發心理上既有的戰鬥、逃跑、僵住或討好反應。

在這個故事中，我討好椅子，在潛意識中猶如經歷了危險的父母，並且關係依賴地像幼童般對椅子道歉，預期著自己會因為碰了不該碰的東西而受處罰。隨著自由聯想這件事，我也發現自己對道歉上癮，曾經為了車陣長龍、天氣變化而道歉，尤其是會為了別人的錯誤和壞心情道歉……

討好反應的來源

我選擇「討好（fawn）」這個字做為4F的第四個F，是因為在美國權威字典——《韋氏字典》中，這個字的意思是：「表現得卑躬屈膝，畏縮奉承。」我相信，這種反應是許多關係依賴者行為的核心。

關係依賴者在幼童時期很快就學到了，抗議會導致父母更嚇人的報復行為。因此，他們放棄自己的戰鬥反應，把「不」從自己的詞彙中刪除，並且永遠不發展健康敢言的語言技巧。而且，很多虐待子女的父母會對回嘴施以最嚴酷的處罰，於是殘酷地消滅了孩子的戰鬥反應。很不幸地，這通常是發生在孩子很小的時候，以至於他們後來幾乎想不起這樣的經歷。

未來的關係依賴者也很早就學到，如果試圖逃走，他們的逃跑反應會強化危險情勢。「你再跑試試看！」這樣的話經常在他們逃跑時出現，隨之而來的是挨打。之後，當孩子大一點時，也學到了終極的逃跑反應（離家出走）是無望地不切實際，甚至更加充滿危險。然而，製造創傷的家庭似乎越來越多，有很多的孩子（小至青春期前的孩子）試圖離家出走，而且落入了可怕悲慘的境地。

在某個階段，許多幼童會把自己的戰鬥反應轉化為過動地跑來跑去繞圈圈，這種適應在某種層面是有用的，可以幫助他們逃離強大的複雜遺棄感。後來，這些不幸的孩子雖然象徵性地逃離痛苦，卻惡化到強迫症般的適應方式，像是工作狂、忙碌狂、敗金、對性與愛成癮，這些都是逃跑類型的常見現象。

那些不採用逃跑防衛反應的幼童，可能會發展出僵住反應，並成為「失落的孩子」，他們憑藉著陷入越來越深的解離，來逃避恐懼，也學會讓父母的言語和情緒虐待「左耳進、右耳出」。這種類型也經常在青春期陷入麻痺型物質成癮，像是大麻、酒精、鴉片和其他具鎮靜麻醉效果的物質。

然而，未來成為關係依賴者的幼童，明智地放棄戰鬥、逃跑和僵住反應，他們學會採用討好，這被視為是有用的，能藉此獲得偶爾的安全。值得重複一提的是，討好類型者通常是愛麗絲．米勒《幸福童年的秘密》書中所說的天賦小孩（gifted children），他們是早熟的小孩，發現如果自己對父母有許多用處，就能換取些微的安全。奴役狀態、逢迎、奉承，變成重要的求生策略，他們聰明地放棄所有可能造成父母不便的需求，而不再具有可能使父母生氣的好惡和意見。他們棄守各種界線，好讓父母放鬆，而父母卻不再履行照顧他們的義務。如上一章所看到的，這些孩子通常會變成小大人，並且盡可能地幫助父母。

我想知道，除了我以外，有多少治療師是因此而進入這一行的。

這種失去自我的情況，在孩子們還不會說話時就開始了，當然，那時他們也沒有洞察力。對逐漸成形的關係依賴者來說，所有的危險訊號都會立即引發奴從行為，並使他們放棄權利與需求。

這些反應模式深植在許多關係依賴者的心中，以至於他們在成年後對威脅的自動反應就像狗一樣，象徵性地四腳朝天、搖著尾巴，希望得到一點仁慈和偶爾的一口施捨。《韋氏字典》中對討好的第二條定義是：「狗：用舔手、搖尾巴……等表現友善。」我覺得很可悲的是，有些關係依賴者就像狗一樣忠誠，即使是對最壞的「主人」亦然。

最後，我注意到極端的情緒遺棄（如第五章介紹的），也會製造這種關係依賴。**那些被嚴重忽略的孩童，體驗到極端缺乏連結的創傷，有時候會過度發展出討好反應，來回應這種可怕的狀況**。一旦孩子理解到，當個有用的人，並且不為自己要求些什麼，就能夠讓他得到父母的一些正向關注，他的關係依賴就會開始成長，然後幾年下來，關係依賴就變成越來越自動化的習慣。

什麼是以創傷為基礎的關係依賴？

我的許多案主一開始不喜歡「關係依賴」這個詞彙，他們認為它很令人困惑，或是無關緊要，因為他們讀過或聽過的介紹都在貶損這類人，也有些人覺得這個描述並不符合他們的狀況。如果你也是如此，以下對關係依賴次類型的介紹，會說明討好反應如何演變成各種不同的行為。

我把**「以創傷為基礎的關係依賴」定義為一種自我遺棄和自我犧牲的症候群。關係依賴以恐懼為基礎，而無法在關係中表達權利、需求和界線**。它是一種「敢言能力」出問題的病，特色是沉睡的戰鬥反應，以及呈現出容易受到剝削、虐待或忽略的弱點。

在交談互動中，關係依賴者是透過傾聽和引誘對方說話，來獲得關係中的安全感和接納。因為邀請對方說話，就能夠避免冒險暴露出自己的想法、觀點和感受。因此，他們會問問題，讓焦點不放在自己身上。這其實都源自於父母讓他們學會：說話是危險的，同時他們的話語會證明自己毫無價值。

怎麼做才會比較安全？討好類型的隱藏密碼是：1. 多聽、少說；2. 多同意、少反對；3. 多照顧別人、少要求幫助；4. 多引誘別人表達、少表達自己；5. 多讓別人做決定、少表達自己的好惡。

令人難過的是，未復原的討好類型者最能夠滿足自己需求的方式，就是幫助別人。

不過，討好類型者通常可以藉由熟記第十六章二號工具箱的人權法案，來加強自己的療癒。

我有個諷刺的幻想，是關於兩位關係依賴者的第一次約會。他們同意去看電影，但是要如何選擇看哪部電影呢？「你想看哪一部？」「喔，我都可以。你想看哪一部？」「我真的都可以。我什麼都喜歡。」「我也是。你選吧。」「喔，我覺得你選比較好。」「喔，我沒辦法，我總是挑錯片。」「我也是，我選的一定是最爛的。」就這樣下去，沒完沒了，直到錯過了放映時間，什麼都沒得看，兩人都為了不用表達自己而感到輕鬆，然後結束了這個夜晚。

關係依賴的次類型

關於關係依賴的一些困惑，我認為可以透過了解以下三種關係依賴的次分類得到釐清：討好－僵住、討好－逃跑、討好－戰鬥。

討好－僵住型：代罪羔羊

討好－僵住型通常是關係依賴最嚴重的類型。然而，並非所有的代罪羔羊都是討好－僵住型，因為討好型和僵住型都傾向於極度的自我否認，所以很多人最後成了代罪羔羊。

這也是因為這兩種類型是4F當中最被動的類型，他們通常都是在幼年時，因為表達自己而受到最多的處罰或拒絕。

當討好－僵住型無法逃離童年的代罪羔羊角色時，通常在成年後也會成為類似的受害者。

最壞的狀況是，討好－僵住型者很容易被戰鬥類型者認出並俘虜，戰鬥類型者很可能會把討好－僵住型者踩在腳下，並對他們家暴。有時候，討好－僵住型者不知道自己被虐待，甚至會怪罪自己，就像童年時怪罪自己的情況一樣。

還有，我們從研究家暴循環的資料中得知，有許多自戀狂施暴者很了解，在受害者想要離去時，應該在何時及如何給予受害者些許的浪漫。這些自戀狂通常是上一章所介紹的迷人惡霸，他們偶爾略施的小惠，就比關係依賴者在原生家庭得到的更溫暖。所以關係依賴者很快又會上鉤，也很快地重啟家暴循環[2]。

一個重點是，許多迷人的惡霸也會在追求期短暫給予大量的浪漫，但一旦成功捕獲對方，這些浪漫就會逐漸停止到幾乎沒有。

就算討好－僵住型者沒有完全逃避療癒，許多人在過程中也只會做表面功夫。討好－僵住型者通常必須徹底拋棄自己的保護本能，變得受困於心理學家所說的「習得的無助」。

最後，有越來越多的證據顯示，許多男性也在默默地承受家暴。有一次，一位男性案主提到，無論他的妻子如何攻擊他，他都無法不對她說對不起。即使每次他都會被妻子賞耳光，使她更生氣，他仍只會情緒重現地說：「我為我說對不起而對不起。」

不意外地，進一步探究後，便發現了他有個邊緣性人格的母親，每當母親對他有所不滿時，就會打他耳光。身為小孩的他，被打時必須把手放低，然後必須為了自己使母親「應該要」處罰他而道歉。不幸的是，他在幾次會談後就不再接受治療了，因為他的妻子看了他的支票本，為了「浪費他的時間和她的金錢」而一直打他。

在我做電話危機諮商的那幾年，我協助了許多討好－僵住型者。他們的希望就在於：了解到自己童年的受虐經驗，如何害他們現在也受虐。但這通常是件很困難的事，因為討好－僵住型的代罪羔羊，從前就常常因為抱怨而受到特別嚴重的懲罰。

我多次聽過家暴受害人這麼說：「但是我不想表現得像個受害者！」通常我會試著幫助他們看清楚，自己小時候的確是個受害者。然而，如果我無法使他們看清這個事實，他們還是無法把自己救出現在的受害狀況。

討好－逃跑型：超級護理師

討好－逃跑型最常出現在忙碌狂般的父母、護理師或行政助理，這些從早忙到晚去協助家庭、醫院或公司的人。他們強迫性地照顧每個人的需要，但幾乎從未想到自己。

討好－逃跑型有時候像是被誤導的德蕾莎修女（Mather Teresa），藉由把自己視為完美、無私的照顧者，去逃離自我遺棄的痛苦。他們也藉由強迫症般匆忙地幫助一個又一個人，來遠離自己的痛苦。有些討好－逃跑型的案主，也有強迫症般的潔癖。我的一位實習生曾提到，她的討好－逃跑型案主有一打用顏色做標籤的牙刷，分別用於家中浴室和廚房的細部清潔。

有些討好－逃跑型者會把他們的完美主義投射到別人身上，並自詡為榮譽顧問，以自己的建議造成別人的負擔。然而，**討好－逃跑型者有必要學會「關心和處理是兩回事」，尤其是想幫助的人處於情緒痛苦時**，很多時候，這個人需要的只是同理心、接納和有機會能夠口頭抒發而已。還有，有些情緒也需要時間去化解。在別人感覺很差時去愛他們，才是強而有力的關心。

這也關乎允許別人的不完美，要知道，每個人都有一些難以改變的小侷限和怪癖，我們愛的人不需要被逼迫去做不可能的改變。

2 關於自戀狂和家暴循環，可參見此網頁的介紹：https://freeryou.com/1901/narcabuse-04。

對此，我處理的方式，向來是用「你可接受，也可不接受」的態度，來表達我的忠告。為了證明我是真心的，我會避免一再嘮叨同一件事。此外，我通常會先詢問對方，是否真的想要我的意見。

討好–戰鬥型：令人窒息的母親

前面的建議，也適用於許多討好–戰鬥型的倖存者，因為其中有些人在試圖幫助別人時，可能會相當具有侵略性。他們經常認為幫助伴隨著改變，並且因為堅持施壓他人要接受他們的建議，而把別人越推越遠。

討好–戰鬥型是令人窒息的愛的照顧者，他們過度聚焦在對方身上的這種照顧方式，有時候是在重複自己童年的奴僕角色。還有，他們的幫助通常比戰鬥–討好型（上一章介紹過）較不自私自利，但他們的熱心照顧有時會使對方相信他們所說的：「我愛你愛得要死。」

討好–戰鬥型者在情緒重現時，可能會惡化成具操弄性或脅迫性的照顧，他們可能會用窒息的愛使對方配合，呈現出他們認為對方應有的樣子。

討好–戰鬥型有時可能會達到一個挫折的臨界值，當「病人」拒絕他們的建議，或對其建議有所猶豫時，他們就會爆發。有時，他們理所當然地覺得，可以「為了對方好」而處罰對方，尤其是在主要關係中。

討好–戰鬥型者有時候會被誤診為邊緣性人格疾患，這是因為他們在情緒重現時，情緒可能會非常強烈。一旦被引發遺棄的恐慌時，他們會拚命地渴求愛，並且可能極端地在狠狠索求和卑微諂媚之間擺盪。然而，他們沒有真正邊緣性人格核心的自戀。討好–戰鬥型和邊緣性人格的另一個差別是，討好–戰鬥型者會尋求真正的親密感，是最關係導向的一種類型，也最容易對愛上癮，這一點和戰鬥–討好型相反，戰鬥–討好型比較傾向於對肉體宣洩上癮，也因此較容易有性成癮。

再談從極端的討好反應中復原

關於父母如何造成孩子的討好反應的心理教育，幫助了我的許多案主。很多人立刻理解到，自己會有關係依賴，只不過是因為自己最基本的健康自利，被持續地攻擊並被羞辱扭曲為自私。

有位四十幾歲的案主罵自己「自私」的次數已經多到數不清，直到某一個夜晚，她突然領悟到自己根本不夠自私。那天，她在一個「給自戀型母親的成年孩子」網站上，看到一則回應留言時，得到這個領悟，突然明白母親壟斷了他們家的自利。於是，這位案主了解到，每次她想為自己做點什麼時，不只會感到焦慮，還會為了自己像母親那樣可怕而覺得羞恥。

討好類型者需要了解到，害怕因為不夠討好而被攻擊，這樣的恐懼會使他們放棄自己的界線、權利和需求。

對於復原來說，了解這樣的動態是必要的，但仍不足夠，很多關係依賴者雖然了解自己傾向於放棄自己，但一遇到在關係中可以適當表達自己時，就忘了自己所學的一切。

在我的早期療癒中，我逐漸察覺到自己在跟新對象約會時，會過度地引導約會對象說話，然後將自己困於沒什麼可說的狀況，然而，我很難打破這個模式。

一段時間後，我才明白原來我是想要更主動地表達自己，但這樣的意圖卻把我嚇到情緒重現，使我發生了解離，並且忘記自己原本打算要說的一切。

當杏仁核綁架（amygdala hijacking）[3]了我的左腦，使我只能想到要讓約會對象說話，然後自己退化到慣用的安全姿態，也就是傾聽和引導對方說話。

3　杏仁核是大腦的一部分，與情緒反應相關。下一章將進一步說明杏仁核綁架。

直到治療師建議我在手掌上寫下一些關鍵字，我才開始掌握狀況。只要我看看那些字，就可以把左腦帶回來，而且我漸漸能夠掌握住自己的對話去認識彼此。

後來，我有了這個體悟：「難怪我陷入了一個又一個自戀狂的圈套。自戀狂之所以愛我，是因為我支持他們單向式的滔滔不絕，而我也可能遇過很多平衡的好人，只是他們不想再跟我約會了，因為我似乎有所隱瞞，而且很難認識。」

大約在這個時候，我有一個討好型的朋友也面臨同樣的問題。她喜歡開玩笑說，她的傾聽和引導別人說話的防衛技巧，好到能夠讓任何人（甚至是白屏幕[4]的治療師）變成滔滔不絕的自戀狂。

如果倖存者要從關係依賴中解脫，必須學會和當下的恐懼共處，也就是那種會引發自我放棄的討好反應的恐懼。在面對恐懼時，他們必須嘗試練習擴展更多有功能的反應（見下一章的管理情緒重現步驟）。

面對自我揭露的恐懼

在處理原生家庭議題時，通常會引發一個人想克服這個挑戰的真正動機。我們需要直覺地知道，並且拼湊出創傷的詳細全貌；那是首次把我們嚇得脫離健康自我表達本能的創傷。

唯有我們在情緒上記得童年時是如何地被壓迫，才能開始理解到，那是因為我們當時年紀太小，無法為自己說話的緣故。但現在，我們有著成人的身體，已經處於有力的狀況。

即使現在我們被引發情緒重現，有時仍會覺得渺小無助，但可以學著提醒自己，我們現在有著成人的身體，而且成人地位給予了很多資源，讓我們可以為自己而戰，並且有效地抗議關係中的不公平。

以哀悼化解關係依賴

我發現，**要破解關係依賴，必須要有大量的哀悼**，也就是要為自己這麼久以來都沒有健康的自利和自我保護的失落與痛苦，流下許多眼淚。

過著沒有自我的一生，這種情況著實令人憤怒，而哀悼也會為這種健康的憤怒解鎖。然後，這種憤怒可以被用來打造健康的戰鬥反應。再說一次，戰鬥反應是自我保護本能的基礎，是平衡地自我表達的基礎，也是追求平等互惠關係的勇氣基礎。

後期的療癒

在幫助倖存者重拾自我表達時，我會鼓勵他們想像自己是在挑戰一個現在或過去的不公平事件。這種角色扮演是細膩的工作，因為這可能會引起療癒性的情緒重現，引起舊有的恐懼。

隨著倖存者學習如何在自我表達的角色扮演中留在當下，他們會逐漸察覺到，恐懼是如何使自己採取討好反應。然後，他們可以練習與恐懼共處，同時表達自己。

「雖然害怕，但仍硬著頭皮做」是他們以前沒學到的發展能力，而藉由足夠的練習，他們會治癒這個發展停滯，幫助他們準備好去瓦解那些具自我傷害性的恐懼反應，例如過度給予或過度妥協。還有，這也會讓倖存者更擅於管理情緒重現。

4　「白屏幕」是指心理治療師（泛指各種專業心理助人工作者）專業上處於一種無我的狀態去協助案主，包括不談自己、不透漏個人資訊、不透漏個人想法、好惡與感受。

隨著後期療癒的進展，倖存者會越來越「懂自己的腦袋」，慢慢地能夠化解反射性地同意他人好惡與意見的習慣，也會更容易地表達自己的觀點，以及做自己的選擇。最重要的是，他們學會待在自己的裡面。

許多討好類型者藉由持續把焦點放在父母身上，來搞清楚要如何安撫父母，並以此存活。因此，有些人變得幾乎像通靈般，能讀懂父母的心情和期待。這能夠幫助他們搞清楚，當父母帶來危險時，什麼是化解這危險的最佳反應。有些人甚至偶爾因此得到認同。

倖存者需要解除這個習慣，努力留在自己的體驗中，不要一直把注意力放在解讀他人上面，至於依然習慣取悅他人的討好類型者，則必須努力減少討好的行為。多年來，我注意到，一位倖存者有多麼努力地討好我，就反應了他的父母有多麼危險。

復原需要我們越來越覺知自己自動迎合與鏡像模仿[5]的行為，這會減少我們同意任何人說的任何事的反射性習慣。能夠大幅減少言語迎合，是很大的成就，而如果能夠減少不真誠的情緒鏡像模仿，就是更強大的成就。對具有破壞性的譏諷嘲笑表現得像被逗樂、對施行懲罰的人表現愛，或是對一再傷害自己的人表現原諒，都是一些失能的情緒迎合行為。

復原需要建立界線，來使我們真實地對待自己真正的情緒經驗，我稱此為「情緒個體化工作」（emotional individuation work）。

在進階的療癒中，情緒個體化工作發生於減少自動改變自己的情緒去迎合別人情緒的時候。我這麼說，並不是指壓抑真誠的同理心，因為與親密對象一起哭或笑，是真正美好的體驗。

我在此建議的是，要抗拒假裝自己總是和對方有相同的感受，如果不好笑，你就不需要笑；如果朋友心情不好，你也不需要表現得像是心情不好；如果你心情不好，也不需要表現出一副很開心的樣子。

幸虧我身為治療師，所以學到了很多這方面的技巧，而且在我的案主憂鬱時，如果我把自己的情緒和行為都調整成憂鬱，對他並沒有幫助。

然而，我總是真誠地同理案主的憂鬱，因為我能透過自己的經驗而感同身受。我可以關心地與他同在，但不會拋棄我自己當下的滿足。

相同的，在你為某件事充滿熱情時，我也能感到憂鬱，同時真誠地體會你的快樂，而不會羞恥地拋棄我暫時憂鬱的自己。

這是另一個例子。假設你的心情很好，並表達你很喜歡最近觀賞的老音樂劇，但我心情消沉，而且不喜歡老音樂劇。如果我是戰鬥型，那麼我們就會開始互相疏遠。如果我是未復原的討好型，可能會壓抑自己的壞心情和音樂劇喜好，焦慮地擠出高音，勉強地用輕挑的方式說弗雷德．阿斯泰爾（Fred Astaire）[6]有多好。不過，我卻可以取得更深、更真誠的事實，我能讓你知道，我很高興你有過美好的時光，畢竟我真的相信每個人的喜好都不相同。

在寫這段文字時，我想起了布魯諾，他是一位接受安寧照護的親愛老案主。有次造訪他時，他表示：「我受不了跟那個新志工講話。我是說，到底是誰要死了……是我，還是她？我跟你說，我不知道誰比較糟糕，是她，還是另一個笑咪咪的志工，那個總是一副到了迪士尼樂園樣子的人？」

5 鏡像模仿或鏡射（mirroring），是心理學上的一個術語，指稱模仿對方的行為（有時也可能是情緒或想法），使對方覺得你親近或站在同一陣線。人類具有這樣的天性和能力，可以無意識地自然發生，但隨著成長，也可能有意識地故意使用這樣的行為。在嬰幼兒發展階段，嬰幼兒與主要照顧者的互相鏡像模仿，是重要的發展過程。

6 弗雷德．阿斯泰爾是美國電影演員、舞者、舞台劇演員、編舞家、歌手。

「不認同，沒關係」

在療癒的早期，有位備受尊敬的導師給了我這個自我肯定句：「不認同，沒關係。」有關係依賴情況的我，熱切地歡迎他的忠告：我該一直練習這句話，直到它成真。但私底下我卻想著：「你在開什麼玩笑！」畢竟我人生的前三十年，都是靠喜劇演員般的使命存活著，並試圖證明「我從來沒遇過自己不喜歡的人」。

我那時還不知道自己無意識地被全有全無的胡扯所吸引，因為我拚命地試著引誘每個遇到的人來喜歡我，希望我能終於有安全感。

隨著我深思這個自我肯定句，我判定它顯然很荒謬，而且明顯做不到。然而，不到一個星期，突然有什麼點燃了我，使我真的希望它會成真。

但那是在我對關係依賴有任何認識的很久以前，而我花了將近二十年的時間，才有一點點進步。**關於學會處理和接受不被認同的重要性，無數次地進出我的覺察。**

但現在，經過三十年後，我在寫這本書，覺得它是我學到最重要的事之一。

我大部分的時間都在享受朋友和親密他人大量的認同，於是通常很容易就接受他們的建設性意見。直接的結果是，我極少在乎那些不認識的人怎麼看待我。

當然，這不是完美的成就。他人對我的不認同，偶爾仍會引發我的情緒重現，但現在我很欣喜地報告，當我不被認同時，大多非常平靜。有時候，我甚至能覺得，別人的不認同是好事，而且確認了我在往對的方向做對的事。例如，在我努力拯救案主脫離自戀父母或伴侶的奴役時，那些自戀父母或伴侶對我不認同，便是最好的證明。他們的不認同，事實上肯定了我的確在做對的事。

大多數時候，不認同我，沒關係！

第 8 章

管理情緒重現

對於難以承受的童年遺棄感受，情緒重現是極為擾人的退化情況（杏仁核綁架），一旦你陷在情緒重現中，恐懼、羞恥或憂鬱便可能掌控了你的感覺。情緒重現有著一些共同的現象：你會覺得自己很渺小、脆弱、無助；覺得一切都很困難；當下感覺人生非常可怕；被他人看見時，會感到極其痛苦的脆弱；你的電池好像沒電了。在最糟的情緒重現裡，你會覺得世界末日馬上就要發生在你身上。

當你困在情緒重現中，就是在重新經歷童年最糟的情緒，一切都令人難以承受和困惑，尤其是複雜性創傷後壓力症候群（CPTSD）的情緒重現鮮少有視覺成分。正如心理學家丹尼爾．高曼（Daniel Goleman）的研究顯示，所謂的**「杏仁核綁架」，是腦部的情緒記憶區域有強烈的反應，壓過了理性的腦部區域。那些被引發4F反應的人，大腦頻繁地有這種反應，以至於小事也能引發他們的恐慌感受。**

十三個具體可行的步驟

以下的清單列出了十三個實用步驟，可以幫助你管理情緒重現（情緒重現時，聚焦在粗體字的部分）：

1. **對自己說：「我正在經歷情緒重現。」**情緒重現把你帶到沒有時間感的內心，讓你感到無助、絕望、身處險境，如同你的童年。

但是，你正在感受的這些感覺是過去的記憶，現在已經無法傷害你。

2. **提醒自己：「我感到害怕，但我沒有面臨危險！我現在很安全。」**記得你現在是處於安全的當下，已經遠離了過去的危險。

3. **承認自己有界線的權利和需求**。提醒你自己，你不必允許任何人錯誤對待你；你可以自由地離開危險的情境，並且抗議不公平的行為。

4. **安慰並鼓勵內在小孩**。你的內在小孩需要知道你無條件地愛他，知道當他覺得迷失或害怕時，可以尋求你的安慰和保護。

5. **破解「傷痛永恆」的想法**。在兒時，恐懼和遺棄感覺像是永無止盡，而且安全的未來是難以想像的。但記得，這個情緒重現會過去，就像以往種種總是會過去一樣。

6. **提醒自己現在是處於成人的身體中**，擁有兒時所沒有的盟友、技巧和資源可以提供保護（覺得脆弱渺小，是情緒重現的一個徵兆）。

7. **重回你的身體**。恐懼會使你過度用腦地擔憂，或是麻木和放空。

A. **溫和地告訴自己的身體要放鬆**：感覺你的每個主要肌群，溫柔地鼓勵它們放鬆（緊繃的肌肉會傳送錯誤的危險訊號到你的大腦）。

B. **深深地、慢慢地呼吸**（憋氣也會傳送危險訊號）。

C. **放慢**。急躁會使你的大腦開啟逃跑反應。

D. **找個安全的地方，放鬆及舒緩自己**：用毯子包住自己、抱著枕頭或填充動物玩偶、躺在床上、躺在衣櫃裡、泡澡，或是小睡一下。

E. **感覺你身體的恐懼，但不做反應**。恐懼只是你身體的一股能量，只要你不逃避它，它就無法傷害你。

8. **抗拒內在找碴鬼的誇大和災難化**。

A. **使用思考中斷法**，停止找碴鬼持續不斷地誇大危險，以及它想要控制無法控制之事的持續性計畫。拒絕羞辱、仇恨或遺棄你自己。把自我攻擊的憤怒，用來對找碴鬼不公平的自我苛責說：「不！」

B. **使用思考取代法和思考修正法**，記住一連串你的優點和成就，來取代負面思考。

9. **允許自己哀悼**。情緒重現是釋放陳舊且被壓抑的恐懼、傷害和遺棄的機會，可藉以肯定並安撫內在小孩過往無助且絕望的經歷。健康的哀悼能把你的眼淚轉化成自我憐憫，也能把你的憤怒轉化為自我保護。

10. **培養安全的關係和尋求支持**。需要的話，花些時間獨處，但不要讓羞恥感隔絕你，感到羞恥並不代表你就是可恥的。教育你的親密他人，什麼是情緒重現，並請他們幫助你在情緒重現時，用談話和感受去度過它。

11. **學習辨識會引起情緒重現的誘發因子**。避開不安全的人、地方、活動，以及會引發情緒重現的心智活動。如果誘發因子是無可避免的，就用這些步驟練習預防措施。

12. **搞清楚情緒重現了什麼經歷**。情緒重現是發現、肯定並療癒過往受虐和遺棄傷口的機會，它們也能指向你未滿足的發展需求，並且使你有動機去滿足那些需求。

13. **對緩慢的復原過程要有耐心**。現在的你需要時間去降低腎上腺素的運作，未來的你也需要很多時間，來逐漸降低情緒重現的強度、持續時間和頻率。真正的復原是漸進的過程，時常前進兩步就後退一步，而非一蹴可及的救贖幻想。所以，不要為了情緒重現的發生而打擊自己。

我有些案主把這份清單貼在容易看見的地方，直到他們能夠記得那些重點，這讓他們的復原進度通常較為迅速。你也可以列印我網站上的「十三步驟」網頁：www.pete-walker.com。（全英文網站）

誘發因子和情緒重現

誘發因子是指會引發情緒重現的外在或內在刺激，通常發生在正常意識之外的潛意識層次，因此要辨識什麼會誘發我們的情緒重現，可能很困難。但是，能夠逐漸覺察到誘發因子，是至關重要的事，因為它有時候能讓我們避開那些會引發情緒重現的人、情境和行為。

外在的誘發因子，是使我們重回痛苦創傷經歷的那些人、事、地、物、表情、溝通風格……等。這裡是一些常見而強大的誘發因子：再訪你的父母、看見很像童年施虐者的人、特別創傷性事件的紀念日、聽到某人使用父母羞辱你時的語調或用字遣詞。

然而，很多誘發因子沒有這麼明確，有時候不認識的成人也能誘發我們的恐懼，即使他們一點也不像原本的施虐者。當我遇到一群青少年時，仍偶爾會被誘發情緒重現，因為我成長的社區有很多暴力的青少年。因此，我那頗具同理心的兒子經常開玩笑地說，他長大時不會變成青少年。

有時候別人看著我們，或甚至僅注意到我們，也能誘發我們的恐懼和毒性羞恥。一位案主有一次來找我時被嚴重誘發了情緒重現，只因為一隻貓盯著他看。

其他常見的誘發因子，包括犯錯、請求幫助，或者必須在一群人面前說話。還有，光是感到疲倦、生病、寂寞或飢餓，有時也會誘發情緒重現。任何身體疼痛也可能是誘發因子。

對很多倖存者來說，權威人士是最大的誘發因子。

有些人連一張停車罰單都沒拿過，可是只要一經過警察或警車旁邊，就會焦慮地全身緊繃。

沒什麼比教學更會誘發我了，但我花了幾十年時間去克服教書的嚴重表現焦慮。幸好我不願放棄這項活動，因為只要一開始做，我在大部分時候都很享受它。如果我只是硬撐過去，卻沒有了解到，自己的表現焦慮是情緒重現了和家人共進晚餐的談話時刻，就不會有任何真正的進步。認識到這一點，使我能看清自己無意識地害怕父母會出現，並且當眾嘲笑我。

一開始，我（我的找碴鬼）認為這個領悟是荒謬可笑的想法，但是當我在前去教書的車程中，開始想像並練習積極地捍衛自己以抵抗父母之後，很快就感覺到焦慮大幅減少。這個練習使我想出了管理情緒重現步驟的第六步，還有對找碴鬼發怒（我們會在下一章說明如何對找碴鬼發怒）。

那個眼神：一個常見的誘發因子

我在使用這個管理步驟協助案主的初期，很驚訝地發現，有些案主的童年受虐經驗不算嚴重，卻深受情緒重現所苦。他們大多都很確定自己從未被打，但許多人都提到，自己有多痛恨父母給他們的那個眼神。

在多數情況中，「那個眼神」伴隨著輕蔑的表情。**輕蔑，是強而有力的懲罰性面容，充滿恫嚇和厭惡的情緒力道**。如果間歇地加上拉高的音量，更可以加強那個情緒力道。

當父母給孩子那個眼神，他就是在「告訴」孩子：你不只是大難臨頭，而且你還不配當人。久而久之，那個眼神會使孩子的恐懼與羞恥情緒重現，使他感到害怕和羞恥。

如果那個眼神是用來控制年紀較大的孩子，它通常會使孩子的情緒重現推至早期還沒有記憶之時，而那個眼神在那個時期若配上了創傷性的懲罰，又會更為強大。事實上，那個會引發情緒重現的眼神，幾乎都曾和鞭打或其他可怕的情況一起出現，否則光是那個眼神，很少能夠把孩子嚇到乖乖聽話。在親職壓力服務單位工作數年的經驗，使我相信，那個眼神確實曾與創傷性的懲罰一起出現過。

那個眼神通常是透過一種稱為「制約」的心理歷程而產生力量，這是源於一個嫌惡制約的經典案例：技術人員對籠子內的動物施以電擊，同時響起鈴聲。被電擊的動物當然會對電擊有害怕和痛苦的反應。然而，一直重複結合電擊和鈴聲，不消幾次，就能使動物只聽到鈴聲也會害怕。

我相信，這也是孩子變得害怕那個眼神的原理，當那個眼神和體罰或極度的遺棄結合的次數夠多，父母不必動手打，光是靠那個眼神，就能得到相同的結果。而且在孩子的童年早期重複夠多次的話，這個結合效果就可以維持一生，以至於父母永遠都可以用那個眼神來控制孩子。我在做安寧照護工作時，看到好幾位臨死前的瘦弱母親，仍然可以用那個眼神就把壯碩的兒子嚇個半死。

於是，那個眼神成為成年倖存者的強力誘發因子，使他們情緒重現了童年時的恐懼和羞辱。再說一次，我的許多案主並不記得這些事，因為那些懲罰只需要和那個眼神一起在他們幼童時期出現幾個月，那個眼神就能永遠深植成誘發因子，而很少有人可以記得三歲或四歲以前的事。

不幸的是，那個眼神可以一直有效，甚至延續到父母過世後。這至少有兩個原因。

第一個原因是，我們會內化自己的父母。當我們不完美時，他們能夠在我們的潛意識和想像中出現，並且給我們那個眼神。這「不完美」包括了想法、感受或行動。

令人難過的是，我經常看到情緒重現中的案主露出沉著臉藐視自己的相同表情。

第二個原因是，當有人不認同地看著我們時，我們可能會以偏概全地認為，他們就像父母一樣危險，如同我在第一章說過的情緒重現親身例子。

對於童年時被那個眼神創傷的人來說，最糟糕的狀況是，當他們被引發情緒重現時，會錯誤地把那個眼神的記憶轉移和投射到他人身上，尤其容易對權威人士或形似自己父母的人這麼做，即使他們沒有做出那個眼神。

不容忽視的內在誘發因子

在度過療癒初期之後，我們會開始注意到內在誘發因子比外在誘發因子更常見，這種誘發因子通常是內在找碴鬼令人討厭的產物，而且通常是危險或必須完美的想法或視像。倖存者可能會沒來由地把某人看成會虐待人的人，也可能無緣無故地認為自己沒有完美地做好一項工作，讓自己心煩到情緒重現。他們還可能列舉自己會搞砸事情的種種可能性，來把自己嚇壞了。

內在誘發因子發作最嚴重時，一點點小失誤就能引發情緒重現大發作，然後讓倖存者極端地注意負面事物，不停地執著於缺陷和危險，以及曾經出差錯或可能出差錯的一切。

隨著漸漸復原，許多倖存者會很驚訝地發現，自己的情緒重現大多來自於內在找碴鬼造成的內在誘發因子。接下來，我們會探討如何從內在找碴鬼的誘發歷程中自救。

預防性地辨識誘發因子

隨著持續療癒，我們會越來越懂得誘發因子，並且盡可能避開它們。學會辨識誘發因子，也能幫助我們更快地進入管理情緒重現的狀態，應付無可避免的誘發情境。做好事先準備，可以讓我們在發作前預防性地練習管理情緒重現，就像先前我提到的應對表現焦慮的方法。

辨識自己正在被誘發，甚至比辨識誘發因子更重要。

這是因為，有時候情緒重現一開始時並不明顯，但是會越來越嚴重。即早辨識，有助於我們早點應用管理步驟，並降低情緒重現的強度和縮短發作時間。

最後，若要化解情緒重現，需要重新平衡腦部與身體的重大生物化學改變，而這需要一些時間。比方說，腎上腺素濃度過高，有時候會戲劇性地變成腎上腺素過度耗損的疲累，直到腎上腺素的運作回歸平衡。採用快速的改善方式去降低情緒重現的強度，可以縮減身體復原的時間。

情緒重現的跡象

我們可能常常處在情緒重現中，卻沒有「看到重現」。然而，有許多線索能幫助我們辨識，其實自己正在經歷情緒重現。這是療癒過程中很重要的一件事，因為光是能點出我們正在經歷的是情緒重現（管理情緒重現的第一步），往往就能立即讓我們有所緩和。更重要的是，辨識情緒重現，會指引我們去做管理情緒重現的其他十二個步驟。

情緒重現的一個常見跡象，是**我們會覺得渺小、無助、無望**。在強烈的情緒重現中，這種感覺會強烈到變成羞恥感，以至於我們不願意外出或露臉。

感到脆弱、緊張不安、易受傷，也是另一個呈現方式。倖存者可能會注意到，自己離家後所建立的自尊蒸發了。這是童年時家中潛在規則——不准有自尊——的情緒重現。

另一個常見的情緒重現跡象，是**內在或外在找碴鬼益發惡毒，通常是變得更誇張或更災難化，還有更嚴厲地自我批判或批判他人**。一個非常常見的例子是，落入極端化、全有全無的思考模式，像是只看得到自己或他人的缺點。

我在療癒中期，學到了如果自己特別嚴重地論斷別人，通常就代表我正情緒重現至自己在苛刻的父母身邊。誘發因子通常是因為我自己的一些脆弱之處佔了上風，而我的反應是過度注意別人的過錯，這樣我有藉口可以逃避那些人，並且逃避被別人看到自己不光鮮狀態的那種尷尬。

還有一個情緒重現的跡象，就是**我們的情緒反應和誘發因子不成比例**。兩個常見的狀況有：1. 一件輕微不愉快的事，卻感覺像是緊急大事那般；2. 一點輕微的不公平，就感覺像是嚴重的正義破裂。

第一個狀況的例子是，你不小心放開了手上拿的書，就勃然大怒，狂罵自己好幾個小時。第二個狀況的例子是，其他駕駛人變換車道時沒打方向燈，雖然沒有造成事故，可是引發你憤慨暴怒，在心中迴盪了數小時。

在這種時候，要是我們缺乏覺察，便會對自己爆發自我厭惡和自我仇視，或者可能會不公平地對無辜的他人爆發。

另一方面，一旦我們辨識出情緒重現是針對童年的真正危機和不公，就可以選擇使用健康的情緒重現管理。此外，我們可以藉由把情緒重現視為自己的確受到創傷的證明，進而在療癒中有所收穫。當我們做到後者，就可以把自己的憤怒轉化成健康的憤慨，而對象是成長過程中可憎的不公不義。

再談自我藥療

情緒重現的另一個跡象，是**更加重地使用原始的自我紓解方式**。很多倖存者早早就學會透過食物、令人分心的活動，或是能改變情緒的物質，去管理自己的痛苦感受。經過一段時間後，自我藥療可能會變成一種習慣，並且惡化成物質成癮或歷程成癮。

我相信，自我藥療的嚴重程度是一個光譜，一端是偶爾使用，另一端是真正的成癮。對很多倖存者來說，自我藥療只是程度上的差別而已，但如果出現了比平時更強烈地渴望使用更多的物質或歷程的情況，那就是說明了你正在經歷情緒重現的強力訊號。**練習覺察那股突然高漲的渴望，把它解讀為是該採取管理情緒重現步驟的時候了**。還有，我見到許多倖存者，透過有效地使用這些管理步驟，也漸漸地減少了自我藥療的習慣。

治療會談中的情緒重現

這部分是寫給正在接受心理治療的倖存者，或是考慮接受治療的倖存者。多年來，我注意到隨著倖存者對我越來越有安全感，在會談中處理情緒重現的機會也就變得更加頻繁。有時候，甚至好像他們的某個部分已經「計畫」好，在會談中或快要會談時讓情緒重現發作，似乎他們希望在管理情緒重現方面能「邊做邊學」。有些治療師認為，這是案主退化以建立健康自我（ego）的機制。

我最近有這樣的經驗：一位案主衝進我的辦公室，她遲到了五分鐘，看起來很激動、很焦慮。她的開場白是大喊：「我真是個失敗者！我什麼都做不好！你一定對我很厭煩了。」這位案主曾經因為我認同她在我們的治療工作中的成就而感動。

根據上次會談中她揭露母親會懲罰不完美，所以我很確定，遲到一事誘發了她的情緒重現。此刻她正經歷著右腦的情緒主宰，以及左腦理性思考的弱化。如同情緒重現常有的狀況，她暫時忘記了成年後的知識和理解，這似乎是一種解離機制。在此例中，它使這位案主忘記了我非常重視我們的合作。

我相信，這種解離也造成了信任不斷地被反覆建立又失去，這在情緒重現中很常見，而隨著療癒的進展，我們將學到，情緒重現會使我們忘記了盟友事實上依然可靠。而且，透過足夠的練習，我們可以學會把不再信任可靠朋友的感覺，解讀成情緒重現的訊號，也就是無人可信賴的童年的情緒重現。

哀悼可以化解情緒重現（第九步驟）

回到上一個案例。我對那位案主說出我的懷疑：「你覺得自己有沒有可能正在經歷情緒重現？」由於之前我們多次辨識過她的負面情緒其實就是情緒重現，這次她立刻就辨識出來，並在放下的同時陷入深深的啜泣。

她掉入了深沉的哀悼中。

她的哭泣結合了放鬆的淚水和哀悼的淚水，放鬆的淚水來自於能夠接受我的同理心，哀悼的淚水則來自於釋放糟糕的童年痛苦。而她放鬆的淚水，也來自於記得這種困惑與難以承受的痛苦之來源。

她繼續哭著，釋放原本的創傷痛苦。在情緒重現中，有很多眼淚可能哭不出來。

她停止哭泣後，回憶起小時候在聖誕襪中收到一顆煤塊，她惡劣的母親因為她晚了十分鐘上餐桌，便以此來懲罰她。她的眼淚馬上變成了對此虐待經歷的健康性憤怒，並且覺得自己回到了有力量的自我。這是哀悼把她帶回到現在，並打破了情緒重現的失憶情況。

然後，她記得要喚起自我保護的本能；先前我們已經透過角色扮演和自我表達訓練，漸進地在重建這個本能。於是，她憤怒地抱怨父母如何破壞她去捍衛自己、抵抗虐待和不公的權利，開始厚著臉皮反覆地喊：「不公平！」好像在告訴她的父母，他們再也沒辦法因為她這麼說而攻擊她。

她接著重申自己有權擁有界線，譏笑她的父母不配當父母。然後，她把憤怒轉向找碴鬼，響亮地對它說：「不！」「不，你不能論斷我。不，你不能再撕裂我了。不，你不能用你愚蠢的擔心浪費我的時間！」

最後，我提醒她要再次喚起自己的安全感，記得自己現在處於成人的身體裡，也不再受到父母的控制；她有很多資源可以運用：聰明、力量、恢復力、歸屬感；她住在安全的家中；她有治療師和兩位朋友的支持，我們是她的盟友，隨時看得到她本質的價值。

我也把自己的觀察告訴她：她管理情緒重現的能力持續在進步，而且她的情緒重現越來越少發作，也越來越不強烈了。

過了大約四十分鐘，她從情緒重現中解脫。我多次見證哀悼的這種修復力量。我們會在第十一章探討複雜的療癒性哀悼。

管理內在找碴鬼（第八步驟）

CPTSD倖存者在成年並脫離創傷家庭後，通常不會意識到自己的心智受到內在找碴鬼所主宰。我在幫助他人管理情緒重現時，最常提供的幫助，就是鼓勵他們挑戰那個危言聳聽和完美主義的找碴鬼。

我的心理治療工作中經常發生這種狀況：一位案主正在說著一個無關緊要的小過失，卻突然進入災難化的說法。他的說法來自於內在找碴鬼惡夢般的幻想，認為他的人生正分崩離析、每況愈下、充滿災難……那是他童年持續被過度懲罰時的情緒重現。

我的一位案主極端化的狀況像是這樣：「今天早上我上完廁所回到座位，老闆看我的眼神怪怪的。我知道，他一定認為我又懶又笨，想要開除我了。我知道，我會找不到下一份工作，我的女朋友會認為我是個廢物，並且離開我，我會因為壓力而生病，而且沒錢付醫療保險和租金。很快的，我就得靠購物推車過活。」許多誇張的內在找碴鬼嚷嚷，都是以流落街頭作結。這相當令人不安，完全是遺棄的象徵啊！

若要復原，就得要辨識內在找碴鬼的災難化，這樣我們才能用「思考中斷法」和「思考修正法」去對抗它。

在這個例子中，我提醒那位案主，我們已經多次發現，他的找碴鬼為了他的人生可能完蛋的各種方式而「抓狂」。然後，我鼓勵他拒絕沉溺在這個過程中，也鼓勵他，只要找碴鬼試圖嚇他或貶低他，就對找碴鬼憤怒地說

「不」。最後，我提醒他，他和老闆之間真實存在的正面經驗（思考修正法），也協助他列舉在工作、學業和人生中的各種成功經驗。

內在找碴鬼不只會加重情緒重現，還會變成誘發情緒重現的心理作用。後面兩章將會談及如何翻轉找碴鬼的傷害。

進階的情緒重現管理

在遺棄性憂鬱中醒來

隨著療癒的進展，你會注意到誘發過程的更多微妙之處，然後變得更能夠覺察到不易被發現的內在找碴鬼誘發因子。

你也會發現，有些誘發因子很難辨識，尤其是睡著時發生的狀況。

進階的情緒重現管理，涉及了學習如何管理這種令人倉皇失措的狀況：你覺得入睡時心情平靜，卻在情緒重現中醒來。

這通常是因為夢境誘發了你的情緒重現，如果你記得自己夢見了什麼，有時還可以弄清楚誘發因子是什麼。而隨著覺察能力越來越好，你甚至可能知道是前一天的什麼事引發了你的夢。

最難管理的狀況是，你不記得自己夢見什麼。

這種情緒重現可能令人感覺特別不公平和氣餒。這對找碴鬼來說是豐富的養分，它甚至會藉此宣稱你的療癒不但沒有進步，而且還退步了。

情緒重現是內在小孩的求救訊號

如果你找不出誘發因子，我認為最好的辦法，就是把情緒重現當作小時候的自己正在試圖溝通。那個小孩是在提醒你，他無數次地在那不算是家的房子裡孤寂淒涼地醒來，醒來時感到氣餒，因為他必須再回到有毒的家庭環境中。

那孩子現在正在請你滿足他那些未被滿足的需求，也就是醒來感覺很痛苦的時候，有人可以給予安慰，就像是他在說著：「看！以前就是這麼糟。以前，我大多時候就是覺得這麼喘不過氣來、羞恥和悲慘。」

管理在遺棄性憂鬱中醒來的痛苦，是療癒過程中最困難的長期挑戰，因為我們在睡眠中似乎是退化的，而且是以右腦為主的狀況。醒來時，暫時與左腦認知功能失去連結的情況並不少見，而左腦認知功能控制著我們對現實生活較複雜的理解力。如果沒有左腦的功能，在管理情緒重現時，經常會回到找碴鬼身上，以及早期童年試圖應付的方式，這會滋養找碴鬼，引爆找碴鬼的自我病理化（下一章會介紹）。

數年前，如果我在情緒重現中醒來，會習慣性地像慮病症[1]般地對自己的健康狀況鑽牛角尖：「**我的精力怎麼了？我一定有哪裡出了大問題。我覺得自己好像快要死掉了，我的背痛大概是腫瘤吧？我這個月瘦了將近一公斤，我就知道自己有癌症！我真希望我趕快死了算了。**」

有時，這種極端化的想法會持續好幾個小時，甚至好幾天。它所製造的焦慮，通常會嚴重到足以逼我跳脫遺棄性憂鬱，下床去瞎忙，然後一整天無意識地急著把那個糟糕的思想歷程（以及潛藏於它底下的遺棄性痛苦）拋在腦後。

在經過大量的練習之後，現在我很快就能知道，如果我出現慮病的情況，就表示我在情緒重現。因此，我努力地把思考焦點轉移到付出愛與仁慈給我的內在小孩。我把這個努力奉獻給過去的我，那個無數次在恐怖的遺棄感中醒來、處於缺乏愛的原生家庭中的孩子。現在，我練習最多的情緒重現管理是：打破與找碴鬼的結合，專注於愛護我自己。

還有另一種情緒重現的訊息，似乎也來自於我的內在小孩，那就是我又落入忽略他的老習慣。這經常發生在我退化到過度使用逃跑反應而忽視他時，我的情緒重現就像是他喧嚷著要我證明，我對他的慈愛並不只是空洞的花言巧語。

通常當我放慢思緒並開始內省，便會發現這是現在被我視為「為自己感到孤獨」的自我遺棄老痛苦。這經常會使我哭泣，但也常讓我從情緒重現中解脫。

彈性地使用情緒重現管理步驟

海倫在一次會談的開場白，是深深的自我疏離：「我就是個沒希望的個案。昨天我把自己困在很糟的情緒重現裡，完全沒有原因。而且那不是你一直告訴我的，那種無法搞懂的起床情緒重現，我整個早上都還好，然後……砰！我就發作了，一直持續到現在，而且沒有任何愚蠢的誘發因子。沒有任何事情引發它，就是我，毫無希望地搞砸了！我的腦袋壞了！」

辨識情緒重現的誘發因子之過程，如同一道滑坡（slippery slope）[2]。在認出誘發因子之後，通常可以使我們不再為了情緒重現而責難及厭恨自己，但我們並不是總能找出誘發因子。在這種情況下，尋找誘發因子可以很

---

1 慮病症是一種精神疾病，患者會過度懷疑自己有健康問題，或是只有一點點不適就懷疑自己有嚴重疾病，把注意力過度注意在身體和健康上。

2 滑坡，或滑坡謬誤，是一種邏輯錯誤，認為一事會導致下一事，下一事又導致下下一事，以誇大又過度的因果關係推論出結果。

快地劣化成自我病理化的活體解剖。隨著我們落入情緒重現的深淵，這道滑坡很快地就會變成懸崖。這幾乎是觀點的問題，**在尋找誘發因子時，是來自於支持自己，還是來自於找麻煩？如果是後者，最好你別再找誘發因子，而是改成提取自我接納，畢竟總是會有我們無法理解的誘發因子**。這種時候，這個自我支持的過程，需要能勝過「把一切弄清楚」的健康性欲望。

當你拚命想要搞定情緒重現時，如果這個努力會使你對自己惱怒或失望，那麼自我接納的過程就需要勝過這個努力。如前所述，有時候，整體上你所能做到的最好理解，就是「你的內在小孩正深深地感到被遺棄」。他正因為找碴鬼的羞辱攻擊而蜷縮害怕，並且需要你做出改變，證明你無論如何都會愛護他。

存在性的誘發因子

許多心理學家使用「存在性的」（existential）一詞來描述一個事實：所有的人類都會遇上痛苦的事件。有些是每個人時不時都會經歷的正常且反覆出現的痛苦，像是恐怖的國際事件、困難的抉擇、疾病、偶爾感到悽苦孤獨，都是存在性痛苦的常見例子。存在性的苦難對於CPTSD倖存者來說，特別容易誘發情緒重現，因為我們通常有許多來自原生家庭的不幸經歷，可以誘發情緒重現。

另一個特別會誘發情緒重現的存在性現象，就是我們都會遭受看不見、不可預測的情緒變化。有時候，好心情會莫名其妙地變成壞心情，就像小說家大衛・米切（David Mitchell）所寫的：「好心情脆弱如蛋……而壞心情脆弱如磚。」

無法預測的情緒變化通常會造成CPTSD的問題，並且很快地誘發情緒重現大發作，這往往是因為你以前展現自己全面的感受時會受到懲罰或遺棄，所以現在，當你心情變差時，就會基於舊習而自動地解離。

這時，內在小孩通常會覺得，你又回到了療癒之前那個沒空去感覺的人。於是，這小孩覺得自己再度被困在那個具毀滅性的遭遺棄的過往，而導致情緒重現或許是他唯一能夠引起你注意的辦法。

這就是為什麼我試著盡可能用無條件的正向關懷，把我的預設立場轉向自己和我的內在小孩。

後期的療癒

當復原的程度足夠時，你會理解到，情緒重現的痛苦大多是合宜的，那只是童年受虐和忽略的延遲反應。由此，你可用化解情緒重現的方式去處理感受，並且建立越來越健康的自我。

接著，這會開始減少你那未化解的童年痛苦，也就是那個點燃情緒重現的痛苦。於是，情緒重現的頻率變少，強度變弱，也比較能讓人承受。

後來，你一發現自己被誘發情緒重現，就會試著喚醒你的自我保護本能。

隨著情緒重現逐漸減少，並且變得更容易管理，它周圍所建立的防衛機制（自戀、強迫性、解離或關係依賴等），也會變得更容易瓦解。

在復原的這個階段，當你脫離一個情緒重現時，可能會「諷刺地」感到滿意。在覺知的許多層面裡，或許你會感覺到，在父母屋簷下的童年生活，遠比你以為的更糟，但同時你可能會感到解脫了，因為現在的你已經比以前父母破壞你人生的時候，更加自由了。

幫助兒童管理情緒重現

這份清單是給社工、老師、親戚、鄰居和朋友，用來幫助創傷家庭的孩子。這份清單是根據本章一開始的步驟調整而來，而根據小孩的年齡，有些步驟可能比其他步驟更適合。即使你並非處於幫助兒童的角色，也請為你的內在小孩至少讀過一次。

1. 幫助小孩發展對於情緒重現的覺察：「你以前什麼時候有過這種感覺？這是不是有人惡劣對待你時的感覺？」
2. 展示「覺得危險並不代表你身陷危險」。教他們有些地方比其他地方安全。用溫柔、輕鬆的語調說：「也許你可以和我一起休息一下。」「你在我身邊很安全。」「這裡沒有人可以傷害你。」
3. 示範有大人在乎對他的照料和保護，目標是成為這孩子的第一個安全關係。幫孩子與其他安全、愛護他的大人、團體或社團建立連結。
4. 用舒緩、可靠的方式對孩子說話。平衡「愛與限制」：每一個負面話語要有五個正面話語來平衡。慈愛地設立限制。
5. 引導孩子的思緒回到他自己的身體，以減少過度換氣和過度刺激。
A. 教他系統性地放鬆主要肌群。
B. 教他深深地、慢慢地進行腹式呼吸。
C. 鼓勵他放慢，以減少會增加恐懼感的匆促行為。
D. 教他冷靜、集中注意力的活動，像是畫畫、合氣道、太極、瑜伽、伸展活動。
E. 辨識安全的地方，並鼓勵他到那裡避靜。
6. 教他「用說的」。在有些家庭中，說話是危險的，而言語抒發可以釋放痛苦與恐懼，並重建應對技巧。

7. 幫助他哀悼安全感的逝去。虐待和忽略會導致悲傷與憤怒，哭泣則會釋放恐懼。若以不傷害他人的方式宣洩憤怒，可以建立安全感。

8. 縮小內在找碴鬼。讓大腦變得更「容易駕馭」，更能覺察到對自己的負面話語，以及基於恐懼的幻想。教他思考中斷法和思考取代法：幫助他建立一份清單，以便記得他自己的特質、優勢、成就和資源。

9. 幫助他辨識自己的4F類型，以及那個類型的優點。使用象徵法、歌曲、卡通或電影角色。戰鬥：金剛戰士；逃跑：藍色嗶嗶鳥、巴布工程師；僵住：降世神通；討好：芝麻街的格羅弗。

10. 教育他以下這些權利和需求：界線、說不、抗議不公平、尋求負責的大人保護。

11. 辨識並避開危險的人、地方和活動（例如，超人會避開氪石，運動明星不嗑藥）。

12. 破解永恆式的思考。創造可得的未來的鮮明景象，那裡更安全、更友善、更富足，並以類似的成功故事舉例。

第 9 章
縮小內在找碴鬼

本章要介紹的是，我一位案主所說的「找碴鬼的噁爛鬼祟伎倆」。

找碴鬼的起源

製造情緒重現的找碴鬼，通常來自於充滿危險的童年家庭，無論那危險是被動的忽略性遺棄，或是主動的虐待性遺棄。當父母沒有提供足夠安全的連結和正向回饋時，孩子就會在焦慮和恐懼中掙扎。很多孩子似乎注定使用完美主義，來應對這種四面楚歌的遺棄。

這強烈的危險氛圍，會迫使孩子的超我[1]過度培養下列各種的完美主義和草木皆兵情況。再說明一次，超我是心理的一部分，負責學習父母的規矩以獲得他們的接納。

內在找碴鬼是崩壞的超我，也就是過度運作的超我。它飢渴地試圖贏得父母的認同，一旦完美主義的努力無法贏得父母的欣然接納，就會變得越來越有敵意且刻薄，並且敗壞成狠毒的內在聲音，越來越顯露自我仇恨、自我厭惡和自我遺棄。內在找碴鬼會不停地怪罪你的缺點，認為那是父母拒絕你的原因。它無法理解的是：父母拒絕的真正原因，其實是他們本身的缺點。

那些受創的孩子會有過度活躍的交感神經，使其變得越來越處於高度警戒的狀態。高度警戒是因為他們過度暴露在真正的危險中，導致執著地注意危險。在試圖辨識、預測和避免危險的過程中，高度警戒根深柢固地存在於他們面對人生的方式中，不僅把注意力窄化至不停且警戒地掃描身邊的人，也會時常投射至未來，想像即將到來的社交活動有危險。還有，過度警戒通常會惡化成強烈的表現焦慮，影響自我表達的每個層面。

因為他們覺得自己一直遭受攻擊，就像戰鬥過久的士兵一樣會發生創傷後壓力症候群。但很不幸的，受創的孩子是內在攻擊加於外在攻擊之上，使他們陷在過度警戒和交感神經的過度啟動當中。

受創的孩子變得拚命地要紓解遺棄性的焦慮和憂鬱，然而，那些受到找碴鬼驅使的孩子，只能想到自己的太過或不足，於是其發展中的自我感（健康的自我〔ego〕）就找不到發展的空間，接下來的身分實際上就變成了找碴鬼。

也就是說，超我戰勝了自我。

在這個過程中，找碴鬼變得越來越狠毒，然後從父母那裡內化的聲音「你是壞小孩」，會轉為第一人稱的「我是壞小孩」。一段時間後，自我驅趕會越來越嚴重：「我真是個失敗者！我真可悲……壞……醜……沒價值……笨……有缺陷……」

戰鬥的士兵不會發展出有毒的找碴鬼。然而，超我逐漸變得惡性的過程，是「創傷後壓力症候群」（PTSD）變成「複雜性創傷後壓力症候群」（CPTSD）的關鍵，也就是說，殘酷集權的內在找碴鬼是CPTSD的一個差別關鍵。

1 超我，superego，是由精神分析學派所提出，認為是人格結構中，代表理想、道德、自我規範的部分。

我的一位案主哀悼地記起童年的持續抑制：「如果我沒那麼依賴和自私……如果我的雀斑可以變淡……如果我能投一場完美的球賽……如果我吃晚餐的時候不會被罐頭青豆仁噎到……如果我能一直禱告讓媽媽的風濕好起來，那麼也許她就不會再找我麻煩，也許爸爸會願意和我一起丟接球。」

在我協助倖存者的工作中，內在找碴鬼經常引發倖存者難以承受的情緒重現，其持續的情況使我相當震驚。來自CPTSD的內在找碴鬼，把我們的遺棄性恐懼和對自己不完美的自我仇恨結合起來，然後用完美主義和草木皆兵的交纏毒蛇折磨我們。這裡說的草木皆兵，是指一直把足夠安全的情境投射成危險的歷程。

你的復原有賴於學會如何辨識並挑戰下列十四個內在找碴鬼的攻擊。如果跳過這個復原過程，這個根深柢固的運作程式會繼續使你跌入童年的遺棄，以及那難以承受的恐懼、羞恥和無望感之中。

十四個常見的內在找碴鬼攻擊

以下每個攻擊或運作程式，都會配上療癒性的思考修正反應，以作為你擊退內在找碴鬼的參考。

完美主義攻擊

1. 完美主義

「我的完美主義來自於試圖在危險的家庭中得到安全感和支持。完美是一種自我迫害的迷思，現在，我不需要完美就能得到安全或被愛。我要放掉要求我完美的人際關係，我有權犯錯，犯錯並不會使我成為一個錯誤。而且，每個錯誤或不幸，都是練習愛自己的機會。」

2. 全有全無、非黑即白的思考

「我拒絕極端或過度以偏概全的描述、論斷或批評。一個偶發的負面事件，不代表我就必須困在永無止盡的失敗中，那些用『總是』、『從不』來描述我的話語，通常都是大錯特錯。」

3. 自我仇恨、自我厭惡、毒性羞恥

「我對自己承諾。我與自己站在同一陣線。我是夠好的人。我拒絕貶低自己。我把羞恥轉成責怪和厭惡，並且把它往外還給那些羞辱我的正常感受和小缺點的人。只要我沒有傷害任何人，就拒絕因為正常的情緒反應（像是憤怒、悲傷、恐懼和憂鬱）而被羞辱。我也拒絕為了很難完全消除自我仇恨的習慣而攻擊自己。」

4. 微型管理[2]／擔憂／執著／腦內迴圈／過度思考未來

「我不會一再地檢視細節，我不會持續不斷地在事後質疑自己。我無法改變過去，所以原諒過去的一切錯誤。我無法使未來完美地安全，所以會停止追尋可能發生的問題。我不會試圖控制那些無法控制的情況，所以不會微管理自己或別人。我只要做到『夠好』，而且接受存在的事實即可，就算努力有時會帶來我希望的結果，有時不會。」

「神啊，請賜我寧靜去接受我無法改變的事；賜我勇氣去改變我能改變的事；並賜我智慧去分辨兩者的不同。」——寧靜禱文[3]。

2　微型管理，或微管理，是指過度管理所有的小細節或小事，通常被視為等同過度控制。

3　寧靜禱文是神學家雷茵霍爾德．尼布爾（Reinhold Niebuhr）在一九四三年所寫的禱告詞，後來被廣泛應用在戒酒團體和其他十二步驟團體中。

5. 不公平或自我貶低地比較他人，或自己最完美的時刻

「我拒絕不當地比較自己與他人。我不會拿自己的內在去比較他人的外在。我不會因為沒有一直保持最佳表現而論斷自己。這個社會總是會給我們要表現開心的壓力，但我不會因為不開心而自找麻煩。」

6. 罪惡感

「有罪惡感不代表我有罪。我拒絕以罪惡感來做決定和選擇。有時候即使我會有罪惡感，也必須做該做的事。當我無可避免地不慎傷害別人時，我會道歉、彌補，並放下罪惡感。我不會一直道歉。我不再是受害者。我不會接受不公平的責難。罪惡感有時候是偽裝的恐懼：『我很害怕，但我沒有罪，也沒有危險。』」

7.「應該」

「我會把『應該』兩個字改成『想要』，並且除非有法律、道德、倫理義務，否則我只會去做自己想做的必要之事。」

8. 過度生產／工作狂／忙碌狂

「我是一個人類存在（human being），而非人類做事者（human doing）。我不會選擇永無止盡地生產。當我在工作、玩樂和休息之間取得平衡，長期下來會更有生產力。我不會總是試圖要表現一百分。我認同在效能光譜上擺盪是很正常的。」

9. 嚴厲論斷，責罵自己或他人

「我不加入或同意人生早年的惡霸和找碴鬼，而使他們獲勝。我拒絕攻擊自己或虐待別人。我不把屬於不良照顧者的批評和責難，錯攬到自己身上，或歸於現在生活中的其他人。」

「我會照顧自己。越是孤獨，越是缺乏朋友，越是無依無靠，我就越尊敬自己。」——《簡愛》

草木皆兵攻擊

10. 誇張化／災難化／慮病

「我感到害怕，但我沒有危險。我沒有惹到父母。我不會把事情放大。我拒絕用人生惡化的想法或景象來嚇自己。我不再看自製的恐怖片和災難片。我不會把每一個痛楚變成迫在眉睫的死亡故事。我是安全且平安的。」

11. 聚焦於負面

「我不再過度注意和執著於自己或人生可能有什麼問題。我會把自己的特質當一回事。現在，我會注意、視覺化並列舉我的成就、才能和優點，以及人生給我的許多禮物，例如：大自然、音樂、電影、食物、美、色彩、朋友、寵物……等。」

12. 時間緊迫性

「我並非身處險境。我不需要急匆匆，除非是真正的緊急事件，否則我不會匆忙。我正學著用放鬆的速度，享受日常的活動。」

13. 使人失能的表現焦慮

「藉由提醒自己，不要接受任何人不公平的批評或完美的期待，我就會減少拖延，即使感到害怕，我也會向不公平的批評捍衛自己。我不會讓恐懼幫我做決定。」

14. 執著於受攻擊的可能

「除非有明顯的危險徵兆，否則我會使用思考中斷法，停止把過去的惡霸或找碴鬼投射到其他人身上。大部分的人類是和平的人，如果有少數不和平的人威脅到我，我有警察司法可以保護我。我會想起朋友的愛與支持，以及這些畫面。」

如同大部分的事情，找碴鬼的攻擊並不是全有全無的。找碴鬼的攻擊有各種不同的強度和時間長度。接下來的例子，大多屬於比較嚴重的案例，我選擇這些例子，是因為它們比較能清楚說明找碴鬼是怎麼運作的。一旦你熟悉於辨識嚴重的找碴鬼攻擊，通常會發展出發現較低程度的攻擊所需的覺察能力。這是很必要的，因為大部分的倖存者絕大部分時間都不知道自己正在不停地挑剔自己。

如同情緒重現管理步驟，記得這些對於找碴鬼的反駁，並且把它們當口號般使用，特別有助於縮小找碴鬼。

「我是個世界級笨蛋！」

內在找碴鬼常用上列的各種攻擊，來增加情緒重現的強度。情緒重現可能會惡化成越來越痛苦的遺棄性憂鬱，一個攻擊可以反覆地渲染另一個攻擊，並且使人陷入更深的無望感。在打架中被毆了一拳已經夠糟了，如果一拳又一拳地襲來，那受害者就是被痛毆了。

再提醒一次，CPTSD的情緒重現通常沒有視覺成分，但倖存者被誘發情緒重現時，有時候會重現父母輕蔑臉色的畫面，這也是常見的。

我的案主迪米崔在一次會談的開場白中，提到了他在自家廚房安逸地閒晃，然後不小心打翻一杯水。他父親的樣子立即浮現出來，同時還有一個內在聲音脫口大喊：「我是個世界級笨蛋！」

事後回想，他知道自己那時立刻落入了情緒重現，焦慮很快就席捲了他，而且他很快就迷失在來自找碴鬼的自我攻擊長篇謾罵中。

「笨蛋」是找碴鬼擅長的罵人例子之一，它綜合了上列找碴鬼攻擊的第一、三、九項。

很快地，找碴鬼的攻擊惡劣地化成了他所有不完美的冗長清單，清單中的項目全都很典型地被誇大了，而且通常不是事實。找碴鬼吼著：「我這麼笨手笨腳，什麼都做不好！（第二項，全有全無的思考）我連免費午餐都會搞砸！」

迪米崔的思緒很快地被聚焦於負面（第十一項）完全主導，還結合了誇張化（第十項），結束的高點是攻擊幻想（第十四項），這使得他取消了外出計畫。

這只是可能伴隨情緒重現的無止盡突擊猛攻的極小例子之一。在承受多次這種過程的精心之作後，迪米崔變得深陷在終極的遺棄性災難中（第十項）：「難怪我沒有另一半或朋友，誰受得了這麼一個失敗者！」（第二項。他其實有兩位好朋友。）

迪米崔的被遺棄感接著演變成自我遺棄。原始的自我慰藉行為再度出現，他透過狂吃各種垃圾食物來自我藥療，然後退避到臥室，用白天長睡來解離。

這「全都是」對於打翻一杯水的小小失態的反應！

我必須在此強調，迪米崔的找碴鬼把打翻一杯水弄成一場大難，但不代表迪米崔瘋了或有缺陷，這全都是透過情緒重現而重返真正的創傷經驗，也就是因為小過錯而被父母深深拒絕的經驗。他的父親曾無數次輕蔑地告訴他：他連一頓免費午餐都能搞砸。

隨著迪米崔化解這個情緒重現，並從中學習後，他說：「佩特，我無法告訴你，他們有多恐怖。在家裡的日子是一個又一個毫無贏面、把人搞瘋的情況。我這也不對，那也不對，難怪這些年來我都被『別放下你的警戒！』的枷鎖束縛住。我的內在有些感動。我發誓，我要開始對自己寬容點！」

思想就是誘發因子

那些拒絕子女的父母，通常會使孩子相信，自己的意見和感受是危險的不完美。最糟的狀況是，光是想說話的衝動，就會誘發孩子的恐懼和羞恥。這孩子說的任何話，怎麼可能不透漏他的愚笨和毫無價值呢？因為開口就一定會導致更深的拒絕和麻煩啊！

隨著父母持續地忽略和虐待，孩子的找碴鬼反覆地被強化，即使是最無害、最自利的想法，都能誘發情緒重現的警鈴大響。為了維持「有一天能贏得父母認同」的錯覺性希望，這孩子更加追求完美，並且可能變得像有強迫症般，就連想像的錯誤都能引發情緒重現。

找碴鬼如同內化的羞辱性父母

經常有案主來會談時，像這樣羞恥地告解：「昨晚，我一次又一次地說自己腦殘。我內在一定很有問題，因為我知道我媽媽從沒那樣說，就算她再壞，也從未咒罵過我。而且我很懷疑，她根本沒聽過這種字眼。」

對於這個現象的解釋是，找碴鬼本質上是一種會持續發展的過程，會結合我們的創造力，注入新的改造版，來模仿父母的貶抑。

父母的蔑視是讓孩子產生毒性羞恥的情緒虐待之關鍵。毒性羞恥是遺棄性憂鬱的情緒基礎，也是把我們無助地黏在情緒重現中的膠水。因此，毒性羞恥是內在找碴鬼的情感或情緒調性。羞恥感糟蹋著我們，並在情緒方面強化著前述的十四項攻擊。

在主流的心理學中，羞恥感經常被描述為一種社交性的情緒。正常的羞恥感，是當我們做出不公平、冒犯或有傷害性的事情時被他人看到，所發出的一種自我調節的健康性情緒反應。

然而，毒性羞恥並非如此，許多療癒中的CPTSD倖存者很快就會發現，自己不需要有目擊者，也會突然地落入到羞恥攻擊中。

迪米崔打翻水杯的時候，只有自己一個人。

或者，他真的是一個人嗎？毒性羞恥的攻擊，有一種隱形的社交脈絡。毒性羞恥是社交性的，因為內在找碴鬼是透過與父母病態地互動而存在。還有，毒性羞恥在我們獨自經歷情緒重現時，也是社交性的，因為當下就像是我們的父母在場一般。

對我來說，這個狀況的最強力證據，是我獨自試著做困難的事情時，如果犯了錯，或是無法有效率地完成任務，通常會覺得非常焦慮，就像是我被看著，並且被批評一樣。

我相信這個現象與內化的父母有關。父母是在我們的生命發展中雕塑我們且可畏的存在，以至於他們強力地存在於我們的心裡。這種存在，包括了他們對我們的信念和譴責。在我們努力縮小他們的影響之前，內化的父母會一直存在於我們的心中，成為控制人生的關鍵。

面對找碴鬼的固執

縮小找碴鬼是療癒過程中最精華的部分之一。隨著你閱讀到此處，這件事的價值應該很明顯了，不過，拋棄找碴鬼一事，比表面看起來更具挑戰性。

父母不只把找碴鬼的運作程式深深地燒錄在我們的心中，而且我們藉由模仿父母，也不知不覺地把它刻在我們的心智上。此時，我們自己就是強化及綿延此毒性的關鍵媒介。

在對此缺乏覺察的情況下，我們以難以計量的憤怒和自我厭惡重複著父母的論斷，以此來傷害自己。

因此，療癒有賴於你停止盲目地效忠這個只注意自己負面之處的糟糕歷程。削弱這些自我否定的模式，會是令人氣餒的任務，因為它通常是持續一生的工作，而且往往是進兩步退一步。喔，還有，那後退的一步總是感覺像是六步，多麼不公平啊！

然而，神經科學的近期研究《愛的概論：談話治療》，顯示了生物學上所深植的心智模式，能夠透過長期且重複的療癒工作而被削弱和取代。我相信，這可以比喻成：就像要增加或減少身材的尺寸那樣，通常需要數不清的重複鍛鍊。

這兩年來，我的大腦已經從最糟的敵人變成非常可靠的朋友，並與我站在同一陣線。我也在許多長期協助的案主身上，看到與此相似的收穫。

完美主義和情緒忽略

如前所述，完美主義似乎也是受到情緒性遺棄之孩童的本能防衛反應。由於完美的不可能存在性，使得孩子不會放棄這件事，直到或除非他一直失敗，迫使他遁入解離性的僵住反應中，或是反社會的戰鬥反應中。

完美主義也為無力且不受支持的孩子，提供了一種意義感和方向。努力達到完美，給了孩子一種控制感的假象；追求自我控制的話，孩子也會比較安全，因為遺棄性的父母通常會嚴厲地懲罰那些抗議其忽略的孩子。

隨著對完美的追求一再失敗，以及父母的接納和撫育依然難求，「不完美」就變成了羞恥和恐懼的同義詞。只要孩子自認不完美，就會誘發遺棄性恐懼，進而再誘發孩子對不完美的自我仇恨，然後這股自我仇恨會把「遺棄」擴大成「自我遺棄」，使得恐懼更加強烈，然後增強自我厭惡。如此一直下去，就陷入了恐懼和憂鬱

（以羞恥包裝）的惡性循環，將會持續數小時、數天、數週；而對於有嚴重ＣＰＴＳＤ的人來說，它可能變成人生的標準狀態。

再談草木皆兵

關於找碴鬼草木皆兵程式的重要性，再怎麼說也不為過，我協助過許多「被好好治療」的人，大致上沒有完美主義，但仍然嚴重地受到找碴鬼的影響，並且上癮般地注意潛在危險。換句話說，雖然我見過倖存者消滅了自己大部分的完美主義和自我攻擊的想法，卻完全沒意識到，找碴鬼仍然以製造恐懼的想法和畫面，充斥在他們的頭腦中。

我在學會停止讓找碴鬼用危險的畫面折磨我之前，便先學會了停止認同完美主義。事實上，我很擅長把那些畫面變成長片，主題是「我很快就會死去」。

永恆的遺棄、公開羞辱、致命疾病、孤獨死亡、迫切的攻擊，以及身無分文又無家可歸等，是許多倖存者常見的草木皆兵主題。

我的一位案主曾這樣說過自己內在找碴鬼草木皆兵的歷程：「我的找碴鬼，是恐怖電影的製作人。」那使得我這麼想：「我的找碴鬼，是恐怖分子。」

如果必須描述找碴鬼最關鍵的兩個歷程，我會這麼說：

第一，找碴鬼是極度注意負面的自發性持續循環過程。

第二，找碴鬼是持續的高度警戒，認為災難下一刻就會發生，要進入全面防守狀態。

利用憤怒來對找碴鬼進行思考中斷法

思考中斷法是使用意志力，去斷開並打斷毒性想法和毒性視像的過程。有時候，同時在視覺上想像一個停止牌，有助於強化思考中斷。

由於創傷性的父母損壞了孩子本能的戰鬥反應，所以修復戰鬥反應中的憤怒，對於療癒CPTSD有其必要性。

我們需要戰鬥反應的幫助，來使這個中斷找碴鬼思考的過程更有力量。

我非常鼓勵你，使用憤怒去停止找碴鬼的思路。我們可以重新攔截找碴鬼攻擊當中的憤怒，並且強迫它轉而投向找碴鬼，而非我們自己。所以，我們可以在內心說「不！」、「停！」或「閉嘴！」，來截斷誇張化和完美主義的思考歷程。

對找碴鬼憤怒地說「不」，能夠建立一條內在界線，來對抗不自然、反自我的歷程，這是自我翻修的木工榔頭，能夠重新打造自我保護的本能。此外，把我們的憤怒朝向曾經幫助安裝找碴鬼的人，還有現在繼續維持找碴鬼的人，我們的療癒就得以深化。

我最近收到了一封電子郵件，來信者在看過我的「對找碴鬼發怒」的網路文章後，發文來說：「我很喜歡的另一個解釋，是讓沒什麼戰鬥反應的人開始用它來停止內在找碴鬼。我是自我憐憫的大粉絲，自我憐憫近來真的幫助了我（愛與仁慈），並且我只是持續地接受所有訊息，再讓它們流走。當我聽到你說，對它們說『不』，並且拒絕它們，我的反應是『嗯，我猜佩特可能還沒搞定。』我那時的想法太封閉了，不過，我在兩天後試了這招。我的天啊，真的有用！現在我會發怒，然後它會關閉我的焦慮，並且把羞恥轉為責難或憤怒。這對我來說感覺好多了！畢竟那不是我會給自己的訊息，它們都是來自我父母的訊息。」

如果要成功縮小找碴鬼，通常需要和找碴鬼發生數千次的憤怒小衝突。當我們建構了對於成長過程的準確想像，通常就會產生熱切的動機去縮小找碴鬼。當我們真正的了解，父母欺負我們，進而讓我們恨自己，覺得自己很渺小又無力自保，就會升起自然的憤怒。

大部分的創傷倖存者原本都是一張白紙，卻被洗腦到把找碴鬼當作自己的主要身分認同。一個家庭越會製造CPTSD，就越像一個迷你邪教，而邪教勢必要求對領導權威和信仰系統的絕對忠誠。

在早期的思考中斷工作中，大部分倖存者需要用健康性憤怒，來使他們的努力更有力量，那是對父母摧毀他們的自我忠誠和自我個體化的憤怒。然而，在足夠的練習後，倖存者健康的觀察性自我（ego），可以只靠意志力就切斷找碴鬼。

我兒子的出生，讓我有很大的動機要去練習對找碴鬼使用思考中斷法。我見證到兒子持續發展的許多奇蹟，感動得想要更加深化與他的情感連結，但這使我的找碴鬼相當倉皇失措，它開始努力地發揮草木皆兵程式。

找碴鬼持續地警告我，我快速地擴展與兒子的依附，將會有多危險，而它是在試圖保護我……如果我充滿愛的情感投資的結果，就像我與父母的關係那麼糟，我將無法避免隨之而來的打擊。還有，如果不可信任的「人生」使他死亡，或成了「壞胚子」呢？

找碴鬼製造了最糟的恐怖電影，充滿了意外、疾病、綁架、精神疾病、伊底帕斯式的背叛……等。如果我不懂得辨識、詮釋，並拒絕沉溺在這些災難化裡面，我肯定很難跟兒子變得親密。還有，如果我無法使用自己的憤慨去斷開找碴鬼，光靠思考中斷法根本不夠有力。

我特別喜歡這樣挑戰找碴鬼：「我再也不怕你們了，爸、媽。你們就是找碴鬼，你們把找碴鬼放到我的裡面。我將拋棄你們的有毒訊息，把你們的羞恥和厭惡拿回去吧，我對你們可恥的父職母職感到噁心！」

一位案主與我分享了一句話，那是她在家對抗找碴鬼時突然想到的：「你徹底毀了我的童年，而我不會讓你毀掉我現在的人生。」她說，這個觀點就刻劃在她的意識中，而且現在經常幫助她充滿火力地擊退找碴鬼。

羞恥是不公平地責難自己

偉大的心理學家艾瑞克．艾瑞克森（Erik Erikson）給了我們了不起的工具：「**羞恥等於朝向自己的責難**」這個情緒數學等式。

我們的父母太大、太有力量，以致我們無法責難他們，於是必須責怪自己。然而，現在我們已經脫離了他們，可以把不公平的自我責難重新導向他們，來切斷找碴鬼的羞恥來源。

你可以把找碴鬼責難訊息中對你的憤怒重新導向至他處，像是安裝找碴鬼的人，或是找碴鬼本身。你可以藉由允許自己對父母欺負你而感到憤怒和噁心，來把羞恥還回去。你可以因為他們在你太年幼而無法自衛時就用羞恥壓倒你，而對他們憤恨及發怒。

然而，從兒時就一直主宰我們的那個內在找碴鬼，不會輕易放棄對我們心理的統治，它固執地拒絕接受新資訊：現在的成人階段提供了更多安全健康的依附可能性。這就有如找碴鬼在我們的腦袋裡，磨出了大峽谷那般的情緒重現引發溝槽，讓前述的任何一種思考模式都能輕易誘發杏仁核綁架，把我們丟入遺棄性的複雜情緒中。

縮小找碴鬼的進展，一開始通常是極度緩慢、幾乎看不出來的，因為我們的大腦已經成癮於只注意什麼有問題、什麼很危險；就如同大部分的成癮情況，要打破這個根深柢固的習慣，可能需要一輩子的管理。

在早期的療癒工作中，我們需要挑戰找碴鬼的一而再再而三、極盡所能、猛烈且偏頗的負面聚焦。

透過練習，我們能找到有一部分的自己，他會對於父母不公平地欺負我們和對我們漠不關心而感到憤怒；我們可以找到有一部分的自己，他會對於被灌輸慢性的自我遺棄和自我欺負而感到憤慨；我們可以憤怒地說，那些事是發生在我們太年幼而無法自保，或甚至不知道到底發生什麼事情的時候；我們能夠逐漸建立出，在發現找碴鬼攻擊時有說「不」、「閉嘴」的能力。

透過足夠且健康的內在自我防衛，倖存者漸漸學會拒絕無意識地接受自我虐待和自我遺棄。如此，健康的自我保護會開始浮現，並且在一段時間後，成長為強烈的意願，去阻止不公的批評，無論是內在的還是外在的。

以心理學來說，這是解決強迫性重複過程的一部分。瓦解強迫性重複方面，分為內在與外在。內在方面，我們會透過堅定地挑戰內在找碴鬼，來減少重複把父母的虐待施加在自己身上的習慣。然後，這會使我們變得更能覺察外在面向，也就是當別人重演父母對我們的不當對待時，我們可以挑戰他們，要求他們停止，或是把他們放逐在生活之外。

透過足夠的練習，我們可以斷絕父母糟糕的傳承——愛就是麻木地接受虐待和忽略。拜倫．布朗（Byron Brown）的《沒有羞恥的靈魂》和貝佛莉．茵葛（Beverly Engel）的《療癒你的情緒自我》，有更多對找碴鬼療癒性發怒的鼓勵和指導。

擁抱找碴鬼

依照我的經驗，在大幅修復戰鬥反應以前，認知行為療法、心理動力療法、正念等這些鼓勵接納找碴鬼的技術，對CPTSD案主的幫助不大。但在後期的療癒中，當倖存者已經拔除找碴鬼的毒針時，這些技術便可能會有相當的價值。那時，也只有那時，我們才能和健康性自我批評的好處重新連結（參見哈爾．史東〔Hal Stone〕和西德拉．史東〔Sidra Stone〕的書《擁抱你的內在找碴鬼》）。

當找碴鬼柔和到具有功能性時，一個常見的跡象是，它會用仁慈且有幫助的聲音對我們說話。當我們能夠也應該做得更好時，它會淡定地提醒我們，要調整自己的行為。然而，如果它為了我們的不完美而轟炸我們，就是在透露它是父母所安裝的有毒找碴鬼。

客觀的左腦性擁抱找碴鬼方式極少有用，除非有主觀的右腦性敢言自我保護能力做為平衡，這也許是因為內在找碴鬼與右腦高度情緒化的情緒重現動態，同步運作的關係。也許有毒的內在找碴鬼歷程是如此令人難以承受，以至於使用理智淡定地去抗拒它，會是虛弱無效的努力。

思考取代法和思考修正法

思考取代法，尤其是思考修正形式，是中斷找碴鬼思考的另一個強化工具。

多年以前，我覺得找碴鬼變得就像經過大量鍛鍊的健美先生的二頭肌那麼強硬。我猜想，以類似的方式對找碴鬼練習自我保護反應，能鍛鍊我的思考修正「肌肉」。這麼做的確有用，而且，現在當我被誘發情緒重現時，保護的本能幾乎總會自動升起。我相信，若說「好幾萬次的思考取代」已經把相當一致又好用的心理狀態獎賞給我，這並非誇大之詞。

因此，我鼓勵你立即用正面訊息，去挑戰找碴鬼的負面訊息，像是本章一開始所列出的那些。這在CPTSD的療癒中很重要，因為就算只有一個未受挑戰的有毒想法，也能像病毒般狂暴地感染你，使你失控地進入羞恥、恐懼又無助的流感中。

快速地進入思考中斷和思考修正，常常能避免猛然跌入情緒重現的惡性循環。這在處理找碴鬼的工作中很重要，因為找碴鬼一旦開始得逞，就會猛烈地攻擊我們。這時，找碴鬼可能會在我們明知卻又犯而再度落入自我批判之際，高度吹毛求疵地奚落我們。然而，就像我的一個實習生常對案主說的，這是更需要「思考修正而非自我苛責」的時候。

還有，我要鼓勵你寫下一份清單，列出你的正向特質和成就，如果你迷失在自我仇恨之中，就閱讀這份清單。第十六章的五號工具箱是個實用的練習，可以幫助你在許多方面擴展這份清單。**建立關於你的正面特質的文字紀錄，特別有用，因為情緒重現常常會使你暫時對自己的本質價值和優點失憶。**情緒重現似乎與暫時無法進入當下的左腦學習有關，核磁共振造影顯示，高度反應中的ＣＰＴＳＤ倖存者，左腦的活動大幅減少。在我的經驗中，記住你的清單內容，會幫助你化解那個失憶現象。

像口號般反覆背誦整份清單或清單的部分內容，也能在找碴鬼特別殘酷無情時幫助你。如果你在完成清單或填寫五號工具箱方面有困難，不妨詢問朋友或治療師的意見。此外，請容我提醒你，那些特質並不需要是完美或持續地存在，如果大多數時候它屬實，那就算是你的正面特質。

最後，正面的視覺想像可以強力地附加於思考取代法。有一些倖存者漸漸學會藉由提取過往成功與成就的畫面（視覺地想像一個安全的地方、有愛的朋友，或是令人寬慰的回憶），去截斷那個找碴鬼製造恐懼的過程。在亞馬遜網站之類的地方，也有許多光碟提供了採用能幫助關閉反應和幫助放鬆的正面語言和畫面的引導冥想。

觀點取代和觀點修正

思考修正法當中最重要的一種，是改變我們思考的觀點。

觀點取代，是指擴大我們的觀點，把觀點從找碴鬼的狹隘、負面聚焦，移到觀察性自我（ego）（也是正念覺察的自我）更平衡精確的焦點。

觀點取代法能幫助我們把找碴鬼從它否定的人生觀點中罷黜，這就像是開除不好的經理人或無能的教練，因為他們有著扭曲的觀點，沉溺在問題裡，而看不見任何沒問題的事。

如第一章所說，感恩的靈性練習有助於觀點取代。因此，**感恩是一種正念，尋找著「即使人生有時候很辛苦，但本質上是好的」的實證**。

觀點取代與感恩

感恩是一個敏感的話題，因為很多倖存者曾受到羞辱性的忠告虐待，像是「你有這些就該感恩了」，於是許多倖存者完全拒絕感恩的概念，變得因噎廢食。

再說一次，如果你的童年的確沒什麼值得感恩之處，這是情有可原的。

還有，感恩的概念被一些心理學家有害地使用，去支持叫做「否認」的心理防衛。他們把感恩吹捧成可以繞過創傷痛苦的快速辦法，但把它應用在CPTSD倖存者身上，是無比荒謬的。事實上，這是對倖存者的羞辱性虐待，因為廣泛的深層創傷在被完全理解和處理之前，是無法化解的。

然而，感恩是美好的自然體驗，能夠一再提升你的生活品質。**只要你不要試圖去製造永恆的感恩，就可以培養一種開放的觀點，去注意有什麼值得感恩**。一段時間後，感恩的態度會漸漸使得真誠的感恩增加。

最好的例子就是愛。對我們的朋友和部分家人採取一種認知型的愛，當然是健康的，不過，我們不可能總是充滿愛，如果你有這種期待，就會給內在找碴鬼源源不絕的養分，最終會為了自己不夠有愛而攻擊自己。

相同的，如果期待自己總是要有感恩之心，就會使找碴鬼強大的自我失望程式不斷地擴充。

但是，與愛和感恩這類態度結盟，通常是有療癒性的。當我暫時地卡在情緒重現中，覺得被人生疏離時，如果能記起我的人生中「通常」會感恩的項目，有時確實能把我拉出極端的負面思考。

提取感恩特別困難，一開始通常是不可能的，因為情緒重現會把我們絞入難以承受的情緒中，使我們無法感受到人生中的任何好事。在使用這個工具的早期，當你提醒自己，人生中有什麼是值得的，似乎不會有什麼效果。然而，如果對「注意正面」的練習是足夠的，有時可以透過提取感恩的記憶，從情緒重現中放鬆。

當我在特別長久的情緒重現的尾聲階段，「注意正面」的情況有時候會自發地出現，並且帶來甜美的感激淚水，通常其中也會有解脫的淚水，以及達成歸屬感的淚水。

這些淚水通常會不請自來，它們是被美或連結的經驗正向地誘發，像是花朵讓我再次真正感覺到美麗，或是當我去聆賞音樂之後，靈魂深深地被感動，或是當我突然徹底感覺到自己有多愛妻子、兒子、朋友或案主。

在痛苦地深陷於無法在情緒面享受那些經驗一陣子後，這種感受的回歸，帶來了充滿感恩的淚水，隨著重新面對浮現的真誠感恩，這些淚水在重要的場合能夠搖擺於哭泣和歡笑之間。

我的經驗是，越常練習聚焦在感恩的思考取代法，那麼在失去感恩時，真誠的感恩就會越快回來。

練習觀點修正法的一個強大方式是：晚上就寢後，至少列出十項當天發生的正面事件。大多時候，這些不會是顛峰的經驗，而是基本且簡單的愉悅和感謝。它們可能簡單到像是令人印象深刻的曲調、吸睛的顏色、甜美的香氣、美味的食物、公園裡的一朵鮮花、令人滿意的電視節目、跟鄰居打招呼、爬樓梯時覺得身體狀態良好、最喜歡的作者的撫慰文字，或僅僅是與寵物的愉快接觸。

幾十年來，這個練習大大地幫助我升級了來自父母的酸澀觀點。

與這個健康的觀察性自我（ego）的功能結盟，可以提供我們對人生與他人更平衡且精確的觀點。

大腦的神經可塑性

神經科學研究有越來越多證據證明了大腦神經具可塑性，而這一再令我感到振奮。神經可塑性是指，大腦在我們一生中能夠成長和改變，舊的、自我毀滅的神經通路可以被消滅，而新的、較健康的神經通路可以取代舊的，湯瑪士．路易斯（Thomas Lewis）在《愛的概論》中啟發人心地闡述了這個事實。而這個事實可以幫助我記得，長期且頻繁地投入使用思考中斷、思考取代、思考修正法，的確可以縮小找碴鬼。

隨著復原的進展，你會在找碴鬼的攻擊變得多元前，很快就注意到它。然後，這會讓你採取立即性的自我保護行動。還有，在復原的後期，CPTSD的情緒重現可以當作童年創傷的證據，因為情緒重現不可否認地指向了一個事實：父母的遺棄迫使你習慣高度警戒和注意負面。

第 10 章
縮小外在找碴鬼

外在找碴鬼：關係的敵人

複雜性創傷後壓力症候群（CPTSD）的找碴鬼可以分成兩種：內在找碴鬼和外在找碴鬼。

內在找碴鬼是你的心智中把你視為有瑕疵且無價值的那個部分。外在找碴鬼是把其他人都看成有瑕疵且無價值的那個部分。當外在找碴鬼主導你的心智時，人們會顯得很糟糕且太危險，而不能信任。

當我的一位案主困在外在找碴鬼的攻擊時，她常常會這麼嚷嚷：「每個人都爛透了！人們是如此自私和可怕，他們不是害死你，就是令你失望。」後來，她稱此為「我要搬去另一個星球的情緒重現」。

外在找碴鬼算是那摧毀自尊的內在找碴鬼的對應者，就像內在找碴鬼用完美主義和草木皆兵在對付你自己一樣，只是外在找碴鬼是用完美主義和草木皆兵在對付他人。透過外在找碴鬼全有全無的設定，它會因為別人的不完美且無法保證是安全的，而拒絕他們。

如同內在找碴鬼，外在找碴鬼的攻擊通常是內在且沉默的，除非你是我們接下來會提到的戰鬥類型。

一旦我們退化到外在找碴鬼時，就會執著於他人的無價值（不完美）和背叛（危險），而我們不自覺地這麼做的原因，是為了逃避在關係中投入情感。

外在找碴鬼是從我們對於「父母太過危險而不能被信任」的反應之中發展出

來的。外在找碴鬼會幫助我們，對於父母將要出現最危險行為時的最細微訊號，隨時保持高度警覺。經過一段時間後，外在找碴鬼便會相信，任何人都會無可避免地像我們的父母一樣，不能被信任。

現在，即使我們處在不需要外在找碴鬼的狀況，它依然會使我們疏離他人。它會攻擊別人，並把他們嚇走，或是築起隔離的堡壘，其城牆就是一長串被誇大的他人缺點。很諷刺的是，找碴鬼試圖保護我們不受遺棄，卻把我們嚇得更被遺棄。

如果我們可以發現與他人之間撫慰性連結的舒適感受，勢必能打破找碴鬼的心智獨裁。因此，我們必須有意識地辨識，並逐漸關閉外在找碴鬼破壞親密感的兵工廠。

4F類型和內／外在找碴鬼的比例

根據4F類型，你可能會偏向內在或外在找碴鬼，也就是說，不同的4F類型通常會有不同的內／外在找碴鬼比例，並且有些人很極端。

僵住和戰鬥類型者通常是外在找碴鬼的極端；討好類型者傾向於受到內在找碴鬼的掌控；逃跑類型者的內／外在找碴鬼比例最多樣化。而所有的次類型也會有所影響。

僵住類型者可能會論斷地拋棄整個外在世界，去正當化自己全有全無的信念，也就是人們都是危險的。逃跑類型者可能會用完美主義式的努力來勝出，讓外在找碴鬼可以把他人都看得比自己低等。討好類型者使用內在找碴鬼的自我仇恨去自我審查，並且逃避在關係中真誠及顯露脆弱的恐懼。戰鬥反應者，矛盾地透過外在找碴鬼去控制他人，以預防被他們遺棄，同時又滿身是刺地不讓人們太接近他。

戰鬥反應者也可能在發現對方無法被控制之後，就離開對方。一位我短期協助過的逃跑－戰鬥反應者，曾經非常不滿地述說最近遭到的背叛，他的新伴侶「堅持」要換掉用完的捲筒衛生紙軸，好讓新的一捲從下面開始而不是上面。有一次，他請對方按照他的方法，但是對方沒有配合，讓他覺得深受背叛而與對方分手了。我忍不住覺得，對方逃過了，真是運氣好。

不幸的是，這位案主無法接受自己的不滿有很大一部分是情緒重現，源自於他死板的控制狂母親把他嚇得去相信「捲筒衛生紙必須從上面開始拉」，並且把他懲罰到相信這是普世皆然的真理。然而，外在找碴鬼所展現的完美主義，可能是眼光偏執地狹小。

在倖存者大幅縮小主要的找碴鬼後，也常發生毒性的反向增加。有一次，當我在慶賀自己的找碴鬼已經變成一個小陰影時，這個現象使我感到失望又震驚。很快地，我注意到自己受到一種新的、反常的論斷所糾纏。

然而，我對於此現象的發展深感好奇心，以及成長中的正念，讓我獲得了本章所分享的許多洞察與理解。透過足夠的正念，這個找碴鬼風格的改變，可以變成更進一步縮小內在／外在綜合找碴鬼的機會。

被動攻擊和外在找碴鬼

兒童本來就該生氣地回應父母的虐待或忽略。然而，除了戰鬥類型之外，大部分的受創孩童早早就學到，「抗議父母的不公」是不可饒恕的罪行。他們的抗議和抱怨通常會被壓抑，進而使他們的憤怒變得沉默，並進入潛意識中。只是，這個憤怒並沒有消失，之後它會像一直累積的海水般滲透出來，使得外在找碴鬼更執著地要找出每個人的過錯和危險。

外在找碴鬼透過父母的遺棄性眼鏡看待所有關係，也從不放下防備，它持續地把未表達的童年憤怒轉移到他人身上，並且誇大現在的失望，默默地把他人當作代罪羔羊。

倖存者把小錯當作正當的藉口，重現了外在找碴鬼的模式，並且在長篇的鑽牛角尖論斷中，默默地發怒、發牢騷，像是伊莉莎白．巴雷特．白朗寧（Elizabeth Barrett Browning，英國維多利亞時代備受尊敬的詩人）說的：

「我要如何知道你的不足呢？讓我數數吧。」

當默默地錯怪他人成了一種習慣，就會演變成被動攻擊，常見的例子是，在受傷的退縮中拉開距離，或用譏諷的讚美把別人推開。其他的例子包括了：不擅傾聽、假裝成玩笑的傷人逗弄、不給予正向的回饋和感謝。另外，總是遲到和只說不做，也是對他人表達憤怒的無意識被動攻擊方式。

拒絕讓找碴鬼的觀點發聲

外在找碴鬼是破壞親密感程式的作者，其程式是「誠實地表達錯誤」。在誠實的偽裝下，外在找碴鬼可以負面地只注意別人的不完美之處。而在完美主義的魔咒之下，外在找碴鬼可以用一長串對方正常的弱點和小缺點去撕碎他。一旦受到挑戰，很多戰鬥反應者會這樣回應：「我只是實話實說而已！」

內在找碴鬼有它自己版本的過度誠實，有時候我稱之為「捷足先登」，因為害怕被批評（如同童年），所以內在找碴鬼會把倖存者帶入「告解」中，告解自己的每個缺陷，希望避免別人提起這些缺點。只因為聽自己說這些批評，比起聽別人說，感覺更不會受傷害，畢竟對你和你的找碴鬼來說，那已經不是新聞了。

真誠是我最崇高的價值觀之一，但那不包括分享我的外在找碴鬼對你的看法，或是暴露內在找碴鬼對我的不公平論斷。

如先前所說，有毒的找碴鬼並不是我們真正的一部分，我們出生時，它並不存在。我們是被父母灌輸的，而他們用極為負面且有偏見的方式看待我們。因此，我們需要保護親密對象不會遭受找碴鬼扭曲且具破壞性的論斷。同樣重要的是，我們需要保護自己不去疏離他人，不要表現得好像我們有缺陷，不值得被愛。

外在找碴鬼主宰的情緒重現

荷莉是一位年長的逃跑–戰鬥類型案主，並受到年紀相關的輕度失憶所苦。她在會談一開始時即輕聲笑著表示：「昨晚我又讀了一次你寫的外在找碴鬼文章。三年前我讀它時，並不太了解，但現在我懂了，而且我認為是因為我的記憶力惡化帶來了好處。

你知道，每當家裡有事情不順利時，我總是怪罪丈夫法蘭克。現在我開始了解，那是我困在全有全無的外在找碴鬼歷程使然。

幾十年來，我都怪他亂放東西或沒有把東西收好，但我開始注意到，其實是我常常亂放東西。昨晚煮飯時，我在找用來剪蔬菜的剪刀，它不在牆面的磁條上——那是我堅持該放置的地方。隨著我找遍各個抽屜都找不到時，我越來越生氣，越找越惱火。當然，我發現自己細數著丈夫的所有過失。我的氣憤迅速地高漲，到了高點，我決定這次真的要離開他。我一邊繼續累積證據，證明他是個糟糕的失敗者，而我的決定是明智的。然後，我回到瓦斯爐前，發現了我五分鐘前留在那裡的剪刀，我還能看到剛才在鍋子上剪菠菜的殘渣仍在剪刀上！

多麼羞愧的啟發啊！尤其前一晚發生了類似的牙膏事件。我忘了自己在重新整理時把它放在藥櫃裡，然後就認定是法蘭克把它放到不該放的地方了。我開始對他發怒，激烈到他假裝自己必須去車裡拿東西。然後，我去藥櫃拿阿斯匹林，才發現牙膏就在那裡！

我的天啊！那外在找碴鬼瞬間變成了內在找碴鬼。然後，當它輕蔑地痛斥到我哭了，我突然有另一個領悟，就是我如何讓法蘭克的任何過失，引發我從他的過往錯誤翻出兩大本舊帳，然後我就困在注意負面當中，導致我無法想起這個三十五年來的好丈夫所做的任何一件好事。」

荷莉和我花了很多的時間探討這個議題。她能看清外在找碴鬼會誘發她進入一種非常熟悉的感覺，並且相信「人們如此不可靠，他們總是令人失望，就是不能被信任」！

然後我們進一步探討她的童年，尋找這個「人們不可信任」的信念如何開始的線索。她閉上眼睛，深呼吸幾次，然後當她睜開眼睛時，淚水滑下她的臉龐。

「是父親，爹地，那個極為自私、酗酒的王八蛋……請原諒我的粗話。無論我把當保母打工賺來的錢藏在哪裡，他總是會找到，然後醉醺醺地回來，哭訴著他有多抱歉，以後不會再犯。他從來不讓我對他發怒！喔，我的天啊，就像可憐的法蘭克！他就坐在那裡接受。只是可憐的法蘭克（更多的眼淚）從來沒有這樣對待過我，他大多數時都挺可靠的，除了不像我一樣有條理外。」

模仿媒體的外在找碴鬼

我們很難離開外在找碴鬼的壕溝，是因為我們的社會把它正常化，或是更糟地頌揚它。在大部分的喜劇中，為難他人似乎是標準作法。還有，很多有影響力、看似健康的成人，示範了一種溝通型態，其中充滿了論斷、譏諷、負面、製造恐懼和代罪羔羊。

那種流露脆弱面的溝通方式可能會帶來親密感，但要是把我們社交互動的控制權交給外在找碴鬼，就會阻礙我們培養這樣的溝通。我們必須拋棄無意識的外在找碴鬼策略，像是：

1.「我會用憤怒的批評，使你懼怕我，這樣我就能安全地不受到你的傷害。」

2.「每個人都是自私且敗壞的，我何必與他們往來。」（全有全無的思考）

3.「我會用完美主義對你微管理，以預防你背叛或遺棄我。」

4.「我會滔滔不絕地瘋狂輸出，或是一出現孤獨的感覺就離開，因為『如果你真的愛我，我就絕對不會感到孤獨』。」

找碴鬼：潛意識二流電影的製片

外在找碴鬼通常在情緒重現時的作用力最強，在這種時候，它會把無意識的遺棄性痛苦，轉變為整體性對他人和人生的龐大負面觀點。有意識和無意識地，它執著地幻想人們如何曾經傷害我們，或可能如何傷害我們。

多年下來，這些幻想通常會從一些可怕的畫面擴展成電影片段，甚至是完整的電影。如果沒有察覺，我們可能會累積並收藏影片，內容是關於真實的或想像的背叛，而這些背叛會使我們沒有能力接受與他人接觸所帶來的撫育。

「不要相信任何人」、「當獨行俠而感到驕傲」、「你只能依靠自己」、「愛人總是會離開你」、「孩子會傷你的心」、「只有傻子才會洩漏自己真實的想法」、「他們會得寸進尺」，這些都是倖存者在追求人際安全感時，可能會發展出來的電影主題。

這些防衛性且通常是潛意識的白日夢，可類比為找碴鬼製造的噩夢，那些噩夢則把我們嚇到必須隔離出「安全感」。然而，隨著足夠的療癒，在一段時間後，侵入性的反親密幻想會提示我們正經歷情緒重現，以及需要採取情緒重現管理技巧了。

貶低和否認，經常會模糊了外在找碴鬼的運作。因為外在找碴鬼的執著和「白日噩夢」常常發生在我們的覺知之外，找碴鬼透過重複地稱呼你或別人是「混蛋、失敗者、白癡」，其不斷重複的情況就像浪潮聲或城市車水馬龍聲，然後便進入我們的潛意識之中。

看新聞成了誘發因子

有時候，找碴鬼對於引發假警報的熱愛，會讓我們對新聞有著無法滿足的飢渴，如果不抗拒這個餵養我們心理的垃圾食物——在負能量中興奮的新聞「服務」，我們可能會在恐怖的高度警戒中掙扎地活著。

然後，找碴鬼會過度累積無可辯駁的證據：這世界是不可饒恕地危險。於是，孤立，以及極小程度或膚淺地交往，就成了我們唯一的辦法。這時，就算我們還沒拿起電話，只要有任何想打電話給朋友的意念，都會誘發出拒絕和羞辱的畫面。當情緒重現特別嚴重時，那股想要外出探險的衝動，可能會立即誘發了被口頭騷擾或甚至在街上被搶的幻想。

最壞的狀況是，外在找碴鬼的誇大惡化成了疑神疑鬼的偏執，而此偏執最嚴重的情況，是惡化成被迫害的幻想和妄想。

我記得二十多歲時極為丟臉的一個經驗，那時我嚴重睡眠不足，坐在公園的長凳上，努力試著要專心讀書。我已經讀同一段短短的文字四次了，可是連一個字都進不了我的腦袋。

同時，我越來越注意到有一群人就坐在我後面，我開始覺得羞恥，因為他們正有著愉快的時光，而我坐在那裡痛苦地不自在和沮喪。

突然，我注意到他們在輕蔑地談論我，但我太害怕而不敢回頭。他們的評論越來越羞辱人，大笑聲變得越來越具嘲弄性。我頭腦的眼睛可以看到他們全都盯著我、指著我：「看看那個可悲的廢物，他假裝自己沒在聽！」最後，我狗急跳牆地轉頭，咕噥地說出很弱的一句：「怎麼了？」

但我很震驚，甚至更算是極度尷尬。他們根本沒在看我，他們正沉溺在自己愉快的嬉笑中，完全沒注意到我轉頭說話。當下我立刻明白了，那是我糟糕的虛構想像。那時，我偷偷地在羞恥中離開，並且過了數十年才了解，是我的CPTSD和外在找碴鬼，製造了那個糟糕的偏執。

親密與外在找碴鬼

如先前所說，CPTSD通常包括了一種依附障礙，來自於童年缺乏具有同情心的照顧者。當發展中的孩子缺乏父母支持性的庇護，他們就學不到其他人能夠撫慰孤獨和情緒痛苦，也學不到真正的親密感是來自於分享自己全部的經歷。

當照顧者因為我們展現脆弱面而嚴重地攻擊或遺棄我們，我們之後就會嚴重地逃避真誠的自我表達，但這樣的表達卻是親密感的基礎。

外在找碴鬼的形成是要提醒我們，所有人一定跟我們原本的照顧者一樣危險，而關於尋求父母支持卻被鄙視的潛意識記憶，會切斷我們想要分享自己的困難以及求助的傾向。

更糟糕的是，當我們真的展現脆弱面時，那個受到反擊的幻想，便可能會糾纏我們好幾個小時或好幾天。

我曾經歷了這個狀況，當時我正在一個工作面試中，對於八人一組的面試官表現得非常誠實，並顯露了我的脆弱面。但是，接下來卻是三個失眠的夜晚，我的外在找碴鬼不停地播放著面試官瞧不起我說的一切，並且厭惡我沒說出口的一切。

即使他們之後熱切地雇用我，外在找碴鬼依然用「冒名頂替症候群」[1]的幻想糾纏我，幻想我的無能會在新工作中曝光。

必輸的局面

外在找碴鬼一邊把我們嚇得無法信任別人，一方面促使我們過度控制別人，來使自己更安全。過度控制的行為包括了羞辱、過度批評、自言自語地長篇大論（對話控制），以及整體性的專斷蠻橫。後面的極端例子是「必輸的局面」，也就是左右兩難，白話的說就是「這也不對，那也不對」（只有最嚴重的戰鬥類型會有意識地這麼做。這種類型屬於自戀光譜的極端，也就是自戀到成了一種社會病態的程度）。

史德林是一位戰鬥類型案主，他強烈地自戀，但還不到社會病態。他要求我大約在他說話的每一個段落，就給他一個同理性的「嗯哼」，來證明我有仔細專注地聽他沒有停頓的長篇獨白。他經常在句子尾端加上「你知道嗎？」來提醒我。

一段時間後，我通常能夠知道他在情緒重現，因為他會被我說「嗯哼」的頻率或品質給惹惱。無論我說太多或太少「嗯哼」，他都會感到挫折。在前者的情況中，他會生氣地問：「你沒聽過反問句嗎？」在後者的情況中，他的挫折會對我的缺乏同情心發怒，因為我「嗯哼」的回應不夠多。

必輸的局面也有內在找碴鬼的版本。霍華德來會談時，有著嚴重的流行性感冒和將近三十九度的高燒。他說：「我在床上忽冷忽熱，而找碴鬼狠狠教訓我：『你這個懶惰、古怪的大便！停止自憐！挪動你的爛屁股，去你的預約會談！』」

霍華德和這個找碴鬼對抗了大約十五分鐘，最後找碴鬼勝利了，所以他來了。

當他坐在我的等候室時，找碴鬼又開始了：「你真是個白癡！你怎能笨到這樣出門？你這個自虐的失敗者，你只是在試著殺了你自己。你何必要試著痊癒？」

嚇跑別人

為了逃避與別人親近的脆弱感，外在找碴鬼也會播放內在找碴鬼的各種草木皆兵程式。把災難化的想法說出來，可能會對別人產生相當大的影響，而且是在不自覺間試圖讓他們害怕我們。

我的一位籃球球友對一個專注悲慘事件的本地新聞台上了癮，他傳教般地一直宣揚這個時代的災難，導致運動中心的每個人都疏遠他。其中一位球友開玩笑說，他再也不會把球傳給他了，因為他認為那傢伙相信投籃永遠不會中。

倖存者過度放送各種可能的問題，不必要地嚇別人，以致很少能受到他人的喜愛。此外，當他們注意負面的情況達到顛峰，並且變成噪音汙染時，就會「逼」得別人要逃避和遺棄他們。

在內／外在找碴鬼之間搖擺

很多CPTSD倖存者在刻薄的論斷中掙扎，在病態化別人（外在找碴鬼的毒性羞恥）和病態化自己（內在找碴鬼的毒性羞恥）之間來回，以致陷在與他人和自己的關係皆不足的無限循環中。

---

1 冒名頂替症候群（imposter syndrome）並非心理疾病，是描述成功者自認為缺乏實力，對於成功感到心虛，擔心自己的缺乏實力會被發現的現象。

我父母的扭曲版本可以濃縮成這樣：「我們再爛都比你好。」

卡倫・荷妮（Karen Horney）[2]對此描述為：**在「自大的自我」和「鄙視的自我」兩種極端之間搖擺著。**

當我們迷失在這個歷程中時，就會錯過對於歸屬感的關鍵情緒需求，永遠活在疏離中，擺盪於「自己太優秀」或「自己太不討喜」的極端之間。這是貌似傑納斯（Janus）[3]的找碴鬼極其痛苦的社交完美主義：**我們因他人太有缺陷而不能愛他們；我們因自己太有瑕疵而不能被愛。**

典型的找碴鬼循環就像是這樣：社交互動誘發了需要逃脫「身處險境」的感覺，而這個感覺誘發了外在找碴鬼的論斷。甚至只是想到與人交往，都能引發我們的不認同程式，以至於覺得孤立是有正當性的。然而，長期的退縮再度喚醒了我們與人交往的渴望，以及想要連結的念頭。

在此同時，外在找碴鬼翻轉成了內在找碴鬼，詳細列出我們的不足之處，並說服我們，自己太過可惡而無法與他人社交。

接著，這又產生了自哀自憐的被迫害幻想，而此幻想又重新把外在找碴鬼請來說人們有多壞……沒完沒了，喋喋不休，這個循環會使我們保持「安全」地躲在沉默的疏遠中。

當搖擺的找碴鬼從內在找碴鬼放射出來時，就是如此。倖存者的負面自我驅使他們要完美，於是他們不停地努力，以至於憎惡那些不追求完美的人。

一旦這股憎惡累積夠了，其他人的小失禮就會誘發倖存者進入外在找碴鬼極端的失望和挫折中。然後，他們會默默地繼續，並詳列「人們」的一切過錯和背叛。

他們會在外在找碴鬼的極端中維持多久，通常是根據所屬的4F類型而定，但早晚都會開始對此產生罪惡感，內在找碴鬼會突然出現，嚴厲地論斷他們竟然如此論斷別人，然後繼續認真地編錄自己的缺陷。

搖擺的找碴鬼案例

我和妻子已經同住超過十年，對於應付打理一個有孩子的家庭會有的無窮事項，我們花了很多功夫，協調出什麼對我們兩人（多數時候）是公平且有彈性的方式。但有時候，當我正在經歷長時間的情緒重現時，會開始過度注意家裡整體秩序的不完美。

找碴鬼會從哪裡開始找碴，並不一定，如果我老套的求生狀態被誘發，內在找碴鬼會為了我不及格的貢獻而大罵我。反之，如果我的逃跑反應被誘發，並且已經在忙著清理了，外在找碴鬼就會開始算帳。在後者的狀態裡，外在找碴鬼可能會不斷地清算妻子和我相比之下，做的事有多麼少，而這些比較通常都是關於我最近過度貢獻的項目。

但我的討好面向頗強的，所以沒多久我可能會開始注意到各種我做得不如她多的地方。然後，我突然成了自私的懶惰鬼，隨著情緒重現繼續下去，我可能會變成大罵自己吹毛求疵和小氣。而在特別強烈的情緒重現中，外在找碴鬼會回來，把我的貢獻看得更有份量且更重要，然後貶低妻子的懶惰、不為他人著想、只顧自己等等。

在我們關係的早期，我可以這樣循環好一段時間，花上數小時，甚至數天，對妻子感到不滿，也對自己不滿。我的心靈平靜會崩裂成內在的戰場，覺得被她遺棄了，同時又為了遺棄她而論斷我自己。在最壞的情緒重現中，這個歷程不只存於內在，我們還會有這方面的衝突。

近期，我們很少有關於家事的衝突了，因為我已經了解外在找碴鬼，所以這方面的內在循環已經大幅減少。

---

2 卡倫．荷妮：德國心理學家和精神病學家，新佛洛伊德學派研究者，社會心理學的先驅。

3 傑納斯：羅馬門神，常被形容成有兩張臉、各朝向一方。

對於我的內／外在找碴鬼歷程的正念，使我能更早地辨識出它們，並且更快地把自己和我的人際關係從它們的手中救出來。

以上的狀況也是情緒重現中令人擔憂之處的典型例子。

當找碴鬼成為法官、陪審團和執刑者

如前所述，並不是所有倖存者都會隱藏他們的外在找碴鬼。戰鬥反應和戰鬥次反應者，可能會放掉「被動攻擊」中的被動，並且變得相當有攻擊性。擁有極端外在找碴鬼的倖存者，經常會發展出一種似是而非的信念，認為自己主觀的正確性標準就是客觀事實。

當他們被誘發情緒重現時，可能會使用找碴鬼的「警探加律師加法官」功能，為了小小的或沒有證據的背叛，而去迫害別人。想像的輕視、無足輕重的小過錯、誤判的臉部表情，以及不精確的「心靈」感知，都能被用來審判一段關係。在審判過程中，外在找碴鬼通常會拒絕交出正面的證據，於是這不公平的審判不會考慮情有可原的狀況。

此外，對任何人際關係的失望，都可能會導致有罪的判決，對那段關係處以死刑。在這個過程中，嫉妒也可能變得惡性且放縱。

在另一個層面，外在找碴鬼擅於正當化自命清高的態度，並從這個高傲的位置，主張自己有權對他人微管理，這通常是用「為對方好」來合理化。然而，這種控制往往焊接在無意識的層次，用以保護倖存者免於早期父母虐待或遺棄的重演。

對他人微管理也會惡化成各種控制行為，戰鬥類型者把別人當成聽眾俘虜，給予對方並未要求的表現評鑑，不合理地要求對方改善，並且控制他們的時間表、社交排程和衣食選擇。更糟的情況是，他們誇張地表現出自己的嫉妒，而且通常沒有正當理由。

在最壞的狀況，外在找碴鬼的交往看起來就像是挾持囚犯，而非交朋友。

尋找代罪羔羊

尋找代罪羔羊是外在找碴鬼把個人的挫折，不公平地倒在他人身上的歷程。如果倖存者沒有解決對童年遺棄的憤怒，往往會對這個狀況火上加油。然而，把憤怒錯置到錯誤的對象身上，也無法釋放或化解舊傷害或無關的傷害。

尋找代罪羔羊，經常是父母虐待者角色的重演；倖存者盲目地模仿了父母用沒分寸的暴怒來釋放自身挫折的慣性行為。

當戰鬥類型的父母把周遭的人當作代罪羔羊，就是在強化一種病態的鏡射，因為他們要確定，當自己感覺不好時，別人也會感覺不好，這就像是我某天看到的汽車保險桿貼紙：「如果媽媽不開心，大家都不開心。」

我在童年時見過好幾次找代罪羔羊的例子。我父母痛恨遲到的人，如果我們小孩子有人遲到，即使只有一分鐘，我父母就會覺得自己可以正當地以正義魔人姿態抨擊我們。即使我們很快就學乖了，變得偏執地準時，他們仍是如此。

然而，他們自己有未處理的CPTSD，其憤怒僅是未表達之怒火的冰山一角，而那怒火是關於他們自己的童年傷害。這種情況，是他們在重現過去的憤怒情緒，來自於他們父母的慢性遲到，以及在他們有正常的童年需求時，他們父母沒有出現並滿足他們。

正念和縮小外在找碴鬼

若要減少外在找碴鬼的反應，就需要大量的覺察，這對於攻擊性外顯的戰鬥類型，以及默默怒吼著全人類都是「他媽的爛人」的其他創傷類型，都一樣重要。對於被外在找碴鬼的論斷困在孤立中的倖存者來說，這也非常重要。

所謂的正念，是越來越能複雜地覺察我們內在的一切過程，尤其是想法、影像、感受和感覺。在處理外在找碴鬼的工作中，我們必須對想法中的認知和情緒這兩種內容，要越來越有正念。

在處理內在找碴鬼方面也一樣，主要縮小的部分是認知和情緒方面。處理認知層面時，涉及了思考中斷法和思考取代法的破壞與重建過程；處理情緒層面，則涉及了哀悼工作，也就是移除找碴鬼的能量來源，包括了未表達的童年憤怒，和一生的遺棄經驗中未哭出來的淚水。

當正念看似使找碴鬼更嚴重時

在早期的療癒中，我們越是挑戰外在找碴鬼，它似乎就變得越強、越惡劣，甚至可能讓人以為自己是在反效果地煽動它，或是竟敢抗拒它而使它更惡化。

當我們對找碴鬼的正念似乎使它更堅強時，往往會有童年時抗議父母的攻擊的情緒重現——他們如何訓斥我們。這通常很難記得，因為失能的父母往往在我們的記憶功能開始運作之前，就扼殺了我們的抗議能力。對父母的報復行為感到恐懼，通常是無意識的運作狀態，把我們嚇得不敢去挑戰自己的毒性思考，這就是為什麼倖存者在早期療癒中，常常需要提取憤怒的自我保護本能，好讓自己有力量去執行思考中斷法。

當縮小找碴鬼的工作似乎使得找碴鬼更強而非更弱時，還有另一種運作狀態在發生。隨著越來越不解離，我們會開始注意到那些一直都在覺察之外的找碴鬼歷程。童年時，從痛苦的找碴鬼歷程中解離出來，幫助了我們得以求生。結果，許多人要療癒時，已經變得幾乎無法注意到找碴鬼。

我們的復原有賴於運用正念去減少解離的習慣，這樣才能看清那個我們需要瓦解、縮小、有意識地去否定的找碴鬼程式，這通常需要學習去忍受那股來自於發現找碴鬼無所不在又強壯的痛苦。

我們有時會很難接受這種痛苦，因為一開始不容易看到對抗找碴鬼的進展。而且，即使縮小找碴鬼的工作是有效的，我們通常也會覺得其進展是令人失望地緩慢。在情緒重現時，以及找碴鬼似乎更勝以往地強壯時，尤其如此。

如先前所說，找碴鬼在童年時就如同癌細胞般蔓延成長，它就像是擴散的癌症，需要歷經多次令人難受的清除手術。

我們可以選擇面對縮小找碴鬼工作的急性疼痛，因為我們想要終止的是，找碴鬼摧毀我們享受人生的慢性疼痛。這是一生的戰鬥！

思考取代和思考修正：攆走找碴鬼

很多人在以下這方面仍是發展停滯的：我們需要將心理導向去注意他人與人生有什麼好的、可信任的、值得愛的。在縮小外在找碴鬼的工作中，思考取代法主要是提取對他人的正面想法和畫面，來腐蝕找碴鬼撕裂他人而破壞親密感的慣性。

一個有用的思考取代法練習，是列出與朋友互動的五項正向記憶，以及這位朋友的五項特質。這個技術也同樣適用於我們自己，能幫助我們與內在找碴鬼的負面自我形象分離開來。

在第十六章的五號工具箱中，有一個作業可以使你更欣賞那些篩選過後有益於你的人。既然想法通常會出現在話語中，所以我也建議你，在給予所愛的人意見時，不妨練習「五正一負」的原則。約翰．高曼的研究顯示，這個比例是成功親密關係之伴侶的溝通特性。這之所以很關鍵，也是因為我們父母示範的至少是相反的比例，使得外在找碴鬼在我們童年時就已經產生了。

哀悼可以截斷外在找碴鬼

哀悼所扮演的角色，在縮小外在找碴鬼和內在找碴鬼時，是同等重要的。就像對內在找碴鬼那般，我們對外在找碴鬼發怒，也有助於關掉它的聲音，而哭泣則能幫助我們消除它。

我們可以用哀悼中的憤怒，去幫思考修正打氣，這有助於挑戰找碴鬼根深柢固的全有全無觀點，或認為每個人都跟父母一樣危險的想法。還有，當我們的哀悼化為哭泣，它可以釋放外在找碴鬼用來嚇唬我們並使我們不敢對他人敞開心房的恐懼。

眼淚也會幫助我們了解，我們的孤寂造成了許多不必要的痛苦，而這可以激勵我們對於找到安全連結的可能性敞開心門。

透過處理移情來弱化外在找碴鬼

「移情」（也稱為「投射」或「錯置」），是指過去未處理的那些情緒放大了現在的感受。**由外在找碴鬼主導的情緒重現，其中一個關鍵特色是，我們把過去關係的情緒痛苦，錯置於現在的關係上了**。移情是來自過去的管道把憤怒輸送給找碴鬼，使找碴鬼去控制、攻擊或否定現在的關係。

就像嬰孩因愛而茁壯，找碴鬼則因憤怒而茁壯。外在找碴鬼猶如寄生蟲，會對那些壓抑的憤怒狼吞虎嚥，然後錯誤地把憤怒分配給現在的失望。

我所知最常見的移情運作狀態，是有關父母的傷痛遺留下來後，被錯置到那些感覺現在正在傷害我們的人身上。當這種情況發生時，我們會用放大的憤怒或痛苦來回應他們，但那些憤怒和痛苦與他們的作為並不成比例。

移情也能極度扭曲我們的見解，有時候會把無害的人誤認為有害，進而激發找碴鬼去想像一些其實沒發生的怠慢。外在找碴鬼發狂時，通常就是移情爆發的時候。就像內在找碴鬼把未釋放的憤怒轉為自我仇恨，外在找碴鬼則利用它來控制別人或把別人推開。

未表達和未處理的童年傷害之憤怒，是找碴鬼永遠能夠利用的隱藏儲備資源。哀悼童年失落的憤怒工作是必要的，因為它會破解找碴鬼的憤怒補給線。

哀悼那些我們未表達的陳年痛苦（關於我們糟糕的養育經驗），會逐漸破解把這些痛苦不公平地移情到他人身上的過程。這非常關鍵，因為當找碴鬼習慣性地把舊憤怒投射到親密對象時，就等於謀殺了愛和親密感。

健康的外在找碴鬼發洩

有時，外在找碴鬼的發洩是健康的自我保護行為；有時，外在找碴鬼的判斷是精確的；有時，他人的確像我們的父母那樣有虐待行為。

因此，關於外在找碴鬼的攻擊，有兩種健康的應用方式，一種是在別人真的攻擊我們時，藉以保護我們自己，另一種是用於哀悼童年失落的工作中。

就像在下一章會看到的，憤怒地批判父母惡劣的虐待和過失，對倖存者來說大有益處。

路怒[4]、移情與外在找碴鬼

讓我們再看看外在找碴鬼如何把過去的憤怒錯置到現今的關係上。

我的案主強尼帶著強烈的路怒來會談。他開車來找我的路上，發生了一件令人憤怒的事。他一進來，屁股還沒坐上沙發，就開砲了：「那個浮誇的王八蛋！人們都非常令人討厭。每個人都開車開得像是路上只有他自己一樣。真是混蛋！開得像整條路都是他的，只想到自己，也不想想別人，每個人都只在乎自己，不在乎別人！天啊！別讓我開始講我老婆。我不知道我早上為什麼要起床？這混蛋一定忘了方向燈是幹嘛用的，我真想直接撞上那個自以為是的混蛋，和他閃亮亮的新車！」

強尼的憤怒三百六十度地放射，他恨那位突然超車的駕駛、其他所有的道路駕駛、他的妻子、他的員工、他的鄰居、政府和最後（幸好是最不恨的）這個總是假裝多麼有同理心的「收費太高的治療師」。

強尼是討好－戰鬥類型的人，但大多時候是討好型，在我協助他的兩年中，我從未見過他如此暴怒。我相當吃驚，當時的確有點難以保持同理心，但我知道他正在經歷情緒重現。

我鼓勵他用網球拍打靠枕，藉以進一步地發洩（這是典型的憤怒釋放技術，以無害的方式外顯憤怒）。於是強尼拚命地打。

當他漸漸停止宣洩，我請他閉上眼睛。我建議他問自己，他的暴怒是否與過去有關？

過了一會兒，他說：「我好生氣，我現在不想做你說的任何事情。這很詭異，因為我知道你想釣出我父親，但我一直想到我母親。她真是個窩囊廢！她絕對不會像那個混蛋那樣開車，而且她不會像我父親那樣對我怒罵。但你知道，我就是對她超級不爽，因為她那些年來容忍我父親，而且從來沒有為我站出來或保護我。有那種父親已經夠糟了，但還有這種母親，更是不公平！」

強尼又用網球拍發洩了一回，接著說：「我以為母親應該要保衛他們的小孩！你知道，就像是熊媽媽那樣。真是不公平……真是他媽的難以置信的不公平！我真想狠狠搖晃她，把她抖出她那麻木的狀態，就是把她搖得正常一點！」

然後他流淚了。稍後，當他停止流淚，有所頓悟時，他笑了，而且是發自內心的。那是解脫的笑聲，當我們終於了解某件事真正困擾自己的原因時，就會有這種笑聲。他說：「你知道這聽起來很離譜，就像我討厭的心學鬼話，但人生天殺的不公平真的令我不爽。你知道，那種拿到黑桃皇后牌的倒楣運，那種在一群人當中唯一被鴿子大便滴到的人的倒楣運，那種在父母牌裡拿到那兩張混蛋的詛咒楣運，真是天殺的不公平！爸媽的不公平是他媽的傳奇！高速公路上的那個混蛋，變換車道不打方向燈，也不公平。我是說，如果我沒看到他，我就會發生嚴重車禍。但老實說，事情其實沒有那麼糟，我有很多的時間可以調整，如果來不及調整，表示我是很爛的駕駛。但是，我是說，那還是很危險，只是和在我家裡長大相比起來不算什麼，那才是真正徹底的危險。我猜我的暴怒，大部分與自己必須在那個爛家中長大的不公平有關。」

路怒，以及比較沒那麼嚴重地對其他駕駛不悅，通常是外在找碴鬼移情的型態。當我們對自己開車時的挫折，或是其他輕微的日常不悅更具有正念，就能看到冰山一角所提醒我們的底下冰山，以及那些未表達的陳舊憤怒與傷痛。我鼓勵你，下次你為了其他駕駛的小錯而不相稱地憤怒時，做這個實驗。你可以試問自己：「這個情況或感覺，使我想起什麼？」

在下一章，我們會更深入探討，藉由陷入情緒重現谷底所發現的舊傷痛來哀悼的歷程。

4 路怒（road rage），是指駕駛人因駕駛狀況而大發雷霆的狀況。

第11章 哀悼

如果想要化解情緒重現時所浮現的令人難以承受的感覺，哀悼絕對是無可取代的工具。

要處理在製造複雜性創傷後壓力症候群（CPTSD）的家庭中成長所帶來的各種失落，哀悼也是非常關鍵的歷程。

我們哀悼童年的失落，是因為這些失落猶如我們自己重要的部分已然死去，而有效的哀悼會讓這些部分死而復生。

本章會介紹透過四種哀悼練習所能得到的療癒，分別為：發怒、哭泣、言語抒發和感受。

如果你發現哭泣或發怒是自己做不到的、沒效用的，或是使你感覺更糟，那麼你的療癒工作可能需要更聚焦在瓦解和縮小你的內在找碴鬼。

哀悼會擴大洞察力和理解力

我看見哀悼飲著一杯憂傷，便說：
「這嚐起來甜甜的，不是嗎？」
「你逮到我了。」哀悼回答，
「而且你毀了我的生意。
當你知道憂傷的祝福，我要如何販賣憂傷？」——魯米（Rumi）

雖然洞察力極為重要，卻絕不足以達成更深度的復原。就算有再多的意圖或領悟，都無法免除倖存者的必修課，那就是在情緒重現時要以愛來照顧自己。**當我們感到害怕、悲傷、憤怒或不開心時，要以慈愛來回應自己，這是很關鍵的事。**

當倖存者迷失且困在情緒重現時，會感到有如死亡一般，而哀悼能大大地幫助倖存者處理這個狀況。哀悼能夠轉化最痛苦的遺棄感，尤其是那些會引起自殺意念和最糟的積極性自殺的感覺。

療癒中的人也需要哀悼他們早期的依附需求之死。因此，我們必須哀悼一個糟糕的事實：安全感和歸屬感在我們的家庭中是稀有的或不存在的。另外，早年試圖贏得父母的認同和感情卻遭遇挫折，換來無數的心碎，我們也需要為這些心碎哀痛。

哀悼能夠支持我們從童年創傷所造成的痛苦，以及如死亡般的許多失去中復原。其中，重要的童年失落，就是我們的關鍵發展停滯了；而當中最重要的，就是自我憐憫、自尊、自我保護和自我表達的死亡。

哀悼父母照顧的缺席

隨著哀悼能力的進化，我們通常會發現許多未解決的問題，都是有關自己缺乏了發展與茁壯所需要的慈愛撫育。以下是所有小孩賴以茁壯成長的父母撫育關鍵類型。了解這些未滿足的需求，能夠幫助你以哀悼來化解那些來自於成長過程中缺乏這類支持且至今仍未釋放的痛苦。還有，這個知識能引導你更慈愛地重新撫育自己，並與自己互動。

1. **言語慈愛**：熱切地參與各方面的對話；大量的讚美和正向回饋；願意回答所有問題；教導、讀故事、提供持續言語發展的資源。

2. **靈性慈愛**：看見孩子的本質價值、基本的良善和有愛的天性，並且反射給孩子；讓孩子體驗喜樂、樂趣和愛，以維持孩子覺得人生是個禮物的天性；靈性或哲學性的指導，以幫助孩子整合人生中痛苦的部分；滋養孩子有創意的自我表達；經常接觸大自然。
3. **情緒慈愛**：一致地以關心、關懷和感興趣來對待孩子；歡迎並重視孩子全面的情緒表達；示範沒有虐待性的情緒表達；教導孩子用不傷害自己或他人的安全方式釋放憤怒；大量的愛、溫暖、溫柔和慈悲；欣賞那些釋放痛苦的淚水；當個安全的避難所；幽默。
4. **肢體慈愛**：感情與保護；健康的飲食和睡眠；教導打理儀容、紀律和責任感的習慣；幫助孩子發展嗜好、戶外興趣，以及個人風格；幫助孩子平衡休息、玩樂和工作。

《如果不能怪罪你，我要如何原諒你》一書中，有辨識及哀悼童年失落的大量指導和鼓勵。珊卓・布倫（Sandra Bloom）的文章〈不敢說自己名字的哀悼，第二部，處理童年的毀滅〉，也以非常確切、有說服力的方式指出來自創傷的童年失落（請見 www.sanctuaryweb.com）。

要哀悼那麼久以前的失落，常常讓人缺乏動力，因為這些失落似乎非常模糊，以至於要你試圖欣然接受哀悼，有點像是試圖欣然接受牙科治療一樣。誰想去看牙醫呢？但是，當牙痛變得嚴重時，又有誰不去呢？

靈魂的痛楚相當難歸因於童年的失落，但那些接受哀悼之旅的人會毫無疑問地知道，他們靈魂之痛和心理痛苦的核心，是成長在遺棄性父母之下所造成的失落未獲得解決。

這些失落必須得到哀悼，直到你真的了解自己的照顧者非常不稱職，以及父母完全不是自己的同盟。你需要哀悼，直到你停止為父母的虐待或忽略而責怪自己。你需要哀悼，直到你完全了解父母糟糕的養育所帶給你的持續性後果：複雜性創傷後壓力症候群。你需要哀悼，直到了解你習得的自動自我遺棄習慣，是在重演父母幾乎不與你同在的情況。

為了這些糟糕的現實而哀痛，會使我們更有力量去發展多面向的自我照顧之實踐。隨著哀悼越來越有效，我們的自我憐憫和自我保護能力會成長，而且心理也會變得越來越容易駕馭。

哀悼會改善情緒重現

「痛苦是多餘的精力哭求著要釋放。」——傑羅・何德（Gerald Heard）

哀悼有時對我來說是神聖的，它能把我帶出遭遺棄的複雜情緒，包含令人極度痛苦的混合體：恐懼、羞恥、憂鬱，這些是大部分情緒重現的情緒核心。

倖存者能學會用哀悼把自己帶出恐懼（此即安全感之死）；能學會用哀悼把自己帶出羞恥（此即價值感之死）；能學會用哀悼把自己帶出憂鬱（此即活力感之死）。

藉由足夠的哀悼，倖存者會了解自己小時候是天真無辜、任誰都覺得可愛的孩子，當他們為了沒能出生在有愛父母的家庭中而哀痛，便會發現自己內在強烈而不可動搖的自我忠誠，無論內在或外在經歷著什麼，他們都樂於且能夠挺住自己。

哀悼工作也會將你從不耐煩和挫折感中釋放出來，那些都是困於內在找碴鬼的攻擊時可能會發生的感覺。在「怪獸」般的情緒重現發生時，找碴鬼可能會把你霸凌到想要放棄，所以這項工作尤其重要。

在情緒重現時，對著這種過去的糟糕入侵而發怒和哭泣，能使你不會忘記自己已經進步了多少，以及現在你有多麼安全。

內在找碴鬼會妨礙哀悼

有效哀悼的最大障礙，通常是內在找碴鬼。當內在找碴鬼特別有毒時，哀悼在早期療癒中可能會出現反效果或變成禁忌。對於童年時表達情緒卻一再被病理化和懲罰的人來說，可能會覺得哀悼加重了他們的情緒重現，而非解脫。

我協助過許多一流淚就會引發毒性羞恥的倖存者，他們原本可以用來撫慰內心的眼淚，卻引發了糟糕的自我攻擊：「我真是可悲！難怪沒人受得了我！」「天啊，我這樣流鼻涕真是不討喜！」「我搞砸了，然後唉唉叫發牢騷，這使我更加是個失敗者！」「自憐自哀的哭有什麼用，那只會使你更脆弱！」後者的那種反應尤其諷刺。一旦找碴鬼可以避免哀悼，這個人就無法重建內在的力量，以及應對痛哭一場等情況的能力。而我藉由讓痛苦的人哭出來，已經化解了非常多次的積極性自殺。

發怒也可能立即誘發倖存者的毒性羞恥，或者只要一個生氣的想法或幻想時，也會對他誘發毒性羞恥。失能的父母通常在孩子生氣時施以最壞的懲罰，導致孩子的憤怒被困於內在。

管理找碴鬼通常是哀悼工作早期的主要項目，這工作需要認得並挑戰那些找碴鬼去妨礙或羞辱哀悼歷程的方式。在與找碴鬼逐步拆夥的過程中，哀悼最好可以從低強度的言語抒發開始，經過一段時間後，言語抒發的語調就可以越來越帶有哀傷和憤怒的感覺。

當找碴鬼被縮到夠小了，而且思考修正法已經使倖存者的心理狀態變得更好駕馭時，他們就會開始接觸到哀悼所能帶來的解脫潛力。他們會學到提升並增強慈悲心，以此來哀悼過去身為被遺棄的孩子的自己，以及現在身為倖存者、但仍受情緒重現的劇烈痛苦折磨的自己。

以哀悼卸除找碴鬼的燃料

恐懼會驅動著有毒的內在找碴鬼，所以找碴鬼會以恐懼為養分，並且把倖存者帶到童年可怕時刻的情緒重現。倖存者只會從父母輕蔑、嚇人又充滿拒絕的眼睛看見自己，並且困在這種視角裡，然後他們會模仿父母，並輕蔑地嘲弄自己「有缺陷」、「醜陋」、「不討喜」。他們也會用草木皆兵的情境嚇自己，並為了自己小小的不完美而憎惡自己。

因為恐懼是倖存者核心的情緒經驗，所以他需要情緒工具，來管理情緒重現中發狂的害怕。健康的發怒和哭泣，能使恐懼不會演變成找碴鬼誘發情緒重現的認知，而我已曾數千次看過，哀悼是如何立刻停止了找碴鬼具有毀滅性的誇張化與災難化程式。

兒童似乎與生俱來就會用發怒和哭泣來釋放恐懼。初生嬰兒，為了失去在母親體內的安生日子與完全的包容而哀痛，發出第一次的憤怒哭聲，這不只是為了召喚照顧與注意，也是為了釋放恐懼。

然而，在失能的家庭中，那些製造創傷的父母很快就消滅了孩子表現情緒的能力。孩子因為變得害怕，便羞於自己的眼淚和憤怒。眼淚被關掉，而憤怒被困於內在，並且轉為對自己的自我攻擊、自我仇恨、自我厭惡和自我拒絕。其中，自我仇恨是最令人悲痛的父母遺棄之重演。

一段時間後，憤怒也會變成找碴鬼的燃料，並且藉由創造一個越來越危險的內在環境，使恐懼更形惡化。倖存者所說、所想、所感、所想像，或者所希望的一切，都會受到嚇人的內在攻擊。

這裡是一些常見的、受憤怒帶動的找碴鬼攻擊，他們以找碴鬼必然學會的第一人稱呈現：「我為什麼要問這麼蠢的問題？」「我的臉部表情還能更醜陋嗎？」「我在唬誰？像我這種配不上的失敗者，怎能想要愛？」「難怪我覺得很廢；我就是個廢物！」

從找碴鬼那裡吸收憤怒，並且把它用於遠離並縮小找碴鬼，對復原大有幫助。當你變得善於哀悼，會注意到內在找碴鬼的聲量和強度正大幅衰退。

事實上，如果沒有有效哀悼的幫助，縮小找碴鬼的進展會很有限。

哀悼的四個歷程

哀悼最有效的時候，就是倖存者能夠以這四種方式來表現哀悼：發怒、哭泣、言語抒發和感覺。

發怒：縮小恐懼與羞恥

「發怒」是一種哀悼技術，激烈地抱怨現在或過去的失去和不公不義。

倖存者的童年中，恫嚇、羞辱、忽略取代了撫育，而倖存者需要對此發怒，而且有時候需要暴怒。

當他們變得擅於哀悼，對於自己家庭瀰漫的缺乏安全感，所發出的健康性怨恨，都會以發怒宣洩出來。上萬次需要幫助時卻得不到幫助，這種背叛會激怒他們；對於以前需要被指導或受保護時，卻沒有人可以指導或保護，他們會感到盛怒；過去需要爭取公平或贊同自己的發展成就時，卻沒有可以爭取的對象，也會使他們怒吼。

我的第一本書《如果不能怪罪你，我要如何原諒你》詳盡闡述了如何使用不傷人傷己的方式，發出童年痛苦之怒的安全過程。在大多數的狀況中，倖存者不需要直接對在世的父母發怒或責怪，關鍵的發怒方向是，針對你內化的父母，也就是你過去的父母。

不過，最常見的例外是，父母現在仍然有虐待性。我的第一本書對於這一點和其他的例外有深入的介紹。

當倖存者抱怨童年創傷時（尤其是用找碴鬼的自我仇恨，在抱怨創傷的持續影響時），發怒是有療癒性的。

針對找碴鬼，也就是父母的代理人，憤怒地說「不！」或「閉嘴！」，能夠外顯倖存者的憤怒。這能阻止倖存者把這股憤怒朝向自己，並且讓他們復甦失去的本能：為不公不義的攻擊而防衛自己。

還有，許多倖存者會盲目地讓父母惡毒的責怪轉為自己的羞恥，而發怒能把倖存者從中救出來。發怒會把責怪重新導向到該去的地方，也會使倖存者更積極地努力建立內在界線，去對付找碴鬼。

發怒可以獨自進行，也可以在有認同你的見證者的情況下進行，像是信任的朋友或治療師。一段時間後，大部分的發怒需要在你自己私密無聲的心中進行，這是以憤怒為能量的思想中斷法，能夠保護你不受內在找碴鬼的攻擊。

許多倖存者的身分認同完全等於找碴鬼，這樣的倖存者通常需要聚焦於對抗找碴鬼，直到他們建立了能健康自我保護的自我（ego）功能。

發怒也能把倖存者從情緒重現的無力感中拯救出來；發怒會提醒他們，自己現在是在成人的身體裡，並且能用這個身體防衛自己。

發怒透過這些功能，能減少或化解恐懼，重新喚起並滋養自我保護的本能。透過練習，發怒會逐漸建立起內在與外在的界線，而這些界線會漸漸地把我們帶離傷害，使我們不受他人欺侮的傷害，也不受最壞的惡霸（也就是內在找碴鬼）傷害。

最後，發怒也能使無數的思想修正和思想取代更有力量，因為倖存者需要以此來建立「自己的本質是美好的」之信念，以及選擇要愛哪些人的能力。在發怒的支撐下，他們得以長期漸進地把自我形象從找碴鬼手中搶救出來，也能重新教育自己的心理，使它更容易駕馭和親近。

發怒有助於破解強迫性重複

倖存者需要喚醒自己對於父母不當對待的本能性憤怒，否則他們很可能會盲目地接受他人一再重演那些不當對待。

有一位柔弱、怯生的案主，在成年後三度遭到信任的男性極具傷害的性勾引。一段時間後，我們追溯到她童年時曾被信任的叔叔背叛，而那位叔叔是她童年時期唯一看似慈愛的照顧者。她受到父母的情緒性遺棄，而叔叔利用了她的孤獨，漸進地展現肢體情感，一步步地發展，並益發帶有性的意味。

我的案主面對叔叔的情況很無助，因為她說「不」的能力，在上幼稚園以前就被父母消滅了。**說「不」的能力，是我們自我保護本能的勇氣**。所以，她無法對叔叔的性侵表達抗議。

在後來的人生中，一位牧師、一位醫師和一位治療師，分別透過原本事件的重演而佔她的便宜。那三個事件發生時，她迷失在情緒重現中，以至於無法去抗議他們的剝削和背叛。她只能在事後對這些事件有反應，而反應的方式是，把憤怒轉向自己的內在，並為了自己沒有阻止那些事件而責怪及羞辱自己。

後來，在我們的合作中，她終於能夠做到哀悼中的發怒歷程。我花了六個月，見證並認同她對多位侵犯者的憤怒，然後有一週，她容光煥發地帶著驕傲前來。她一邊說著自己成功阻止了一位同事的侵犯（相似的勾引早期階段），一邊湧著喜悅和解脫的淚水。

那個階段是貌似友善的碰觸，但那種她不想要的拍背動作，漸漸加重成輕微的性暗示，對她的手和手臂撫摸太久，這些是她以前無法對施暴者們抗議的初期不當侵犯。她極為興奮，佩服自己能夠對著那位同事說：「請不要碰我。我不喜歡你碰我，而且我不要你以後再碰我。」這次的性試探就立即停止了。

哭泣：為自己的失去而哭

在哀悼中，發怒是陽性的歷程，而哭泣是陰性的互補歷程。當我們受傷時，直覺地會感到悲傷和憤怒，如同新生兒因失去子宮的完美安全感而受傷，於是憤怒地哭嚎。

哭泣也是無可取代的工具，能截斷找碴鬼的情緒資源。**淚水能在恐懼化為害怕與嚇人的想法之前就釋放恐懼，事實上，哭泣有時候是化解情緒重現的唯一方式**。我自己就見證過數百次，在大哭一場後，我的找碴鬼便弱化到無害的程度，而其他的數千次，我看到案主用淚水化解他們的恐懼、羞恥和自我遺棄。我也看到他們緊接著上升到健康性憤怒的狀況，一旦發現有不可接受的不公事件，就會堅決地挑戰這些事件。

有一位案主在為期一年的治療後，搬遷到別處，最近來信陳述一個她哭泣的經驗。她因為嚴重胃痛而住院，很快就得知自己罹患了癌症。她已經明智地與有毒的家人切割，但在新生活中仍然孤單一人。為此，她恐懼萬分，覺得自己快要崩潰了。她寫道：

「我知道你以為我沒把你說的那些關於哭泣的話聽進去，我自己也這樣以為，但是，在我覺得最了無希望的那一刻，想起了你的一些話，然後淚如雨下。這一開始時嚇到了我，但我很快就開始感到一種神奇的解脫，覺得如果我接受手術的話，就會沒事。現在已經過了十二個月，我也流過許多淚（更別提對上帝怒吼了一點點），我似乎很好、很健康。」

另一則關於淚水的力量的證詞，節錄自一位男案主的電子郵件。他接受了一年的療程，結束後六個月，他寫了這封信：

「我認為，正是眼淚……晚來的大哭……你是對的！哭泣很棒；我愛哭泣，悲傷的眼淚、世界之美的眼淚、哀悼失去的眼淚，以及對於我的人生終於變得可管理甚至親密的感恩眼淚。過去兩個月來，我所流的淚水比過去二十年來還要多。我現在真的對人生敞開了心房，人生變得較不狹隘，不再只是痛苦、羞恥、罪惡感……還有其他相當美麗的事物。」

哭泣的另一個好處是，這種不怕難為情的淚水會激發副交感神經系統的放鬆反應，進而平衡情緒重現時交感神經過度警覺的狀態。

隨著學習有效的哀悼，我們會允許自己為童年缺乏父母的正向關注而哀痛。父母過去的關注通常是負面且危險的，我們會為這個可怕的現實感到悲傷。但是，隨著療癒的進展，我們也會為那個不受賞識，被認為不特別、無價值、不討喜的孩子而哭泣。

哭泣和自我憐憫

當我們以自我接納的方式來迎接自己的眼淚時，哭泣會喚醒我們發展停滯的自我憐憫本能。

一旦我們透過一致且重複的練習，建立起自我憐憫，它就會成為提升自尊的良好基石。

而當自我憐憫變成一種習慣的態度，它就能立刻化解情緒重現中典型的自我遺棄。

自我憐憫也將創造一個基礎，使我們可以建立真誠、有益親密感的憐憫給予他人。與親密對象同在的能力，通常是根據我們對於自己堅定效忠的程度而定。

哭泣與發怒共舞

哭泣與發怒是釋放遺棄性痛苦的兩個關鍵情緒工具，通常我們同時需要這兩者，才能得到完全的釋放。

哭泣和發怒共舞不同於發牢騷，發牢騷是一種情緒表現，但給了哀悼壞名聲。發牢騷是個敏感的議題，因為很多人用健康的方式抱怨或哭泣時，卻被當作有病的「發牢騷」。然而，**失調的發牢騷常常是發怒與哭泣的不健康混合體，不僅壓抑了憤怒或悲傷，而且是用一種煩人的方式流露出來。**

這裡有兩個例子。當一個受傷的人只會表達憤怒時，他壓抑的悲傷會無意識地滲入憤怒中，使他聽起來像是個受難者，或有被害妄想的人。因為他沒有大量釋放自己的悲傷，所以發再多的牢騷也無法使他解脫，並且可能使他無止盡地生氣發牢騷，耗竭了聽者的同理心。相同的，當一個受傷的人只會哭，他的悲傷會帶有一絲壓抑的憤怒，使他的哭泣聽起來像是易怒不止的牢騷。我的一位案主稱之為「憤怒從很小的洞跑出來」。

許多人受到社會化過程所害，認為發怒屬於男人、哭泣屬於女人，所以男孩子從很小就會因為哭泣被羞辱，而女孩子則因為發怒被羞辱。因此，男孩變成了只能透過發怒來抒發情緒痛苦的男人，悲傷於是必須轉為一種易怒的情緒、惡化的發牢騷或憤怒發洩。相對的，一些女人會無意識地試圖透過發牢騷或哭泣，把她們的憤怒擠出來，卻演變成困在無助和自怨自艾中的感覺。

很多男人也依賴憤怒去處理自己一切的情緒表達，在害怕、丟臉或心情不好時會憤怒。另一方面，許多女人只能試著把這些感覺哭出來。這些做法通常會導致非常不完全的釋放，使得情緒的完整移動被卡住了，於是兩性都有一半的情緒釋放過程發生了障礙。

如果無法完整地表達受傷的感覺，倖存者可能會困在情緒不穩之中，他們未表達的情緒會惡化成停滯而持續的情緒。從惡化的憎惡，到受羞恥所汙染、缺乏自我憐憫的自怨自艾，都可能是這種情緒不穩定的範圍。受阻礙的憤怒，可能會惡化成尖刻不滿的鬱鬱寡歡，而受阻礙的悲傷，可能會惡化成憂鬱的自我沉溺。

這可以與我六歲兒子的健康哀悼做對比。他偶爾會哀悼自己失去的自戀型予取予求權，因為他越來越不能當佛洛伊德所說的「寶寶陛下」。

他的予取予求在以前是恰當的，但現在漸漸失去了這樣的權利，他會對那些符合他年齡該學的新規則輕微哭吼，此哭吼是嬰兒憤怒哭聲的進化，讓人能透過憤怒的哭泣而釋放痛苦。於是，在一個下午，他對放學後必須先做功課才能玩的「不公平」怒吼了一下。

我們爬著三十七階的階梯回家，而他的哭泣中穿插著陣陣的生氣譴責：「我不喜歡你，爸爸，你不公平。我不要當你的朋友。」我為這樣的健康哀悼而感到慶幸，但也感到驚訝，因為我在幫助兒子轉化這個早期童年自戀特權的失去時，竟然能平靜地忍住脾氣。

等到我們到達最上面一階時，他打開門，發自內心真誠地大笑：「爸爸，你看！皮卡丘從桌上摔下來了。爸爸，等我練習完寫字母後，我們可以玩寶可夢嗎？」

哀悼幾乎立即把他從痛苦的失去，帶到熱切地理解人生的樂趣以及可嚮往的事物。我常常看到案主在痛苦的情緒重現中徹底哀悼後，重新記得自己在現實中是有資源的。

當我們在情緒重現中再度經歷早期遺棄時，如果能夠發怒和哭泣，就能從這個遺棄感中獲得更完整的釋放。

每位倖存者最好能評估自己的發怒或哭泣，看看它是否受到阻礙或僵化，然後努力修復它。

當然，有許多男人和女人是上述性別兩極化的相反。還有，許多倖存者的發怒和哭泣都受阻了，如果他們能把憤怒和眼淚從找碴鬼的妨礙阻撓中救出來，將會大有益處。

如果你無法哭泣或感到憤怒，請聚焦在呼吸上，這會幫助你運作情緒，如果能注意呼吸時下腹部伸縮的感覺，尤其有效。深深的、慢慢的、有規律的呼吸，會伸展多處的內部肌肉和內臟，有時會把感覺帶到覺察之中。

如果這麼做沒有效，不妨利用整體自療重生法和萊克療法中使用的特殊呼吸技術，來解放困住的情緒。我認識的許多倖存者，就是透過這些技術才首次重獲了運作情緒的能力。

言語抒發：通往親密感的黃金道路

「快樂因分享而加倍，悲傷因分享而減半。」——古諺

這是哀悼的第三個歷程。**言語抒發就是以排放與釋放痛苦的方式去說或寫。當我們的文字和言語發自內心感受，就會充滿情緒，而痛苦就會從所說、所想、所寫中得到釋放。**隨著我們哀悼的能力越來越好，就能夠用言語抒發自己的失去，用化解羞恥的語言去說自己的故事：我們是如何不公平地被剝奪與生俱來應被家庭接納並珍惜的權利。

我最喜歡的加強言語抒發的技術，是鼓勵倖存者聚焦在感受上，並用毫無忌諱的方式，談論自己想到的任何東西。如果對感受沒有覺察，就聚焦在身體的感覺上，也能提供豐富有益的言語抒發。

言語抒發的療癒程度，端視一個人的字語被自己的憤怒、悲傷、恐懼、羞恥或憂鬱所渲染的程度，以及字語又是如何描述那些感受。如果能自在地穿插著哭泣或發怒，這樣的抒發特別有效。

言語抒發的神經科學理論

言語抒發是能夠矯正創傷所造成的腦部改變的工具，蘇珊・瓦根（Susan Vaughan）的磁振造影（MRI）研究顯示，情緒重現會過度啟動以情緒為主的右腦，並抑制以思考為主的左腦，這種左右腦的極端化，會使得擅長情緒記憶的右腦再度帶出令人難以承受的童年痛苦，而倖存者同時也無法使用左腦的較高認知功能。這種暫時性失去認知視角的情況，解釋了為何倖存者那麼難以覺察自己只是在經歷情緒重現，而非真的迷失於過去的危險、無助與無望中。

最有效的言語抒發是一種療癒性歷程，會把左腦的認知帶入至右腦的激烈情緒裡，促進倖存者用文字描述感受的能力，最終能夠精確地詮釋並溝通自己的各種感覺。

當這個歷程重複的次數夠多時，倖存者的大腦會長出新的神經通路，讓左腦和右腦能夠合作，如此一來，倖存者就能夠真正的同時思考和感受。

腦胼胝體（corpus callosum）是連接左腦和右腦的部位。研究顯示，某些CPTSD倖存者的腦胼胝體比較小，而進一步的研究發現，大腦能夠產生新的神經元與神經連結，來修復這個狀況。

思考與感覺同步

當倖存者變得擅於言語抒發時，就能療癒重要的發展停滯，他將學會使用一些能夠產生健康、有用、適當情緒反應的方式，去思考自己的情緒狀態，這些反應的特色是對自己和他人的尊重。在丹尼爾．高曼的書《EQ》中，指出這是情緒智力的核心特質。

藉由繼續練習，言語抒發會協調左右腦，如此一來，當右腦在情緒重現中過度啟動時，左腦也會完全地加入（這在磁振造影中也看得出來）。左腦的加入，會使倖存者能夠記得要使用情緒重現管理步驟，去成功地處理情緒重現。

如同發怒和哭泣，言語抒發只有在脫離找碴鬼的控制時才有效。在早期的療癒中，言語抒發很容易就會變成自我鞭笞，因為從找碴鬼的自我攻擊或誇張化視角進行言語抒發，鮮少是有效的哀悼，反而會誘發情緒重現，或使得情緒重現更加強烈，然後經常會引發倖存者做出傷害自己或親密關係的行為。

很多倖存者在早期療癒中，無法發現自己無意識地過度認同找碴鬼的觀點。在這種情況下，他們通常需要治療師或已經大幅療癒的親密對象，來幫助他們辨識和消滅找碴鬼。

言語抒發是一個特別有轉化性的哀悼歷程，不只會像發怒與哭泣那樣，促進相同的恐懼釋放和羞恥化解效果，還能揭發找碴鬼的自我攻擊，以及引發恐懼的各種偽裝。言語抒發也有助於我們辨識出，那些因童年遭遺棄的經驗而長期以來未獲得滿足的需求，並能夠溝通這方面的需求。

自言自語的言語抒發

在沒有人聽得到你說話的地方，進行自言自語的言語抒發，是一個很有幫助的療癒技術。未受創傷的小孩在玩耍的時候常常這麼做，對他們來說是很好的事。這個工具強而有力，並且有助於恢復，為了把它收到你的CPTSD工具箱，值得向找碴鬼進行許多小爭論。

有一位案主在車子的副駕駛座放著一根約四十六公分長的橡膠管和一本電話簿。在她做大量憤怒工作的那些年，只要她那具洗腦性和虐待性的父親進入腦海，她就會用那根橡膠管大聲地敲打電話簿。當然，她這麼做時，會先把車子停到路邊。

一段時間後，她便能夠不引人注意地在隱私有限的環境中這麼做。我覺得，那幾年她縮小找碴鬼的程度非常了不起。

解離會麻痺言語抒發

言語抒發不同於沒有建設性的擔心、解離性的幻想與執著，而且做出這樣的區分是很重要的。

解離是一種防衛，是孩童遭遇難以承受的遺棄性痛苦時，為了讓自己分心、保護自己而發展出來的。當狀況發生時，那些缺乏支持的小孩必須解離；正因為他們無法有效地哀悼，為了保護自己，必須不讓最猛烈的痛苦完全進入覺知中。

就如我們在第六章所見，解離最常見的類型有兩種：右腦的解離和左腦的解離。

「右腦解離」可以被視為典型的解離，也是僵住類型者最常見的防衛方式。它是麻痺強烈的感覺，或麻痺內在找碴鬼持續不斷地攻擊的右腦歷程。

解離是分心的歷程，而倖存者解離的方式，通常是迷失在幻想中，或是腦霧、看電視、疲倦、睡覺。**如果他採用自我分心的方式來敘述，實際上是言語抒發的相反。在心理治療會談中，案主逃避痛苦的常見方式，就是迷失在白日夢般、不太可能發生的救贖幻想描述。**另一種常見的例子是，冗長地詳述夢境，但缺乏情緒內涵或認真的內省。

在我事業的早期，曾短暫地協助過一位僵住－戰鬥型的案主，蒂娜困在一種逃避的歷程中，持續不斷地述說著自己的夢，她用缺乏生命力且令人難受的細節來敘述那些夢。事實上，她這種死氣沉沉的訴說方式，就是她談論大部分事情時的現象。

當時，蒂娜是治療師實習生，藉由深信夢境工作是心理治療的最佳項目，來封鎖自己的脆弱。我試圖引導她探索自己更深層的根本經驗，卻總是遭遇她戰鬥反應的怒氣。很不幸地，那時我的經驗不足以幫助她看清，這是她小時候為了應對非常有侵入性的母親並保護自己，而建構出來的解離防衛。

令人難過的是，她不高興地離開療程，並且依舊困在隔離中，用自己疏遠的、抽象的、單向式的長篇大論來隔離他人。

左腦解離

左腦解離是一種執著，其嚴重性的範圍，從沉溺於單一的憂慮，到反覆循環一連串的擔心，再到驚慌失措、誇張化和災難化都有。這種來自內在痛苦的解離，會把倖存者絞入沒有幫助的鑽牛角尖思考，不停想著那些與自己苦難的真正本質無關或只有極小關聯的事。

以下是一個例子：你的朋友持續不斷地抱怨著壞天氣，或是不打方向燈的人有多麼惡劣。他無法停止發牢騷，因為再怎樣抱怨那些錯事，都無法釋放那些使他執著於不平的真正痛苦。如果他能夠更深層地看看真正困擾他的是什麼事，可能會發現，妻子的建設性意見持續地讓他重現了母親以言語虐待他時的恐懼和羞恥情緒。

左腦解離也可以是一種瑣碎化的歷程，在倖存者過度聚焦於表淺的外在擔心時，會分散他內在不舒服的體驗。常見的例子是，滿腦子都是體育數據或好萊塢名人的生活；但這不是指人們不該在適度範圍內有這種興趣。

最後，左腦解離也可以發生在智能化中，這就是小說家伊恩・麥克艾溫（Ian McEwan）所說的「專注思考的高牆堡壘」。

有些倖存者過度依賴理性和崇高的對話，藉以保護自己免於情緒世界可能的雜亂和痛苦，但如果過度使用，即使是最高階的創意思考，也可能惡化成執著的防衛。

言語抒發會療癒遺棄感

當我們分享情緒上的重要話題時，會與對方以有意義且有療癒性的方式進行連結，這包括了分享興奮或開心的事，以及害怕或沮喪的事。

然而，童年遭遺棄最有害的結果，也許莫過於被迫慣性地隱藏真實的自己，以致在我們長大後，便相信其他人對我們所說的話沒有興趣，如同我們父母一樣。

我們必須駁斥這個過往的遺毒！

言語抒發是人們交朋友的關鍵，它就類似於幫助嬰兒與幼童建立情感連結和依附的溫柔觸碰、舒心聲音、歡迎的表情。當我們練習在安全的環境，進行以情緒為基礎的言語抒發，便能夠修復童年時期這個需求沒被滿足所造成的傷害。**「言語情緒親密感」是全人類終身都需要的必需品，而這樣的言語抒發，會開啟達成言語情緒親密感的可能性。**

若要貫徹這種練習，通常需要勇氣和毅力，因為真誠的分享可能會誘發倖存者重現以前因為展現脆弱而被處罰、被拒絕的情緒經驗。但請記得，心理治療，無論是個別還是團體治療，都能大幅幫助你克服這些活化自我表達過程中遭遇的困難。

言語抒發與親密感

互相的言語抒發是通往成人關係親密感的快速道路。與安全的他人做足夠的練習，會帶來令人欣慰和具修復性連結的真誠體驗。對我和許多案主來說，這對於孤獨的緩解，遠遠超過了我們的預期。

最真實的狀況就是互相憐憫。互相憐憫是兩個親密的人互相同情對方的麻煩與困難的歷程，是最深、最親密的親密感管道，比性更深沉；這通常也會促使我們自然而然地打開心房，進入多層次的輕鬆且自發的連結。

隨著倖存者與他人之間的深度且有意義的連結，變得越來越可及和頻繁時，他的遺棄性憂鬱也會逐漸縮小。有些受歡迎的身體療法貶低了談話性療法的功用，在此我必須重申，雖然身體工作是療癒的重要工具，但光靠身體療法並無法縮小那有毒的找碴鬼，或復甦自我表達能力。要知道，認知工作（尤其是透過言語抒發去加強），是ＣＰＴＳＤ療癒的基礎。

至此，我們就要邁向「感覺」，也就是哀悼的第四個歷程——一種身體工作。感覺是聚焦在身體經驗的一種方式，而身體經驗能使我們重拾能力，去體驗完整、放鬆、生氣勃勃的身體居所。

感覺：被動地進行哀悼

「感覺是痛苦的對立面……一個人感覺到越多痛苦，就越不會受到痛苦所折磨。」——亞瑟・簡諾夫（Arthur Janov）

持續進行發怒、哭泣、言語抒發等主動的哀悼歷程，能幫助我們發現第四個哀悼歷程：感覺。「感覺」是一種比表達情緒更隱晦且被動的歷程。透過比較「情緒表達」和「感覺」這兩種概念，是最好的說明。「情緒表達」是用哭泣、發怒或言語宣洩，把內在的情緒能量釋放出來；「感覺」則是一種處於當下內在情緒體驗，而不做反應的靜態過程。**在療癒過程中，「感覺」是把自己交付給內在的痛苦體驗，而不論斷或抗拒那些體驗，也不做情緒表達。**

感覺是一種動覺（kinesthetic）的體驗，而非認知的體驗，它是把思考關掉，打開情感、能量、感官感受的覺察過程，也就是俗話說的「不要多想」和「進到你的身體」。

感覺，做為一個哀悼歷程，涉及了有意識地翻轉習得的求生機制，也就是壓抑痛苦，把它逐出覺知之外。

感覺「發生」於我們把注意力導向情緒或身體的痛苦狀態，不抗拒地把自己交付於這個體驗，一旦接納並放鬆地進入痛苦，我們可以學習溫柔地把痛苦吸收到經驗中。然後，感覺的功能就像是溶劑般，會溶解並轉化情緒的情感、能量和感官感受。

感覺可以療癒消化問題

練習「感覺」，也很像健康地消化食物，放鬆的消化道能讓我們有效地消化並吸收養分。然而，如果壓抑感覺，我們的身體通常會武裝起來，同時變得緊繃，尤其是消化道。

我相信，消化道緊繃會產生一些常與CPTSD共同出現的消化問題，例如，腹瀉有時候是強烈危險情緒所引起的生理反應，由於恐懼誘發了交感神經系統，進而誘發了大腸立即性的排泄。嘔吐是很類似的情況。另外，便秘有時候是消化道的緊繃，阻礙了健康排泄所需的腸道蠕動。

情緒與生理的連結

「情緒」和「生理感受」通常有密切的關係，而且「生理感受」經常與「感覺」一起發生。還有，那種緊繃與壓力的生理感受，可能是發展來抵抗感覺的一種防衛表徵，隨著未表現的感覺累積下去，就必須要用更緊繃的肌肉去壓抑它。

因為表現情緒而反覆受到懲罰的小孩，學會了害怕內在情緒體驗，並且緊繃（武裝）肌肉組織，努力地把感覺關在裡面、趕出覺知之外。

憋氣是武裝的進一步產物，是很常用來壓抑感覺的方法，因為呼吸很自然地會把你的覺察帶到感覺的層次。

我的案主凱莉對一個特別強烈的情緒重現進行了自由聯想，痛苦地想起自己經歷的創傷：試圖避免母親為了她的哭泣而處罰她。

她最糟的記憶是，有一天在超級市場，母親一直罵她，同時她試圖壓抑自己快要哭的衝動。她知道，自己要是哭了的話，會發生最糟的懲罰，於是她屏住呼吸，好讓淚水不流出來。但她憋氣太久，以至於缺氧昏倒，頭撞到地面而造成頭部裂開。

她的母親為了這自以為的公開羞辱而感到丟臉，回家後把她打得青一塊、紫一塊。

我們花了兩年時間建立信任感，才把這個事件帶回到凱莉的覺知層面。然後，她首次為了這件發生在三十年前的事而流淚。這是她記憶中的第一次流淚，同時也帶來了解脫。

把覺知聚焦在生理感受的技術，能幫助你變得更擅於練習「感覺」，而藉由足夠的練習，去注意緊繃的臉、喉嚨、心臟或肚子，會把「感覺」帶入覺知，並在覺知層面被感覺到。然而，在你聚焦於生理感受的初期，「感覺」有可能會很強烈地出現，因此讓自己適度表達情緒會有幫助。

平衡感覺與表達情緒

當我們對感覺的隱晦感官感受變得更具正念時，感覺的被動哀悼歷程就能夠與動態的哀悼歷程相輔相成。因此，當我們可以用「表達情緒」和「感覺」兩種方式，來處理憤怒、悲傷、恐懼、羞恥和憂鬱時，通常就是在高階的療癒狀態。

還有，感覺也可以幫助我們把情緒帶入覺知之中，而覺知則需要透過動態的、淨化的情緒表達，以哀悼的方式來處理。

因此，當我們可以流暢地在感覺和情緒表達之間切換，哀悼就會特別深刻。有時候，我們只需要全然地感覺並接受痛苦的感官感受。其他時候，我們則會想對他人（那些允許我們用發怒和眼淚替文字上色的人）以言語來抒發我們的痛苦。

學會感覺

隨著倖存者變得越來越擅於發怒和哭泣，就比較不會害怕自己的感覺，而學習單純去感覺的機會也會出現。他們可以藉由被動地適應較隱晦的憤怒與悲傷之感官感受，來善用這些機會。

一段時間後，這個練習會建立起被動地與自己較深的感覺同在的能力，像是恐懼、羞恥和憂鬱，但在早期階段，這個覺知經常會演變成動態地表達情緒的需求，也就是用哀悼來處理自己的遺棄感。然而，他們的遺棄感覺後來也會純然地藉由覺知而被消化和處理。

這也適用於焦慮。這通常是在覺知層面下的恐懼，藉由充足的練習，被動地去感覺常常就能夠解決焦慮。下一章會詳細地介紹這個歷程。

關於感覺的練習

這個練習可以加強用感覺和哀悼來處理痛苦的能力。

想像自己在做時光旅行，回到過去你覺得受到嚴重遺棄的時空。在各種痛苦的情緒狀態或情境中，讓成人的你，把身為被遺棄的孩子的你，帶來坐在成人的你的腿上，並且安慰他。

你可以在口頭上安慰他：「大部分時候，你如此被遺棄，感到如此孤單，使我覺得很悲傷。你被困在這種遺棄痛苦中，尤其是因為你忍受了這麼久，卻沒有人來安慰你時，我更愛你。那種情況不該發生在你身上，不該發生在任何一個小孩身上。就讓我安慰你、抱著你吧。你不用急著忘掉它，那不是你的錯，也不是你造成的，而且不用怪罪於你。你什麼都不用做，讓我抱著你就好。慢慢來……我永遠愛你，無論如何都在乎你。」

我非常推薦這個練習，即使它感覺很假，即使需要花很大的力氣才能擊退找碴鬼。請繼續練習，然後你會發自內心地感受到對你那個受創小孩的自我憐憫。當它發生時，你會知道，自己的療癒工作已經到達了很深的層次。

邀請並提升哀悼的技術

在我成年早期的第一次突破性哭泣後，我曾經變得很難流淚。在不易流淚的那段期間，我經常渴望那令人難以置信的解脫，但是，不像發怒，我無法強迫自己哭泣。後來，我得知很多人也是這樣，我的朋友馬侃也遭受同樣的挫折，想哭到想把檸檬汁擠到自己的眼睛裡去，後來他能夠笑談這件事，但也嚴肅地警告我，絕對別嘗試這種行為。

我整理出一份清單，列出我們討論過如何讓自己大哭一場的方法。

如同本書中所有的忠告，請自由使用你覺得適合的項目，並且自由安排你覺得最好的順序。不同的組合，可能會提升哭泣或發怒能力，或者兩者同時出現。有時候怎麼做都沒用，但我鼓勵你，再多試試那些在直覺上覺得可能有用的技術。

1. 找一個安全、舒適、不會被聽見的地方。
2. 閉上眼睛，回憶你曾對某人感到慈悲憐憫的時候。這可以來自真實生活，或是讀過的一本書或一首詩，或是看過的電影或新聞。
3. 藉由回憶某個人對你很仁慈，或是想像某個人應該會對你仁慈，來提取自我憐憫。像是我，我就會對你很仁慈。
4. 進行言語抒發，談談困擾你的事。你可以寫下來，也可以對真實的朋友、想像的朋友，或是對我訴說。
5. 想像自己受到更高的力量安慰。看見自己坐在這個仁慈的更高力量，或應該是仁慈的真實人物的腿上（我有一位案主覺得聖誕老人很好用）。
6. 回憶你曾經在哭泣或發怒後覺得好多了的經驗，或看見別人在真實生活中或電影中哭泣。
7. 回憶你曾經生氣，或別人的生氣，而使你免於傷害的經驗。
8. 想像你的憤怒在周圍形成一個火紅的保護屏障。
9. 想像你的眼淚或憤怒帶著恐懼、羞恥或憂鬱，升起並發散出來。
10. 想像自己慈愛地抱著你的內在小孩，告訴他，覺得不高興或受傷時，都可以感到悲傷或生氣，這是很正常的。

11. 告訴你的內在小孩，你會保護他不受批判。
12. 深深地、慢慢地、完全地呼吸。
13. 播放可以感動你或是挑起情緒的音樂。
14. 觀賞一部淒美的電影。
15. 觀賞一部內容含有令你羨慕的憤怒發洩的電影。

關於第十五項，有好幾位案主表示，一九七六年的電影《螢光幕後》（*Network*），裡面有一幕是主角對著窗外大喊「我們再也不要忍受了」，能幫助帶出並抒發他們的憤怒。

最後，如果閱讀這本書之後，並沒有使你開始釋放找碴鬼對你哀悼能力的束縛，請考慮尋求心理治療師或支持團體來幫助你，去處理找碴鬼用以破壞你哀悼能力的那些羞恥。

第 12 章

管理遺棄性憂鬱的地圖

複雜性創傷後壓力症候群（CPTSD）能對當事人輕易地誘發出痛苦的情緒重現，而情緒重現是對遺棄性憂鬱層層防衛的反應，也就是針對童年遭遺棄的危險感和絕望感的重現，所產生的反應，包括生理性、行為性、認知性、情緒性、關係性的反應。

這一章提供了這種遺棄性痛苦層層防衛反應的地圖。這份地圖會告訴你，在什麼時候最需要處理什麼反應。這份地圖包括了降低具傷害性且不必要的反應之策略，這個策略需要你在困於恐懼或憂鬱時，用自我憐憫的方式來撫慰自己，如此一來，你就不會陷入強烈的恐懼、毒性羞恥、找碴鬼攻擊，或是傷害自己的4F反應。

反應性的循環

這一節是要說明在情緒重現中的反應層次。

憂鬱和遺棄的感受會誘發我們陷入恐懼和羞恥，然後恐懼和羞恥會啟動狂亂的內在找碴鬼思考，這思考接著會使我們陷入高濃度腎上腺素的戰鬥、逃跑、僵住、討好的創傷性反應。

情緒重現中的反應性就是如此。例如，一位倖存者在醒來後覺得憂鬱，因為童年的經驗已經制約她，相信賴床的自己是沒價值且不可接受的，於是她就覺得焦慮和可恥。

然後，這啟動了她的內在找碴鬼，用完美主義的叫嚷來嚇她：「難怪沒人喜歡我。我得把自己沒用的懶屁股拖下床，要不然我就會像公園的那個流浪女子一樣！」

她被自己的內在聲音再度創傷，於是掉入了最習慣的4F行為。她強勢地對最靠近的人發飆（戰鬥），或忙碌地掉入焦慮性的做事狀態（逃跑），或打開電視並迷糊地恍神或打瞌睡（僵住），或自我遺棄地把注意力轉向如何幫朋友處理問題（討好）。

這個過程通常會發生得非常快，快到我們不會去注意到恐懼與羞恥，或是內在找碴鬼的存在。在早期的療癒中，我們通常會開始注意到的第一件事，就是我們突然在做自己最習慣的4F反應。

隨著療癒的進步，我們會變得注意到找碴鬼，然後促進自己對恐懼和羞恥的正念，而恐懼和羞恥正是找碴鬼的養分。最後，在後期的療癒中，我們將會對遺棄性憂鬱產生覺察。

不幸的是，這個動態也常發生相反的狀況。在早期的療癒中，當你突然注意到自己落入不好的4F行為，可能會對你誘發了新的自我攻擊批判，然後加強了你的恐懼和羞恥。於是，你的自我遺棄過程強烈運作，最後增加了遺棄性憂鬱。

你拚命地想逃離遺棄性憂鬱那死亡般的感受，但初始的循環卻又開始了。憂鬱製造了餵養惡毒找碴鬼攻擊的恐懼和羞恥，並且使你掉入戰鬥、逃跑、僵住或討好反應。

倖存者可能在這些反應層次中橫衝直撞、來來回回，製造了持續運作的內在創傷循環。我相信，這個過程和許多倖存者所說的一個現象有關，那就是在強烈的情緒重現中，他們會覺得心情急遽惡化。

以下就是這種動態的文字圖示：

遺棄性憂鬱⟷恐懼和羞恥⟷內在找碴鬼⟷4F

讓我們透過下面這個例子，來看看在反向的誘發中會是什麼樣子？我有一位超級完美主義、戰鬥類型的案主，晚了五分鐘抵達會談處，那是他兩年治療來第一次遲到。

當時，馬力歐處於完全發作的戰鬥反應狀態，滿身大汗，他是從另一個區塊之外的停車場跑上坡過來的。他表示，他今天就是不能坐在沙發上，並詢問他能不能在沙發前走來走去。「我痛恨遲到。我不會告訴你，拜託別問……我在高速公路上開得有多快！」

馬力歐強迫性地走來走去，但這種驅動遠比不上他執著的速度，此刻，他急促地說著第九章中內在找碴鬼攻擊程式的許多版本。

對他而言，遲到只是防衛冰山的一角。隨著對自己的抱怨越來越強烈，他更加地用自己的話語來嚇自己，也用父母的憎惡來羞辱自己。最後，他好像累壞了，倒在沙發上，陷入了我很久沒聽他說起的自殺意念。他落入了遺棄感（由恐懼與羞恥所包覆的憂鬱）坑洞的底部，處於無助且無望的絕望性憂鬱。這是他童年的特徵，也就是真實的無助感和無望感。

幸好，這兩年來我很認真地埋下了「他需要哀悼」的種子。那天，是他在幼年以後第一次哭了，那是我多年來見過最感人的雨季，他為那個被拋棄的小男孩而哭。回家後，他透過自己的痛苦與自己同在。在他有記憶以來，這是自我遺棄的長期放逐首度暫時停止。

現在，我們來看看這個變成氣旋的反應性循環。

塞車對馬力歐誘發了遲到的「糟糕危險」，複雜性創傷後壓力症候群使他落入了戰鬥反應，在我的辦公室裡走來走去。這戰鬥反應也立即誘發了內在找碴鬼，為了遲到而攻擊他，並且把後果災難化。當找碴鬼這麼做時，他陷入了越來越深的羞恥和恐懼，最終陷入遺棄性憂鬱。

然而，馬力歐這次用淚水打破了情緒重現，用哭泣釋放了恐懼和羞恥，而這些行為削弱了找碴鬼，並使他的身體開始釋放戰鬥反應的高度激發狀態。如果他沒有那麼做，就可能會用充滿羞恥的完美主義和充滿恐懼的誇張化，繼續攻擊自己，然後，他會回去執著且強迫地整天忙於永無止盡的代辦事項清單。

反應性循環中的解離層次

在反應性循環中各個層次的反應，都是對遺棄性憂鬱的防衛，也是對底下其他層次的防衛。因此，每個層次都是一種解離。

當我們被誘發並迷失在一個4F反應中時，就會以戰鬥、逃跑、僵住或討好反應，把自己從找碴鬼痛苦的聲音中解離開來。在較深的層次中，找碴鬼會分散並解離情緒痛苦。還有，恐懼和羞恥也會把我們從底層（那糟糕的遺棄性憂鬱）解離開來。所以，「解離」是使這些所有層次缺乏意識或完全無意識的過程。

但隨著漸漸復原，而且學著不要那麼解離、學著處於當下與找碴鬼同在，並開始縮小找碴鬼，我們會越來越能意識到底下潛伏的恐懼與羞恥。藉由充分感覺到恐懼與羞恥，我們會注意到恐懼與羞恥掩蓋了遺棄性憂鬱的麻木感。**學習自我支持地處於當下，與這個憂鬱感同在，是最深層的療癒工作**。當我們能夠這麼做時，就到達了很深刻層次的療癒。

父母的遺棄製造了自我的遺棄

再一次，因為我們的發展程度不足以處理被遺棄所造成的痛苦，所以必須用這些層次的防衛來解離。我們無法忍受去感覺其中的恐懼、羞恥和傷心欲絕，無法使用憤怒和眼淚去釋放這羞恥和恐懼，無法忍受一直接收持續不斷且充滿被害妄想，而我們無能為力的找碴鬼訊息，所以我們只能戰鬥、逃跑、僵住或討好。一段時間後，這精密的自我遺棄過程就變成了一種習慣。

慢性情緒遺棄對孩子的摧毀，通常會使孩子覺得或顯得麻木和憂鬱。功能正常的父母會以關心和安慰，去回應孩子的憂鬱，而遺棄性的父母則以憤怒、憎惡和（或）更多的遺棄來回應孩子，使得恐懼、羞恥、絕望更形惡化，最終變成了複雜的遺棄感。

破解自我遺棄

由於父母的拒絕，即使是最輕微的一絲憂鬱（無論多具功能性或多合宜），都能立即使我們原始的遺棄性憂鬱情緒重現。我們不曾以自我愛護的能力來平安度過任何憂鬱感（無論是多麼輕微的憂鬱感），所以遭父母遺棄的原始經驗，便化為了慣性的自我遺棄。

這個慣性是以恐懼與羞恥、內在找碴鬼的災難化和４Ｆ，對憂鬱做出反應，但我們可以逐步地破解這個自我遺棄的習慣。下面介紹的正念歷程，會喚醒心理的內在能力，以慈愛來回應憂鬱。即便我們對於憂鬱感到恐懼和羞恥，正念也能夠幫助我們將其轉化掉。

終結對憂鬱的反應，通常是漫長且困難的旅途，這是因為社會文化常態性地為任何憂鬱的表現而羞辱我們，它把我們當作病態，猶如我們違背了投入於「追求幸福」[1]的愛國義務一般。

心理學單位甚至也顯露出關於憂鬱的禁忌[2]，某些學派不認同它是正當的感覺，而是負面思考的垃圾產物。其他學派則單純地把它貶低成是壓抑了較不禁忌的情緒（像是悲傷和憤怒）的失能狀態。我並不是說那些因素不會造成憂鬱，重點是，憂鬱是正當的感覺，經常含有以下所說的重要且有益的資訊。

憂鬱思考和憂鬱感覺的比較

當我們學著區分憂鬱的思考（我們需要消滅它）和憂鬱的感覺（我們有時候需要去感覺它）時，療癒會有進步。偶爾感到無精打采和無法感到快樂，是正常且存在的，而少量的倦怠和不滿，是人生入場費的一部分。

還有，**憂鬱有時候是我們需要慢下來休息和修復的寶貴徵兆**。憂鬱最有用的時機，是讓我們能夠進入獨特的直覺之泉，並且好像在告訴我們，我們曾經重視的工作或關係，已經不再健康有益。

在這種例子中，我們會感到憂鬱，是因為某些無法挽救的改變，已經使得生命中很重要的東西變得對我們有害，這種具功能性的憂鬱是在提醒我們，要懂得斷捨離了。

對憂鬱過度反應，會強化習得的毒性羞恥，對一個人強化這樣的信念：在憂鬱時，他是沒價值的、有缺損的，並且是不值得愛的。

難過的是，這通常會使他更深地進入遺棄所造成的隔離。

---

1 「追求幸福」（the pursuit of happiness）是美國獨立宣言內容的一部分，後來也成為「美國夢」理想的精髓。

2 這裡指的是某些心理學單位、學派對於憂鬱的不接納、排斥，甚至認為憂鬱是不好的、不該存在的，好像憂鬱是一種禁忌一樣。

正念會轉化憂鬱

對於童年創傷的深度療癒，需要把憂鬱正常化，並且拋棄對憂鬱的慣性反射反應。這當中的重點是，發展自我憐憫的正念。再提醒一次，正念就是待在自己的身體裡，與自己所有的內在經歷完全同在。

練習正念能夠培養我們保持開放，並接納自己在情緒、內在和身體上的體驗，而且不會退卻到反應性的循環。史蒂芬・勒溫（Steven Levine）的好書《誰死了》，是學習正念練習方面具有啟發性、沒有難懂的術語，而且容易使用的指導書籍。

身體的正念

因為CPTSD的憂鬱常會立刻化為恐懼，所以早期的正念工作中，便包括了與恐懼高度喚起的身體感覺同在。這個技術稱之為「感官聚焦」，是在練習上一章談的「感覺」。

輕微的恐懼感覺會使身體任何一處的肌肉緊繃，尤其是消化道。此外，下顎、喉嚨、胸部、橫膈膜或下腹部的緊繃，也時常跟恐懼有關。更強烈的恐懼感覺，則有噁心、坐立難安、緊張亢奮、呼吸短促、過度換氣、消化道不適等。

正念也包括注意心理如何強烈地傾向於解離不舒服的感覺。再提醒一次，解離可以是典型的右腦放空、做白日夢或睡覺，也可以是左腦認知型的擔心和執著。

倖存者需要一遍又一遍地把自己從解離中拯救出來，並且溫柔地把自己的覺察帶至完全感覺身體的恐懼感受。雖然身體的恐懼感受一開始可能會使人無法承受，但持續運用不做出反應的注意力聚焦，會化解那些感覺，猶如覺察本身在消化和整合它們似的。

身體的覺察可以療癒性地誘發痛苦的記憶

對身體的覺察和感官聚焦，有時候會開啟童年虐待和忽略的記憶，以及未處理的哀悼感覺。不過，這個現象提供了頗具價值及療癒性的機會，讓人更能夠完全地哀悼童年失落。如果浮現的痛苦超越了自己所能消化的程度，請考慮尋求更有經驗的人，來幫助你走過這段過程。

透過大量的練習，你可以開始有所覺察，從恐懼痛苦中挖掘出潛藏的憂鬱感覺。這些反應不足的感覺很隱諱，而且一開始幾乎感覺不到，它們可能包括沉重感、腫脹感、精疲力竭、空虛感、飢餓感、渴求、疼痛，或是無精打采。

這些感覺一開始就像恐懼感那樣很難共處。然而，透過持續的練習，聚焦的注意力也能消化它們，同時整合至意識中。

正念地聚焦在憂鬱上，最大的挑戰之一是不要解離到睡著了。在舒服的椅子上坐正，可以幫助你保持清醒，並且聚焦在全然地感覺和轉化你的憂鬱上。

隨著練習進展得越來越好，這些憂鬱的感覺可能會轉化為一種平安、放鬆和輕鬆感。在特殊的情況下，有時候還會開啟清晰、安康、歸屬等，這些先天的核心情緒經驗。

內省的身體工作

我學習如何感覺的旅程，始於每天花半小時去感覺我的恐懼體感。

這非常困難，因為以前我都是靠著過動症般的忙碌來度過童年，每天用馬拉松式的活動，來讓自己保持領先於恐懼和充滿羞恥的憂鬱之前。

成年後，我把全程馬拉松減為半程馬拉松，但仍然是個忙碌狂，即使表面看起來很放鬆。這種高亢的狀態是令人沮喪的。在我努力變得更具正念的過程中，經常因為自己的知覺頻繁地逃離身體、回到思考或白日夢中，而非常惱火。

在頭幾個月，我的焦點在「感覺恐懼的緊繃體感」和「被內在找碴鬼思考打斷」之間大幅擺盪，深受過度的災難化思考和畫面所困擾。我的找碴鬼反覆地誤解我的恐懼，好像我仍然困在有毒的家庭中一樣。我的找碴鬼不斷驅使我進入逃跑模式。我渴望忙碌，渴望到出現奇怪的誘人幻想，想要打掃公寓，但這通常是我最不喜歡做的事之一。

在做這個練習的第一年，我常常得緊握住椅子的扶手，來保持和身體感受同在，否則我會帶著過高濃度的腎上腺素衝去自我藥療。

以完全感受化解憂鬱

漸漸地，我聚焦的覺察開始轉化我的恐懼。幾個月後，我通常都能夠在十分鐘內放鬆那股情緒重現帶來的強烈恐懼體感。而隨著越來越成功地消化恐懼，我憑藉經驗發現了遺棄性憂鬱最底層、最根本的感覺。

以正念融合憂鬱的隱晦情緒和身體感覺，是瓦解自我遺棄的最終工具。一次又一次地，我聚焦在憂鬱的身體感覺中，偶爾這些感覺很強烈，但大多數時候非常隱晦不明。另外，要抗拒睡著的衝動相當困難，而且很多次我都無法抗拒。

其他時候，我注意到憂鬱總是立即地把我嚇到進入恐懼中，同時憂鬱的身體感覺也誘發了我的毒性羞恥。我常常發現，自己重複著父母的輕蔑：「……很壞、懶惰、一文不值、毫不可取、無聊透頂……」

幸好，透過持續的練習，我漸漸學會不認同找碴鬼的有毒詞彙，也學會在大部分時候保持清醒。然後，我發現自己能更精確地指出回顧的童年感覺：渺小、無助、寂寞、不受支持、不被愛。一段時間後，我得到的獎勵是，對自己曾經的遺棄有深刻的慈悲憐憫。

還有，我有一個美好的發現，就是當我好好練習並發展感官聚焦時，它便是終極的思考中斷技術。**當找碴鬼特別大聲且堅持時，把覺知從思考轉移到感覺身體感受，是回到較安全之處的強效方法**，就如一位倖存者告訴我的，它是「回到你身體母親的家中休息」。

在目前的療癒工作中，我最常把這個正念技術用在求生狀態的憂鬱。對我來說，這個遺棄性憂鬱的輕度發展，通常是被幾晚沒睡好給誘發，而這種情況通常會使我的精力下降，並且使我不易專心。

我人生中的大部分時候，這種感覺提供了找碴鬼豐富的養分，但幾年下來，增長的正念使我能夠看清，自己無論多累或覺得多內向，通常都能夠好好地做事。最近，我有時甚至能夠真誠地歡迎最筋疲力竭的體驗，把它視為在不是那麼重要的例行公事中休息的機會。我學會了如何抗拒找碴鬼全有全無的「生產力程式」，並且對沒做完那麼多事的日子感到滿意。

飢餓是憂鬱的偽裝

遺棄感常常會偽裝成生理上的飢餓感，讓人在吃完一頓大餐後，很快又感到飢餓，卻很少真的與飲食充飢有關，這通常是偽裝的情緒飢餓，實際上是關於渴望安全和滋養。然而，**食物無法滿足遺棄性的飢餓痛苦，只有充滿愛的支持可以**，吉尼·羅斯（Genne Roth）的書在這個主題方面，提供了強而有力的自我幫助方法。

即使練習了十年，我仍覺得很難分辨這種依附性的飢餓和生理性的飢餓。

一個可靠的線索是，渴望依附滋養的感覺，通常會在小腸的位置，而生理的飢餓則是在比較高的胃部位置。當我能花時間冥想這個下腹部的感覺時，經常會覺察自己正處於輕度的情緒重現。去感受這種不舒服的身體感覺，通常能夠化解情緒重現和假性飢餓。

我相信，這種情緒性的飢餓是大多數食物成癮的核心。食物成癮很難處理的原因之一是，食物是自我慰藉隨手可得的第一個來源，尤其是當其他的慰藉匱乏之時，難怪我們會變得過度依賴飲食來獲得滋養。

事實上，如同蓋博．麥特所說的，我相信依附性的飢餓是大部分行為成癮、甚至歷程成癮的核心。後者的例子之一，是性與愛情成癮者拚命地追求高強度的連結關係。也許所有的成癮行為，都是我們試圖對較深的遺棄性痛苦和未滿足的依附需求進行自我藥療，而做出的誤入歧途的努力。

假性循環性情感症[3]

如同假性飢餓，疲累有時候其實無關乎睡眠不足，而是與遺棄性憂鬱的情緒相關。我相信，情緒性疲累來自於沒有在與自己或他人安全關係中的休息足夠，這種情緒耗竭常常假扮成生理的疲累。而不幸地，一段時間後，兩者可能會令人困惑地糾纏在一起。

當遺棄性憂鬱未被矯正，任何一種疲累都能夠誘發恐懼，而這會啟動內在找碴鬼，把「疲累」解讀成「危險的不完美」，進而誘發４Ｆ反應。

諷刺的是，對情緒性疲累的過度反應，之後會製造真正的生理耗竭。我把該歷程稱為「循環性情感症二步舞」（The cyclothymic two-step），這是逃跑反應或次反應之舞，慣性地以工作狂或忙碌狂行為來對自己的疲累過度反應，藉由自己的腎上腺素來自我藥療，「跑」去抵抗未處理的遺棄性憂鬱所造成的情緒性疲累。

然而，很多人後來把自己的身體累壞了，並且暫時變得太過耗竭或生病，而不能再「跑」。這種時候，他們會垮掉，進入一種累積的憂鬱，痛苦到只要一有腎上腺素再度補充的跡象，就迫切地想要重新進入「逃跑速度」。這種模式的倖存者，因為時常在腎上腺素高亢和遺棄性的低潮之間「突然地」擺盪，所以有時候會自我誤診為躁鬱症。

另外值得注意的是，許多倖存者是以生理為主的方式去處理情緒性疲累，但這是無用的經歷，效果也有限，通常反而會增加他們的羞恥感：「我真的有毛病！我已經改變了整個飲食習慣、睡眠習慣和運動習慣，也吃了各種能到手的營養補充品，看了各種想得到的醫師，但我還是醒來時覺得累得要命！」

若要走出這個方向錯誤的死胡同，有一個健康的方法，就是在那些無可避免的疲累、不快、寂寞或憂鬱時，耕耘自我慈愛。在這方面，著名的戒酒團體十二步驟的縮寫「HALT」（停）——飢餓（hungry）、憤怒（angry）、寂寞（lonely）、疲累（tired）——很有用。因此，我建議要往內在聚焦，當你有HALT的感覺時，看看是否有遺棄性憂鬱的情緒重現。如果是，你可以試著產生上述自我憐憫的內在關注。

區分必要和不必要的苦難

有時候你可以藉由把憂鬱的感覺，當作是內在小孩感覺被遺棄的訊息，以獲得做這個困難工作的動機。也許這次你能用更安慰、更保護的方式，以重新母育的自我（remothering-self）[4]，來陪伴內在小孩。

---

3 循環性情感症，是精神疾病躁鬱症的一種輕度型式，有輕度的躁症和輕度的鬱症。
4 在本書中，「父育」和「母育」，指的是對待方式，而無關實際性別。

透過這樣的練習，你可以漸漸達成佛教徒所說的區分必要和不必要苦難的療癒。必要的苦，像是正常的恐懼和憂鬱；不必要的苦，像是無意識的自我遺棄，導致無助感、毒性羞恥、CPTSD恐懼、內在找碴鬼再度向內製造創傷，以及4F的對外反應。

復原是漸進的

這一節，我以重複第四章的「復原的階段」這一段做為開場。

這一段列出了復原的全部過程。希望你會注意到，自從你開始讀這本書後，對CPTSD的了解已經豐富多了，同時我也希望你能感受到大量的自我憐憫，以及療癒過程的方向。

「雖然我們常常同時進行許多層面的療癒，但復原在某種程度上是漸進的，它一開始是在認知層面接受心理教育和學習正念，藉以幫助我們了解自己有複雜性創傷後壓力症候群（CPTSD），而這個覺醒會使我們學習解構CPTSD所造成的各種破壞生活的動態。

接著依然是在認知層面，但我們的下一步是縮小找碴鬼的長期工作。有些倖存者必須在這方面下很多苦工，才能進展到情緒層面的工作，也就是如何有效地哀悼。

強烈地哀悼童年的各種失去，這個階段可能會持續兩年。如果在哀悼中得到足夠的進步，倖存者會自然地進入下一個復原階段，包括透過哀悼在這世界上失去的安全，從而化解恐懼。在這個階段，我們也學會透過哀悼失去的自尊，來化解我們的惡性羞恥。

隨著我們越來越擅於運用這種深度的哀悼，就可以進一步處理創傷的核心議題——遺棄性憂鬱。這項工作涉及了透過身體工作、放下武裝，以及放下對遺棄性憂鬱的生理反應。在第十二章會介紹這項身體工作。處理被遺棄的憂鬱，將使我們學會在憂鬱時憐憫並支持自己。

最後，就如我們會在第十三章探討的，很多倖存者需要一些關係性的幫助，才能達成以下這個複雜的任務：解構舊痛苦所造成的防衛機制的各個層面。」

以全方位的療癒工作來處理情緒重現

以下是介紹化解情緒重現時各層次反應性的最後一個例子。

當我在三十年前開始目前的工作時，我的飲食習性很糟糕，而且不知道該如何運用健康的食物，來慰藉和滋養自己。

但是，在幾年的療癒工作後，我深深地、直覺地知道，自己需要多下廚，才能把自我滋養帶到下一個階段。我沒有經常下廚，是因為我討厭做菜，幸好，我把做菜當成是愛的苦力去擁抱。很長一段時間後，烹飪對我而言仍是非常累人且不愉快的事（事實上，這非常像我多年掙扎著要贏過找碴鬼）。

然而，烹飪變成了自我母育很重要的一部分。

直到我更了解自己的逃跑反應動態，才明白自己有多常在烹飪的時候匆匆忙忙，而透過越來越多的正念，我發現到許多沒預料到的小困難，也能引發我的胸口產生有如小小電擊般的感覺。

這些困難，包括了打翻東西、蓋子鎖太緊而打不開、意料之外的工作，或是時鐘顯示進度落後等等，這些常見問題的任何一個，都能立即使我在廚房變得匆忙，並且發生低度的恐慌。每當發生這種狀況時，我會在食物煮好後立即狼吞虎嚥，只為了趕快結束這場折磨。

這是成年後日常生活中常見的情緒重現例子。也就是說，那些會誘發情緒重現的事件，通常是小小的日常挫折，而非重複童年的重大侮辱和折磨事件。

透過持續的復原工作，我了解到，任何和食物有關的事，都能輕易地使我情緒重現那失能家庭的餐桌戰場。但許多具有成效的哀悼經驗，均來自於此，它們使我領悟到，做任何複雜、有很多步驟的事情時，都會使我情緒重現父母把我撕碎的感覺。然後我發現，在這類情緒重現時對父母發怒，能顯著降低我的憤怒。

然而，我的食物創傷仍有很大一部分無法縮小，直到我開始做本章所介紹的身體工作。

從那時候起，多年來我勤加練習身體正念，便大幅減少了烹飪所能輕易引發的焦慮，只是仍有進步的空間。至於反應性的循環，我偶爾會因食物或做菜而引發情緒重現，像是：我在出門上班前，有三十分鐘可以做菜和吃早餐，但我一進到廚房……「喔，不，水槽滿滿的都是昨晚忘記洗的碗盤！」當情緒重現管理步驟第一步進入意識時，我立刻注意到，自己即將陷入瘋狂洗碗的行為。「我正在情緒重現。」

我直接進入第七步驟，並且試圖回到我的身體裡。我坐在最愛的單人沙發上，閉上眼睛，把意識帶到下腹部，也就是焦慮通常最強烈進攻的地方。我感到害怕，並想像父親的大手正掐著我的小腸。

我開始慮病症般地擔心下腹部這種緊繃感可能的長期影響，但我的正念立刻提醒我，採取第八步驟的思想修正法。然後，我慢慢地反覆念著目前最喜歡的草木皆兵對抗口訣：「我很安全，我很放鬆……」

我把呼吸放慢、放深，而且盡可能感受腹部的肌肉，感覺這些肌肉隨著呼吸慢慢地放鬆和緊縮。而隨著我注意呼吸與肌肉的變化，這個循環漸漸變得更流暢了。

大約過了五十次深呼吸後，我感覺到疲累感在全身膨脹起來，像是墨水擴散一樣。我的內臟不時地又緊繃起來，想去阻擋遺棄性憂鬱的糟糕麻木感。

但我對麻木感投降，之所以這麼做，是因為我知道那緊繃的感覺是恐懼，而且它很快就會演變成那個大吼痛罵「你要遲到了」的找碴鬼。找碴鬼試圖以「如果你趕快，你就可以……」來把我帶入逃跑反應，但我對這個警報說「不」。

我與那麻木、疲累、缺乏生氣的感覺同在，並且試著更去感受它、歡迎它。我感到自己開始與憂鬱的感覺合而為一。

因為我練習得很充分，所以憂鬱感開始漸漸地變成擴散的放鬆感，它散布到我的全身，身體開始感覺像是坐在一張舒服的椅子上。

我看看手錶，發現自己花了二十分鐘的「寶貴時間」。我知道找碴鬼正試圖溜進來，想用「已經花了寶貴的二十分鐘」這種話驅策我。

但我不認同找碴鬼，切換到重新父育的自我（refathering-self），並且對找碴鬼做思考修正。「佩特，沒關係，這都是小事，你沒有危險（第二步驟），而且這絕對不是緊急事件。」

我在哀悼的發怒部分（第九步驟）花了一點時間，並且強化了界線去對抗內化的父母。「去你的，海倫（母親）、查理（父親）！你們為了我犯錯而那樣嚇我，讓我現在遇到事情進行得不完美就驚慌失措！」

「喔，那引發了幾滴眼淚。真是解脫！我有多少次困在那種緊迫感，卻不知道如何停止?!」

我回到思考修正。「就像我說的，佩特，沒關係，反正你總是提早一個小時到辦公室，你可以在例行公事中多撥出二十分鐘。所以，你在這個放鬆的狀態中待久一點，還是有時間能輕鬆地把每件事情做完。」

我心中產生了勝利感，這是我有時會在案主身上看到的，那是他們很努力且成功地控制並解決情緒重現時所出現的勝利感。「它有效！」這次我打破了那個循環，被誘發的最嚴重逃跑反應，也只是一些短暫的匆忙。

我成功阻止了反應性循環惡化成內在找碴鬼來謾罵我，也沒有沉溺在外在找碴鬼，沒讓它使我試圖把沒洗的碗盤怪到妻子身上。我選擇與憂鬱同在，繞過了羞恥和恐懼，不像從前，每當我無法接納自己當下的狀態和存在時，曾經有上萬次卡在羞恥和恐懼之中；以前我把自己當沉船般地拋棄（小時候，海倫和查理每天、每小時、每年都在遺棄我），但這次我拒絕遺棄自己。

我也很高興地告訴你，我現在經常下廚，也很少被下廚誘發情緒重現，甚至變得很享受烹飪而很少外食。

第13章
以關係的取向來療癒遺棄

我曾寫過一篇文章來指導從事複雜性創傷後壓力症候群（CPTSD）工作的心理治療師，而本章是該篇文章的改寫版。本章有一個段落在談如何選擇心理治療師，我希望這個資訊可以幫助你，當你選擇心理治療師時，可以知道要尋求什麼、要求什麼。

最後，如果心理治療對你來說並非一個選項，我在本章最後提供了指導建議，教你如何和朋友創造互相諮商的關係。如果這也難以做到，我還列出了一些推薦的線上論壇，你可以在那些論壇上，和那些分享自己療癒旅程的人互動。

心理治療的關係層面

許多CPTSD倖存者從未有過「足夠安全」的關係，然而，若是要療癒我們的依附疾患，通常需要一個修復性的關係經驗，無論是和治療師、伴侶或信任的朋友（這個朋友必須能夠與他自己的痛苦和煩躁不安的感覺慈愛地共處）。

重要的是，他們必須要能自在地感受和表現自己的悲傷、憤怒、恐懼、羞恥、憂鬱。

當一位治療師有這種程度的情緒智力，就能帶領案主逐漸放下自動排斥自己感覺的習得習慣，而這也會幫助案主免於失落在反應性的循環中。當一位治療師有「夠好的」情緒智力，而且案主與這位治療師安全且有同理心的眼神和聲音產生連結時，便能夠為案主示範如何接納地與自己所有的情感同在。

丹尼爾・席格（Daniel Siegel）稱之為「情感的共同調節」，蘇珊・瓦根的工作則說明了「情感的共同調節」能促進神經迴路的發展，而這是我們轉化令人難以承受的痛苦所必須的。

此外，越來越多的神經科學證據顯示，這個歷程是透過鏡像神經元而生理性地達成。

在一個實驗中，測量了兩隻猴子的神經活動，當一隻猴子看著另一隻猴子剝開堅果時，最後這兩隻猴子的神經活動會完全一樣。因此，當案主學會像治療師一樣，對痛苦的感受沒有反射性的反應時，也許鏡像神經元是其中的影響因素之一。

CPTSD的關係療癒（以下文章已發表於《治療師》和《東灣治療師》）

許多創傷專家都把依附疾患視為CPTSD的關鍵症狀之一。在協助受創案主的心理教育階段，我通常會把依附疾患解釋為：在主要照顧者身邊成長的結果，常常使得案主感到危險。他們的危險感受，來自於貶抑的聲音、粗暴的高壓，或是較隱晦的危險，像是疏遠和不在乎。

反覆發生的虐待和忽略，會使孩童習慣地活在恐懼、交感神經系統亢奮之中，使得他們很容易被誘發拋棄感，充滿令人難以承受的恐懼和羞恥，並與遺棄性憂鬱交纏著。

父母無法或不願提供足夠安全的依附給孩子，孩子就無法把發展中的自己，完整地交予任何人。

這孩子的身旁，沒有人能提供回饋、認同和指導；有麻煩時，沒有足夠安全的人能讓他尋求安慰或幫助。想哭時，沒有人可以對著哭泣；遇到不公時，沒有人可以提供保護；受傷、犯錯、發生意外、遭受背叛時，也沒有人可以提供憐憫。

沒有足夠安全的人可以一起發光發亮、一起「展示和介紹」[1]，並且被當成驕傲。

甚至沒有人可以讓他練習非常重要的親密關係建立技巧，也就是對話。

不只一位案主這麼說過：「和媽媽講話，就像是提供軍火給敵人。我說的任何話，都可能會被用來對付我。難怪，人們總是告訴我，我好像很少為自己說什麼。」

有CPTSD造成依附疾患的人，不曾學到那些能帶來親近和歸屬感的溝通技巧。至於建立關係，他們常常充滿了會削弱力量的社交焦慮，一旦他們在CPTSD光譜嚴重的那一端時，就會出現社交恐懼。

很多前來尋求協助的案主，從未有過足夠安全的關係。強迫性重複，驅使他們在成年後無意識地尋求重演童年主要照顧者的虐待或遺棄性創傷的關係。

對很多這樣的案主而言，我們是他們第一個具安全且滋養關係的正當嘗試。

如果他們要開始發展夠好的信任感，就需要某種程度的安全感，而如果我們沒有足夠的技巧，去創造那種安全感，便可能會是他們最後一次的嘗試。

因此，當我們在安全的關係中教案主管理情緒重現時，他會更有力量。案主需要對治療師有安全感，能讓他們訴說自己的羞辱和不知所措。同時，治療師也必須能夠滋養地提供同理和鎮定的支持，這些都是案主早期經驗中所缺少的。

同樣重要的，有CPTSD的人很典型地會出現信任感突然消失的狀況，而治療師需要能夠包容並療癒性地處理它。

由於信任開關常常自動地被情緒重現給關掉，而創傷倖存者又無法自己主動開啟信任開關，所以在治療過程

1 「展示和介紹」（show and tell），是一些國家的小學中常見活動，小學生帶物品到學校，向同學展示、介紹該物品。

中，治療師必須能夠一再地安撫案主的疑慮並修復信任。我聽過太多案主失望的故事，都是關於治療師因案主不易信任他們而感到生氣。

隨著這個體悟的重要性在心中逐漸發酵，我也越來越能擁抱共同主觀性的取向，或是關係性的取向。這表示，我相信案主與我的關係品質能提供矯正性的情緒經驗，把案主從終身注定膚淺的連結（或更糟的社交孤立和疏離）中解救出來。

我還注意到，如果CPTSD案主沒有對我發展一點點的信任感，他對於我的指導的接受度會非常有限，對我的同理心助益也是如此。

因此，以下我將介紹建立關係的四個關鍵特性，我相信它們對發展信任非常重要，也能產生隨之而來的關係療癒，它們是同理心、真誠地展現脆弱、對話性，以及合作性的關係修復。

同理心

我總以為同理心的價值是眾所皆知的，卻很難過地聽到太多缺乏同理心的療程故事。因此，我必須說，如果治療師對案主很嚴厲且沒有同情心，便會誘發他們的危險感和遺棄感，就和他們從父母那裡所經歷的一樣。

至於定義，我特別喜歡寇哈特（Kohut）說的：「**同理心是感覺你進入了他人的經驗，從而把自己浸淫在他人的心理狀態中。**」

無論案主的經歷一開始看似多令人困惑或過度反應，當我對它探索得夠深時，必然會發現其中有心理學的道理，尤其當我辨識出它的情緒重現部分時。事實上，我可以誠實地說，透過移情和創傷的觀點來看時，我從來沒有遇過一種感覺或行為是沒道理的。

當然，透過仔細傾聽和完全引出案主的經驗，還有使用歷史悠久的「鏡像模仿」與「複述技巧」，向案主展示我們有多懂他，同理心將會變得更深入。

注意到我自己主觀的自由聯想，經常會提升我的同理協調，以及用情緒上精確且認同的方式來回饋案主的能力。當案主處在自己的情緒世界時，我會在適當的時候跟案主分享我的自由聯想，目的是要讓他知道，我真的同理他的分享。

這裡有一個例子，我的案主非常尷尬地告訴我，她整個週末都待在家裡，因為她鼻子上長了一顆痘痘。她因為這顆痘痘而感到羞恥，也為自己的「虛榮」感到羞恥。她對自己發起牢騷：「我怎麼會笨到讓這樣一件小事困擾我？」

我突然想起，有一次我因為唇皰疹而取消一個約會，那次我也是迷失在毒性羞恥的攻擊中。我跟案主分享了這件事，但沒提及羞恥感。她泛淚，然後笑了，隨著她的羞恥散去，她感到解脫。幾個月後，她告訴我，那一刻她對我的信任迅速增加。

稍後，我會說明如何謹慎使用這種自我揭露。

在同理心的許多好處中，最大的好處或許是它示範了「自我同理」，也稱為「自我接納」。我們與案主的經驗合拍的程度、歡迎案主一切經驗的程度，深深地影響到案主學會在內在歡迎自己的程度。

真誠地展現脆弱

真誠地展現脆弱，是建立親密關係的第二個特性。真誠地展現脆弱，通常始於反射情緒給案主。我發現，反射案主的情緒，在培養及發展信任與真正的關係性親密的過程中，是無可取代的。

情緒反射需要治療師自己能真誠地展現脆弱，並且透露自己有時也感到生氣、悲傷、不悅和害怕。示範展現脆弱，就像示範同理心，向案主顯示了展現脆弱的價值，並且鼓勵他冒險一試地展現脆弱。

我以前的一位治療師是老套的「白屏幕」學派，在她的療程中缺乏療癒性的脆弱展現，我因此而學到教訓，知道療癒性的脆弱展現有多重要。

那位治療師很堅持心理分析學派的「最佳的挫折」，很有距離、說話簡潔，並且過度保留。與她進行療程，就像在重演有缺陷的孩子和完美父母的互動關係，實際上這會對我產生反效果，而且使我的羞恥更惡化。

療癒性的情緒揭露

幸好，後來我了解自己有未解決的依附議題，並且找了一位關係治療師，她很重視用自己的脆弱和情緒真誠做為療程的工具。

她適中且適時的情緒自我揭露，幫助了我瓦解從小建立來隱藏痛苦的無敵假面。這裡是一些特別有幫助的例子：「天啊，假日可能很糟糕。」「我教書的時候也會害怕。」「很抱歉，我剛才沒聽到你說什麼。我對今天下午要看牙醫感到焦慮，這使我有點分心。」「你母親對你那麼刻薄，我覺得很難過。」「你以前被父母那樣欺負，真是讓我很生氣。」

我的治療師示範了，憤怒、悲傷、恐懼和憂鬱是能夠被健康地表達的情緒，這幫助我拋棄了以往深陷的壓抑痛苦、情緒完美主義。透過她，我學會停止埋藏自己的感覺以尋求被愛的行為。我拋棄那「別再想了」的哲學，並且擁抱脆弱，做為終於能與別人親近的方式。

我確實需要這種示範，才能擺脫那因為心情不好或手足無措，而害怕被攻擊、被羞辱或被遺棄的恐懼。若要放掉我永無止盡的救贖幻想，並且達到恆常的快樂，便需要經驗到「所有不夠閃亮的一切都能被另一個人所接納」。

看到她自在地接納自己不開心的感覺，使我相信，她真的不會厭惡我的不悅。

治療師謹慎地使用情緒自我揭露，能幫助案主離開情緒完美主義那充滿羞恥的滑溜坑洞。以下是我說的一些自我揭露的話，好幫助案主更加自我接納情緒：「發生在你身上的事，真的使我覺得很難過。」「你困在那麼糟糕的家庭，我真的感到很生氣。」「當我暫時覺得困惑，而且不知道該說什麼或做什麼時，我……」「當我遭受羞恥攻擊時，我……」「當我的恐懼被誘發時，我……」「當內在找碴鬼過度反應時，我會用溫尼考特的概念提醒自己，就是我只要當一個『夠好』的人。」

這裡有兩個情緒自我揭露的例子，是我在心理治療工作中的重要工具。

針對倖存者被教導成仇恨自己這一點，我會反覆地表達真誠的憤慨。一段時間後，這通常會喚醒倖存者的本能，也對這個扭曲狀態感到憤怒。然後，這會賦予他力量，去對抗內在找碴鬼，幫助他把情緒投資在建立健康的自我擁護工作上。

還有，我也會反覆用同理心和慈愛來回應倖存者的苦難。一段時間後，這通常會幫助喚醒倖存者的自我同理心。然後，當他在情緒重現時，或是其他痛苦的情況中，將漸漸學會安撫自己，而且會越來越少向自我仇恨、自我失望和自我遺棄的內在折磨投降。

案主們對我最一致的回饋是，我這樣的反應（尤其是把恐懼和憂鬱的反應正常化）大大幫助了他們瓦解完美主義，並且接受自我憐憫和自我接納。

自我揭露的原則

要確保我們的自我揭露是謹慎和療癒性的，有什麼原則呢？

我相信，以下的五個原則幫助了我應用療癒性的揭露，並且避免無意識地為了自己的自戀性滿足而去分享。

首先，我很少自我揭露。

第二，我的揭露主要是用來提倡這段關係中的安全感和信任感。相同的，我之所以展現脆弱，是要把人類狀態中不可阻攔的存在性不完美正常化和去羞恥化，像是我們都會犯錯，我們都會承受痛苦的感覺，我們都會經歷困惑……等。

第三，我不會分享尚未平靜、尚未整合的脆弱。

第四，我絕不會為了處理自己的議題而揭露，也不會為了言語抒發、個人成長、滿足我的自戀需求而揭露。

第五，當案主試圖聚焦或安撫我的脆弱時，我可能會表達謝意或感動，但從不接受他們所給予的。我溫柔地謝謝他們的關心，並提醒他們，我們的療癒工作是以案主為中心，並且讓他們知道，我有外界的支持網絡。

情緒自我揭露和分享相同的創傷歷史

很多案主是看過我那本類似自傳、關於我如何從失能的家庭中復原的書之後，來尋求我的協助，但是，我所自我揭露的過去創傷，有時候是懸而未決的問題。這個狀況也在同時幫助我了解，這種揭露在療癒羞恥和培養希望中，具有多強大的力量。

一次又一次，案主們告訴我，我的那些展現脆弱又務實的故事（我如何處理父母所帶來的創傷性虐待和遺棄），給了他們勇氣，去進入漫長且辛苦的療癒之路。

現在，無論對方有沒有看過我的書，對於適當的案主，我會謹慎並少量地分享我的相同經驗。這麼做的目的，是為了給予案主心理教育，以及針對他們在處理自己類似煩惱的方式上做出示範。

常見的例子有：「我也痛恨情緒重現，即使我現在的情緒重現已經比剛開始療癒時少了很多，但再度掉入以前的恐懼和羞恥時，真的很糟糕。」

我有時也會說：「我真的能感受你對於內在找碴鬼的無望和無力。在療癒工作的早期，我經常感到非常挫折，每次試著縮小找碴鬼時，似乎都使它變得更糟。但在重複一萬次的思考中斷和思考修正後，現在我的找碴鬼只不過是之前的影子而已。」

最後一個例子，是關於純粹的情緒自我揭露。當案主以言語抒發令人悲傷的經歷時，我有時候會允許自己真誠地同情他們的痛苦而眼睛泛淚。如同那位對我最有幫助的治療師第一次對我這麼做的時候，我對她的信任有了大躍進。

對話性

對話性是兩個對話中的人能夠流暢地在「說」（一種健康的自戀）和「聽」（一種健康的關係依賴）之間切換。這種互惠的互動，可避免任何一人陷入極端的關係建立，像是失能的自戀或關係依賴。

對話性使談話的兩個人充滿精神，其中的關係連結不同於竊取能量的獨白；這種獨白是自戀狂病態地剝削關係依賴者的傾聽防衛機制。

許多人十分認同我的觀察，也認為聽自戀狂自言自語的感覺，就像在榨乾自己的能量。

我對這種動態的覺察變得很好，以至於在新的社交情境中，如果我突然感覺很累，通常會注意自己是否正在和一位自戀狂說話，以及在一場真正互惠的交流中，我和談話對象的精力高昂程度有多麼不同。另外，我懷疑鏡像神經元與此有關。

有一天，我在翻閱家庭購物目錄時，看到一組特價咖啡杯，上面印著「指定說話者」和「指定傾聽者」，當下目瞪口呆。我和妻子仔細思考了幾分鐘，猜想這些杯子應該是自戀狂設計的，我們想像自戀狂訂購了這些杯子，並把它們當作聖誕節禮物，送給自己最喜歡的應聲蟲。

在心理治療中，對話性發展自團隊合作的取向，這是一種關於案主的議題與困擾的相互腦力激盪，有助於完全探索矛盾心理、衝突和其他的人生難題。

當治療師用「案主要不要接受都可以」的態度提供回饋時，就能提升對話性，而此對話性也暗示著「相互尊重」。對話性和傳統心理分析學派療法的「中性節制的白屏幕」有明顯的對比，後者太常重演了案主童年的言語忽略與情緒忽略。

我相信，治療師的節制通常會誘發案主遺棄感的情緒重現，然後使他們躲避到「安全的」膚淺揭露，越來越不說什麼，或過早地逃離治療。

滿足健康自戀的需求

不過，在療程的早期，大量的對話性通常是不妥的，尤其是當案主的正常自戀需求從未被滿足，仍處在發展停滯的時候。

在這種情況下，案主需要被大量地傾聽，需要透過自然的自我表達，去發現自己的感覺、需求、喜好和觀點的本質。

對於自我表達能力被照顧者重挫的那些倖存者，他們必須花費許多時間在自我聚焦的言語探索上，而且把它當作主要的項目，否則，未成型的健康自我就沒有空間可以成長，也無法脫離找碴鬼，案主的健康自我感會繼續受困於過大的超我霸權之中。

然而，這並不表示治療師退到極端的傾聽位置，就對案主有益。在第一次的會談時，聽到治療師說些真實或「私人」的話，對於大部分的案主都有好處，可以幫助他們克服可能引起羞恥的「被看（案主）／隱形（治療師）」的關係動態。

當一個人展現脆弱，而另一個人並不脆弱的時候，羞恥就有極大的成長空間，也會使案主可能困在童年的情緒重現中，也就是展現脆弱的孩子被看似毫不脆弱的父母一再地拒絕。

於是我的許多同業認為，團體治療是療癒羞恥特別強而有力的方式，因為團體治療會創造出不只一人冒險展現脆弱的環境，因而修正了那種不平衡。

在這方面，大約十五年前，有一個針對加州心理治療師的有趣大型調查，其主題是關於這些心理治療師的喜好。調查結果，有超過百分之九十的治療師都強調，自己不想要白屏幕的治療師，而比較想要偶爾提供意見和忠告的治療師。

二十五年來，我固定在第一次會談時詢問案主：「根據你以往接受心理治療的經驗，你希望我們的合作中有些什麼？不要什麼？」案主們的回應通常跟該調查的心理治療師相似。

我很常得到的第二個回應是，「我不想要全都是他在講話的治療師。」有不少人這麼說：「我完全插不上話！」我多希望我們的資格考試，能找出那些考到執照後，把已經是關係依賴的案主變成自己的應聲蟲的自戀狂，並取消他們的資格。這是白屏幕治療師的另一種黑暗的相反極端。

心理教育是對話性的一部分

我的經驗告訴我，童年創傷倖存者案主，通常能從CPTSD的心理教育中受惠。當案主了解CPTSD療癒過程的全貌，會更有動力參與療癒的自我幫助，也會增加他們全面的希望感和對療癒過程的投入。有時候我會想，越來越受歡迎的教練服務，是否是對於各種傳統的治療性忽略形式的反彈？

最糟糕的一種治療性忽略，是治療師沒有注意或沒有挑戰案主那持續不斷的自我仇恨式抨擊。我相信，這就像是默默地認同案主的內在找碴鬼，並且與它串通共謀。

也許治療的保留和節制，來自於西方家庭常見的缺席父親症候群；也許傳統的心理治療，過度強調傾聽和無條件之愛的母育原則，而忽略了鼓勵和指導的父育原則。後者是教練服務的強項。

當然，過度的教練就跟過度的傾聽一樣會有反效果和失衡狀況，它會干擾案主自我探索和自我發掘的過程。最糟的情況是，它會引誘治療師進入自戀性的陷阱，活在自己的世界中自說自話。

教練最大的好處，是可以做為治療的必要工具。就像養育一個均衡的小孩需要完整的父育和母育，若要滿足被剝奪依附的案主的發展停滯，便需要治療中的父育和母育原則。

老練的治療師會同樣重視父育和母育原則，並且根據案主當下的發展需求，直覺地在兩者間切換。有時候，我們會以心理教育、療癒性的自我揭露，以及主動的正向注意來提供指導，而大多數時候，我們以接納的態度滋養案主，使其在進步中能自然的自我表達和言語宣洩。

再說一次，我相信傾聽在早期的療程及之後的許多療癒階段，通常是必須且主要的做法。我估計我所做的治療，大約有百分之九十的時間都是在傾聽。

最後，我經常注意到，療程最後階段的特色，通常是對話性的增加，也就是說與聽更平衡地流動。這種談話的互惠，是健康親密感的關鍵特色。還有，成功的療程會使案主將自己在平等互惠方面的進步帶到療程外的世界，使他們建立起更健康的關係。

對話性和4F

由於童年遺棄和後來關係中的強迫性重複，很多4F類型想被聽見「想得要命」。然而，不同的4F類型在療程中的對話需求，其實是非常不同的。

討好（關係依賴）類型者藉由成為父母的應聲蟲或父母的靠山，來度過童年，他們可能會用自己的傾聽防衛，去鼓勵治療師說更多。藉由引誘防衛機制，他們甚至可能使粗心的治療師進入自戀性的獨白。

僵住（解離）類型者早早就學會在沉默中尋求安全感。他們通常會需要大量的鼓勵，去發掘並談論自己的內在經驗。心理教育能幫助他們了解，家庭從未滋養他們自我表達的健康自戀性需求。

還有，僵住類型者在努力學習談論自己的過程中，很容易迷失在膚淺且幾乎無關的自由聯想中。當然，治療師需要接納這些內容一段時間，但遲早必須幫助他們看到，自己的逃離幻想或沒完沒了地談論夢，主要是他們解離防衛的產物。

僵住類型者需要學到，缺乏情緒連結的說話是童年的舊習，這是為了讓他們在未解決的情緒痛苦上保持愉快而發展出來的。因此，治療師必須反覆引導他們接觸自己的感受，他們才能學會表達自己最重要的困擾。

戰鬥（自戀）類型者在進入治療時常常習慣被關注、崇拜，通常會用說話來防衛，以逃避真正的親密感。對於這類人，心理治療有可能呈現反效果，因為數月或數年在會談中不被打斷的獨白，會加重他們的應有特權感。當治療師提供持續不打斷的傾聽，就會強化他們用過度控制談話而破壞親密感的防衛機制。

治療師遲早必須把自己插入這段關係中，去幫助他們學習傾聽。

我寫到這裡，想起了實習時的案主哈利。我每次五十分鐘不打斷地傾聽，成為他對關係的新常態和新期待，消滅了他原本對妻子尚存的些微傾聽能力。結果，他妻子留言表示，心理治療如何使這位案主變得更令人難以忍受，我因此很有罪惡感，也學到了一課。

然而，幾年後，另一位案主告訴我，哈利的妻子後來對這個「治療性」的改變感到高興，使我得到了一些寬慰。她丈夫越來越嚴重的自我中心，成了壓垮她的最後一根稻草，最後她痛快地甩了他。

如果治療師自己是討好型，可能會躲在傾聽和引誘談話的防衛機制下，避免以下的可怕工作：自己漸漸滲入這段關係，以及把關係推向對話性。然而，如果我們不把案主推向互動，案主就不會復原。關於如何處理這部分，請見本章的最後內容。

逃跑（類強迫症）類型者有時候會表現得比其他類型更具對話性。然而，就像僵住類型者，逃跑類型者可能執著於「安全」的抽象困擾，但這些困擾卻無關乎他自己更深的議題。於是治療師需要帶領他們進入更深且有情緒基礎的困擾，以幫助他們學習有助於親密感的對話性。否則，逃跑類型者可能會一直困在對表象煩惱的執著堅持和掙扎中，而這些煩惱只不過是壓抑痛苦的左腦解離罷了。

要注意的一個重點是，４Ｆ類型全都會使用左腦解離或右腦解離，來逃避對童年失落的感覺或哀悼，但隨著對話性的建立，我們可以引導他們揭開未曾哀悼的傷痛，並且在言語和情緒上宣洩。

合作性的關係修復

「合作性的關係修復」是透過成功地衝突解決，使關係恢復並變得更親密的過程。而每個有意義的關係，在存在本質上都會有出現不協調和不滿的時候。我們都需要學習的是，當歧見暫時打斷了安全連結的感覺時，要如何重建親密感。

我相信，如果大部分的人願意思考一下，都會發現自己最好的朋友，是那些雙方有過衝突後又和好的人。當一段友誼挺過了傷人的不協調，通常代表這段友誼已經度過了表面客套的階段。

在重新編輯上一章節的內容時，我兒子反常地在學校發生了衝突。在三年級的下課時間，他的兩位好朋友反常地開始戲弄他。我兒子發現他們不願意停止，便動手推了他們，這使得他們全都被叫到校長室。這位校長很嚴格，但也是特別有智慧和慈愛的女士。

我兒子的行為（用肢體蠻力處理衝突）是校規中最嚴重的犯行，不過，他的朋友也被認為有責任，並且在戲弄他人方面，受到了具啟發性的教導。

我兒子不習慣惹麻煩，所以大哭了一場。然後他同意，失去一整天的下課時間，並且寫道歉信給那兩位朋友，是合理的懲罰。

兩天後，我問他，他和那兩位朋友現在怎麼樣。他帶著驚訝和欣喜的神情說：「爸爸，真的很好笑。現在我們感覺好像比以前更要好了。」

修復友好，可能是治療師所能示範的最具蛻變性、最能建立親密感的過程。我認為，關係不協調或衝突通常是雙方共同造成的，而且要用這種觀點來引導修復友好的過程。因此，通常需要透過平等且相互尊重的對話歷程，來修復友好。

例外的情況是，欺負人的自戀狂在找代罪羔羊和製造混亂，在這種狀況下，自戀狂是完全有錯的一方。關係依賴的案主總是向欺負人的父母道歉，好像是他們使父母虐待他們一樣，我常對此感到難過。

在較正常的不協調中，我通常會藉由兩個連續的方法，來開啟修復過程。首先，我會指出這個不協調（如「我想我可能誤會了你」）。接著，我會說明自己怎麼破壞了彼此的連結，來示範展現脆弱。

簡短版的例子像是這樣：「我想我可能有點說教……或陳腐……或怠慢……或沒耐性……被我自己的移情給誘發了。」**擔負起自己在衝突中的責任，證實了在關係中失望的常態，也證實了友善化解的藝術**。

承擔自己在誤會中的責任，也有助於瓦解案主外在找碴鬼的信念：關係必須是完美的。同時，也示範了化解衝突的建設性方式，並且在一段時間後，會使大部分的案主有興趣探索自己在衝突中的責任，這會變成他們可以運用在其他關係中的無價技巧。

可以預期的，戰鬥類型者是4F當中最不可能合作，也不會承擔在關係不協調中的責任。極端的戰鬥類型，像是被診斷為自戀型人格疾患的人，長期以來被視為是傳統心理分析中無法被治療的人。

至於比較沒那麼極端的類型，我有時候能夠成功地對他們進行心理教育，讓他們知道自己是如何習得控制的防衛機制。然後，我會試著幫助他們看清楚，自己這麼喜歡控制所必須付出的代價，其中的第一名就是親密感飢荒（intimacy-starvation）。

戰鬥類型者有意識地或無意識地都渴望著人類的溫暖，但他們卻無法從所控制的人身上得到。這是由於戰鬥類型者製造的受害者，都太過害怕他們，而無法足夠放鬆地產生真誠溫暖的緣故。

最後，我相信案主過早取消療程最常見的原因之一，是他們覺得無法有足夠的安全去提起或談論逐漸累積的不滿。

有機會茁壯成長的一切關係，都因為個人或雙方沒有能力可安全地化解歧異和衝突，進而凋謝死亡，這是多麼令人難過的事啊！請見第十六章的四號工具箱，有許多實用的工具可用來「有愛地化解衝突」。

從遺棄到親密：個案研究

有一位可愛的僵住－討好型案主法蘭克，受到嚴重的童年情緒遺棄所苦。他的雙親都是工作狂，完全符合定義中極度遙不可及的情況。身為五個孩子中的么子，法蘭克總是在手足競爭父母的零星照顧中成為最後一名，以致他的成年生活很不幸地重演了童年的關係貧乏。

童年創傷使得法蘭克極容易地被誘發退縮和隔離，他從未體驗過持久的關係。然而，在我們長期的心理治療工作後，他變得更有動力去尋求關係，最後成功地與一位健康且可及的伴侶交往。

在他們交往的頭六個月裡，我的教練工作和陪伴的慈愛本性，使他能夠更勇於展現自己，而他得到的獎勵是，與對方建立關係，而且越來越放鬆自在。

然而，當法蘭克接受對方的同居要求時，反覆發生的情緒重現變得更難隱瞞了。他比以往更加相信，自己的恐懼、羞恥和憂鬱是他許多要命的瑕疵中最可鄙的。

隨著在療程中處理法蘭克的這個信念，他記起了，有很多次，即使是他最輕微的情緒低落，都能造成母親退縮到家中的辦公室裡。他發現，母親能有一丁點時間給他時，是他少數心情夠愉悅到能讓她開心的時候。於是，他堅定地相信，社交接納有賴於他讓別人開心。他既陰鬱又尷尬地承認道：「那對我來說很困難，佩特。我不是一個相處起來很好玩的人。」

要一直討人喜歡並且同意別人，這種關係依賴防衛機制早已深深地灌輸在法蘭克的思想裡。他無法甩掉這個恐懼：如果自己不夠樂觀，他的新伴侶就會厭惡並遺棄他。他說，自己在家中的情緒重現增加了，有時候他感覺到迫切地需要隔離和躲起來。由於僵住反應如此被啟動，於是他越來越常從伴侶身邊抽離開來，進入沉默。他知道自己太常躲在電腦活動、過度睡覺、馬拉松式地看電視運動節目中，但他無法停止。

在最嚴重的情緒重現發作時，他的恐懼和自我厭惡會嚴重到發明各種離開家的藉口。他被困在再度單身的想法和幻想中了，找碴鬼正在打贏這一戰。

他很確定伴侶對他的情緒的厭惡，就像他母親一樣。他幾乎真的要逃開了，就像以前他少有的關係的短暫迷戀期結束時一樣。

接下來，我們花了很多次的會談，來管理這些原始遺棄感的情緒重現。

於是，法蘭克更深地了解，他的沉默抽離是情緒重現的證據，然後他決定，在這些時候要重讀那十三個管理情緒重現步驟，並在情緒重現時使用它們。

透過我的鼓勵和溫柔的督促，法蘭克比以往更深地哀悼自己原始的遺棄感，一次次地，他挑戰著找碴鬼的投射——也就是把他的母親投射到伴侶身上。

同時，我鼓勵法蘭克對伴侶展現自己的脆弱面，由我陪著他用角色扮演來練習。受到這些療癒工作的鼓勵，法蘭克開始跟女友談起自己的複雜性創傷後壓力症候群。

他女友是個善良的人，以同情和支持回應了他，這幫助他進一步地告訴女友，脆弱地談話會使他感到更害怕和羞恥。讓他大鬆一口氣的是，女友不但很有同理心，而且很感謝他展現了脆弱。她告訴他，他展現脆弱時，使她覺得更有安全感，並能分享自己更深一層的脆弱面。法蘭克述說這件事時，痛哭出感恩的淚水，我則用湧上眼眶的甜美淚水來安慰他。

幾個月後，法蘭克終於有勇氣告訴她，他憂鬱的時候是什麼狀況，這使法蘭克獲得了最高成就。這個突破進一步增進了他們的親密感，他們的愛擴展到了特別深刻的親密關係，那是只有人們覺得安全到能夠無所不談時，才能達成的。

隨著法蘭克變得更善於展現脆弱，他獲得的是來自相互憐憫且無可取代的親密感。隔年，他和這位未來的妻子變成彼此言語宣洩的可靠資源，法蘭克再也不需要我的協助了。

掙得的安全依附

案主藉由學習，能夠談論起自己待在人際接觸中的情緒痛苦，就可以在心理治療中獲得最大的收穫。這些都漸漸地向他們展現了，無論當下有什麼感受或體驗，他們都是可以被接納的和值得的。

隨著倖存者更深地了解到情緒重現是對不正常童年的正常反應，他們的羞恥便會開始消散，進而平息了他們因為被視為有缺陷而產生的恐懼。然後，他們情緒重現時的隔離習慣，或把別人推開的習慣，就會消失。

「掙得的安全依附」是最近才被承認的一個健康依附種類，許多依附治療師相信，有效的治療能幫助倖存者「掙得」至少一個真正親密的關係。掙得的安全依附，是這本書始終在談的那種夠好且具有豐富親密感的依附。

我相信，這一章所描繪的原則，是達到掙得的安全依附的關鍵。在這個情況下，好的心理治療會是一種示範親密的關係，它會使我們有意願並實際採取那些能製造親密感的行為。

你與治療師的連結會變成一種「過渡性的掙得安全依附」，進而使你在治療關係之外獲得掙得的安全依附。我一再地看到我最成功的案主們獲得這樣的結果，同時我很感恩地報告，我自己最後的心理治療經驗，也使我得到了這樣的獎品。

從找碴鬼手中拯救倖存者

「拯救」這個詞及其代表的意義，在許多心理治療圈和十二步驟運動（例如，戒酒團體、關係依賴團體、酒癮者子女團體）中，已經變成了一種禁忌。

「拯救」這個字眼，常常以全有全無的方式被使用，以至於任何一種主動幫助他人的行為都被視為病態。然而，我相信，幫助倖存者脫離情緒重現的深淵，是一種必要的拯救。

實踐健康性拯救的一個關鍵之處，就是直搗找碴鬼的地盤。我相信，案主都有一個未滿足的童年需求，也就是被拯救；而我從找碴鬼（也就是他們父母的代表者）手中「救」出案主時，即滿足了他們的這個需求。這是一個不曾被滿足的需求，沒有人從創傷性的父母手中拯救那孩子；這是另一個父母、親戚、鄰居或老師的糟糕忽略，他們忽視了孩子因受虐而枯萎的訊號。

數十年的創傷工作，使我的心無法允許我在看到他人的內在找碴鬼發動攻擊時還保持沉默。對我而言，沉默就等於默默同意。所以，當倖存者用父母內化的聲音虐待自己時，我再也無法安靜地坐著而不介入。

因為我自己第一次長期的心理分析療法失敗，所以更有動力去挑戰案主有毒的找碴鬼。我的「白屏幕」治療師，讓我持續不斷地掙扎於用自我仇恨和自我掙扎攻擊自己，她從來不曾點出過，我可以、也應該挑戰這個反自我的行為。加州大學舊金山分校的創傷專家哈維．佩斯金（Harvey Peskin）會說，這是小孩創傷的失敗見證。

我現在要大聲地挑戰找碴鬼的謊言和誹謗，並且試著拉倖存者一把，幫助他們離開那個找碴鬼將他們推落的恐懼和羞恥深淵。

我花了一些時間，才突破早期訓練所灌輸給我的關於拯救的不健康罪惡感。現在，諷刺的是，當我覺得有罪惡感，有時候是因為我退步了，讓內在找碴鬼趁機虐待我的朋友或案主。這種罪惡感實際上是健康的情緒智力，它來自我的同理心，也就是正確的行動是要挑戰找碴鬼。在這種時候，如果我不去注意案主如何把自己吊在父母的炸藥上，會覺得身為一個人和專業人士，是怠忽職守的。

幸好，我再也不會忽略它，不會像案主成長時身邊的每個人都忽略他那樣，被動地與其內化的挑剔父母共謀。**當一個小孩受到破壞性的批評攻擊時，如果目擊的大人不抗議，這名大人就是找碴鬼的沉默共犯，以致這孩子被迫認為輕蔑是正常且可接受的，而這名大人拋棄了自己的責任，也就是保護這個孩子不受父母的持續虐待。**

當我指出案主的父母製造創傷的行為是可鄙的，就等於開始了案主對自我保護發展停滯之需求的覺醒。我向他們示範了，他們過去應當受到保護，還有他們現在可以抗拒在心理層面模仿從前的虐待。

這鼓勵了大多數的案主停止認同侵略者，也使案主不那麼內化攻擊性的父母，而這正是找碴鬼的核心。

我自己的情況是，以前祖母和我們同住，而且我覺得自己受她所愛，但是她沒有幫助我看清：父母刻薄的暴怒是錯的，而非我的錯。

後來想想，她的忽略讓我深深覺得自己值得受父母的虐待，並打下了我把他們的輕蔑化為自我厭惡的基礎。我的確這麼做了，為時長達將近二十年。

我也注意到，如果倖存者在童年時期有人幫助他們看清楚，受創並非自己的錯，這些倖存者會有不同的發展；如果有一位大人能充分地責怪那些錯誤對待，倖存者大多不會發展出那麼兇殘且具自我毀滅性的找碴鬼。通常這位大人是另一位父母、已覺醒的兄姊、親戚、老師或仁慈的鄰居。

尋找心理治療師[1]

我還沒有訓練過舊金山灣區以外的心理治療師，所以無法推薦這個區域以外的治療師。然而，因為我的取向和約翰・布雷蕭的取向相容，所以我會介紹別人去一個網站，上面列出了使用他的取向的美國治療師，網址是：https://creativegrowth.com/

不過，我和該機構（創意成長中心，The Creative Growth Center）本身無法保證這些治療師好或不好，因為我們並沒有親自熟悉他們的工作。不過，我想這是一個開始的好地方。

但在尋找治療師之前，請先閱讀以下關於面談治療師的建議。

面談治療師的目的，是為了確認他是否能夠、也願意像我所說明的那樣處理那些層面。我建議，如果可能的話，先面談至少三位治療師，並且和他們會談看看，來確定他們的取向是不是符合我所介紹的那樣。**合適的治療師會樂於回答你關於他們治療取向的問題，並且通常願意在正式療程會談之前，至少與你談個五分鐘。**如果一位治療師對你的態度很冷漠、苛刻或有羞辱性，我會立刻把他從名單上刪掉，並且繼續尋找其他適合的治療師。

最後，要注意的一個重點是，許多心理治療師有執照，但自己沒有接受過治療。而我的經驗是，這種治療師絕少有能力可以做到CPTSD療癒所需要的深度。

我相信，詢問候選的治療師「你有沒有接受過治療」，是適當的。然後，我至少會期待他的回答是，他有接受過治療，而且有幫助。

最理想狀況是，該位治療師也願意讓你知道，他們也處理過自己原生家庭的相關議題。

在網站「Alice Miller」（http://www.alice-miller.com/）中，可以找到更多如何尋找心理治療師的說明。點選上方的「articles（文章）」，然後在下一頁面的左邊點選「FAQ How to fi nd the right therapist（如何找到對的治療師）」，即可進入說明頁。

這個網站對倖存者很有幫助，它是寫了《幸福童年的秘密》這本傑作的愛麗絲．米勒的網站。

祝你好運，能找到合適的治療師。如果你住的城市不算太小，而且能夠堅持下去，我認為你很有機會找到「夠好的」治療師。

尋找線上或現場的支持團體

如果你無法負擔心理治療，或是找不到夠有用的心理治療，有很多自助團體是免費的，而且都具有強大的療癒性。

還有，如果你正在接受心理治療，使用以下的任一資源，都可能使你的復原過程更好。

以下是一些別人常常推薦給我的網站：

www.outofthefog.org

www.ptsdforum.org

www.coda.org（是關係依賴者的匿名自助團體的網站，是我最喜歡的團體之一；它對於主類型或次類型是討好型的人，可能特別有幫助。）

1 由於作者是美國舊金山灣區的治療師，並且著作此書時針對的是美國讀者，所以提供的資源主要是英語、美國的資源，可能不適用於華語世界的讀者，但為了保持作者原著的完整性，仍保留其原著內容。

www.ascasupport.org（給童年虐待倖存者的網站。）

www.adultchildren.org（提供支持給酒癮父母的成年子女。）

www.siawso.org（對亂倫倖存者有幫助的網站。）

www.standagainstdv.org（適合因童年受虐而後來變成家暴受害者的人。）

www.nobully.com（適合因為倒楣或強迫性重複而陷於被欺負的工作或關係中的人。）

www.daughtersofnarcissisticmothers.com

www.narcissisticmother.org

（以上兩個網站適合療癒被自戀母親養大的人。）

以上的網站中，有一些也列出了可以現場參加的聚會。先前提到的創意成長中心，也提供了療癒羞恥和哀悼童年失落的團體治療，地點在加州柏克萊市。

最後，如果這些建議都不合適，到谷歌搜尋「童年創傷的線上療癒團體」，也會有非常多的搜尋結果。

在尋找夠安全的線上或現場團體時，有一個重要的參考原則是：如果你發現領導者或有成員以自戀型的行為過度主導團體（像是活在自己的世界中自言自語長篇大論、一個人佔據過多的時間、強迫他人接受不想要的建議、羞辱他人等），請允許自己離開，並試試別的團體。

互助諮商

如果你找不到或負擔不起「夠好的」治療師，或是如果現在有接受心理治療，而希望有所補充，你可以尋找願意與你合作、一起形成互助諮商關係的安全夥伴，就像我和妻子就會固定一起進行。

互助諮商有很多種形式。到谷歌搜尋「互助諮商」會找到更多資訊[2]。

我和妻子有一個簡單的結構，來建立安全且療癒的互助諮商關係。我們已經採用這個模式許多年了，並且大有獲益。我以前也透過與兩位朋友的互助諮商，得到相似的好處。當然，請以適合你們共同需求和共識的方式，自由改造這個模式。

- 每週見面一次，每次互動三十或六十分鐘。
- 由被諮商者開始談自己所有的煩惱，但諮商者不得干涉，只練習主動傾聽。
- 「主動傾聽」建立在「無條件的正向關懷」上，它有助於被諮商者全然的言語宣洩，並且使用非指導性、非侵入性的言語回饋，去使被諮商者知道你和他合拍，並且關注他。
- 主動傾聽包括像是「嗯哼」、「嗯」這樣的回應，也包括鏡像模仿的技術。「鏡像模仿」是指重複對方說出的關鍵字或詞，讓對方知道我們在關注他們。
- 進階的鏡像模仿，是用自己的話語複述所聽到的內容。然而，只有在我們轉譯精確的時候，這才有用。

---

2 作者使用「互助諮商（co-counseling）」一詞，在華語社會多半指的是心理助人專業者的一種專業諮商形式，與作者此處應用於非專業人士的互助情境不同，因此如果以中文「互助諮商」進行搜尋，不易找到符合作者試圖建議的相關資訊。但為了維持作者原著的完整性，在此仍保留原著內容。

- 最後，使用「開放式問題」也許是倒數第二重要的主動傾聽技術。像是「你可以多告訴我一些嗎？」、「還發生了什麼？」、「關於這個，你有沒有其他的想法或感覺？」這類問題，會非常有幫助。

開放式問題和指向式問題非常不同，後者通常會限制或形塑被諮商者的回應。「對於這個，你有什麼想法或感覺？」會比「對於這個，你覺得不高興嗎？」更能允許對方有較大的內在探索空間。後者可能被視為是一種敘述，而非問題，聽起來像是你在告訴對方，應該要有什麼感覺。

人們對於多少主動傾聽才有幫助，反應不一。請保持開放的心胸，對於彼此想要多少主動傾聽，去給予和接受回饋。

要建立安全感和信任感，除了主動傾聽外，也要始於承諾自己會努力不給建議、批評或任何未經要求的回饋。如果你有想要給回饋的欲望，最好讓被諮商者決定，他們想要何時得到回饋、得到何種和多少回饋。給回饋時，最好的態度是由對方決定是否要接受。

除非是被明確地要求，否則你不要給任何回饋。

被諮商者通常會明確地說清楚，自己想要何種回饋，或是不想要任何回饋，像是：「我只想要口頭宣洩我的關係問題，但我不想要任何回饋，所以你只要主動傾聽就好。」其他時候，被諮商者可能會說：「這件事我真的想要一些回饋。我想知道我對老闆的看法是否清晰？」

透過足夠的恩典、運氣、尊重、練習和慈愛，共同的信任感可能會發展到很深的程度，甚至雙方都同意有時候可以自然地給予回饋。但是，請不要急著這麼做，並且永遠保留「在任何議題、任何互助諮商時，無論多少次，都可以要求對方不給回饋」的權限。

這種情況，我和妻子可能會向對方說：「我想今天只要你主動傾聽就好。我只想要好好地自由聯想，並且探索我胸口的這個焦慮感，而不需要任何意見。」

此外，要練習治療性的保密，也就是不要把在互助諮商中說的話流出去。

我也建議雙方在進入互助諮商關係前，先閱讀第十六章的四號工具箱，以及前面介紹的關係療癒的四個關鍵特性。

第 14 章

原諒：從自己開始

這一章是重寫我在一九九一年十一月發表於《恢復》（*Recovering*）的一篇文章。我寫那篇文章，是因為對於案主所受到「要原諒並忘記」的巨大壓力，感到相當驚訝。那導致許多人否認自己所承受的創傷，以及貶低創傷。然後，當內在找碴鬼為了他們記仇而進行詆毀時，他們的復原過程便踩了緊急煞車。

在療癒社群和許多靈性教導中，有很多關於原諒的羞辱性、危險且不正確的「指導」，說必須擁抱完全且永遠的原諒，才能得到復原，但許多失能家庭的倖存者卻因為這種簡化、非黑即白的忠告，而受到了傷害。

不幸的是，那些接受這種建議而去原諒虐待者的人，通常會發現自己在療癒路上毫無進展，他們還是無法完全哀悼，虐待情況也仍在發生，甚至那虐待行為令人髮指到不該也不可能被原諒。

事實上，當我們過早地用理智決定去原諒，通常就無法達到真正的原諒。這是因為過早的原諒，就像否認和壓抑的防衛機制，會把童年創傷未處理的憤怒和受傷感受，保持在覺知之外。

真正的原諒

真正的原諒和「不成熟的原諒」大不相同。真正的原諒幾乎是有效哀悼的副產品，而且如果沒有做大量的情緒工作，無論多少想法、意圖或信念，都不能使真正的原諒成真。

反過來說，那種不相信原諒可能性的信仰系統，有時候會阻礙我們接觸原諒的感覺，以及使這些感覺存在。

關於原諒，最健康的認知態度，也許是允許它具有可能發生大量哀悼的另一面。

這種態度如果能包含一個條件，效果會最好，也就是不強迫也不假裝原諒的感覺，不去掩蓋任何未解決的傷害或憤怒。

很重要的是，要了解某些類型的虐待（如社會病態、故意的殘忍、許多種代罪羔羊和親子亂倫），非常極端且嚴重傷害了受害者，而原諒不會是一個選項。

有意義的原諒，是能夠在心中明顯地感受到悲憫（compassion）情緒的擴展。悲憫並不總是等同於原諒，但它通常是原諒的誕生處。這種情緒經常發生在我們大量地哀悼童年失落的過程中，我們偶爾會發現，父母對我們的忽略或虐待，可能是情有可原的狀況所造成的。

這些情有可原的狀況，最常與兩種議題有關。

第一，父母經常盲目地複製他們自己被養育的方式，來養育我們。

第二，當時的社會常態和價值觀，支持他們的不當教養。

但是，非常重要的是，在顯著地處理父母的虐待和遺棄所造成的創傷後果以前，我們不要馬上就考慮減輕他們犯行的情節。

當考慮減輕父母犯行的情節時，我們有時候可能會理解到他們也是受害者，並且可能會發現，自己偶爾會為他們感到難過。

有時候這種為他們感到悲憫的經驗，會變得足夠深刻，使我們理解他們的童年也一樣糟糕且面臨不公。這種感受性的理解，有時候可能演變成某些原諒他們的感覺。

然而，除非這種對父母的原諒感深植於對自己的憐憫，否則這種歷程只是空虛的頭腦運動而已，甚至更糟的是，它可能變成真正復原時，基礎發怒工作的一大障礙。

不成熟的原諒，會讓我們無法向內在小孩展現出「他擁有對父母的狠心遺棄而發怒的權利」，也會讓我們無法幫助他去表達並釋放那些陳年的憤怒。

不成熟的原諒，也會抑制受害者與自我保護本能的重新連結，他可能永遠都無法學到，如何在必要的時候用自己的憤怒去阻止現在的不公平。

由於「真正的原諒」主要是一種感覺，它就像其他各種感覺一樣，是短暫的，不會是完成的、固定的，或圓滿解決的。

原諒是由人類感受經驗的動態本質所掌控的。我們的情緒經驗經常在改變，是無法選擇，也是無法預測的心理過程。

沒有一種情緒狀態能夠被引發並永遠維持下去，儘管這種情況看似傷感，讓人不願承認，也持續使人感到挫折，儘管承受著要控制並選擇情緒的壓力，情緒仍然是由人類的處境所定義，是在我們的意志力範圍之外。

原諒是一種愛的感覺

原諒，就像愛，是人類的一種感覺經驗，僅僅是暫時屬於我們。然而，當我們徹底地宣洩關於過去的憤怒，就更容易得到原諒的感覺。

當我們學習如何用哀悼把自己帶離遺棄性的情緒重現，就會再度回到歸屬感和對世界的愛。

還有，當我們學著去哀悼當今的創傷，很自然地就會回到愛的感覺。隨著我們的情緒彈性益發成熟，失去的愛與原諒會可靠地回歸，它們可以變成有意識的一種選擇價值。

因此，當我偶爾覺得被親密的人傷害時，可能無法立即提取愛或原諒的感覺給他們，但我知道，藉由足夠的溝通和非虐待性的發洩，我終究會再度欣賞他們。

我多麼能原諒自己，就多麼能原諒他人。

我最常原諒的，就是那些從自我仇恨的厭惡中所釋放的、我自己的陳年舊痛。那是我的陳年脆弱，而我現在愛它、歡迎它，把它當成折翼之鳥。羞恥和自我仇恨並非從我開始，但我衷心希望它們會在我這裡停止。

我想要別人怎麼對待我，就該怎麼對待我自己。

卡洛．露絲．克諾斯（Carol Ruth Knox）寫了一首詩，內容是關於愛的感覺，以及愛的感覺似乎在與我們玩捉迷藏。

它來又走了，不是嗎？
有時和人們有關
和他們如何對待我們有關

有時候無關
有時和月亮有關
和個人經濟有關
和人生問題有關
和虛無有關
和一切有關
和季節、時間
和我們的飲食
和……

有時候，愛的藝術似乎不在於你愛或不愛，而是你是否相信，當愛離開時是有原因的，而且它會再回來。總是如此。

我們人類天生是愛的工具。
（整個宇宙也是如此！）
當愛吹過我們，
我們自然地唱起情歌。
當沒有愛的風在吹，

雖然讓我們感覺陌生，
如柳樹般，
愛去到了空蕩的場地
再度充滿自己的風帆
這樣它可能回來
並且再一次吹過我們
這些飢渴的工具。

等待時我們該做什麼？

我們當然該流淚——
像愛那麼可愛的事物
離開時留下了一個缺洞。
當我們在問題與質疑之中流浪時
將會記住心中的愛
並在溫柔慈愛中等待
直到我們記起，
「愛總是會回來。」

第 15 章

閱讀治療與書本聚落

「閱讀治療」一詞，是指因為閱讀而受到正向且有療效的影響之過程。

如之前所說的，閱讀治療最強而有力的時候，就是它同時也具備了關係性的療癒。它能把你從複雜性創傷後壓力症候群（ＣＰＴＳＤ）常有的悲慘孤立與疏離中拯救出來。

閱讀治療在ＣＰＴＳＤ復原中可以扮演很重大的角色。我經常發現，個案中進步最大的那些人，就是運用閱讀功課來增加療程效果的那些人，無論是自己選擇或是我建議的讀物。

那些寫下自己對所讀內容的想法與情緒反應的人，特別能加強閱讀的效果。我相信，**記錄心境有助於建立新的生理與神經元的腦部迴路，而這是在有效地滿足發展停滯的童年需求時會發生的情況**。

像我這種在危險社交環境（充滿著只會批評我、威嚇我、厭惡我的大人）中成長的人，閱讀治療尤其有幫助。閱讀治療也能同等地幫助那些在人生早期缺乏給予安全支持和指導的人。

直到我接受了幾年的團體治療和個別治療之後，才了解到，我的復原之路早在自己正式接受治療的幾十年前就開始了，它始於直覺上吸引我的療癒性閱讀和寫作。

我直覺地受到很多心靈和心理自助書籍的吸引，無意識地在當中尋求他人的幫助。

雖然沒有真的很了解，但我獲得了如何改進對待自己與他人之方式的寶貴洞見。

同等重要的是，我在潛意識層面知道有一些好的、安全的、有智慧的、有幫助的大人存在，他們可以被信任，也能提供很多明智仁慈的指導。

我記得第一次進入「書本聚落」時的深刻情緒經驗。我在圖書館的詩集區不甘願地拖著腳步，試著要找到一本高中英文功課用的書。

我已經到了「W」開頭的書區，但一直找不到能引起我一丁點興趣的書。這時，我看到了一本選集，封面上有一位非常引人注意的老人，華特．惠特曼（Walt Whitman）！他壯麗的詩《我自己的歌》和《大道之歌》使我感到激動，並且改變了我的人生。

他變成了我的英雄，也是第一個可以教我有用且重要事物的成人榜樣。他的思想成了我生存的理由，並且給了我充滿希望的計畫——當我脫離原生家庭時，要做什麼。

一段時間後，書本聚落的作者們似乎像是小部落的長者們。

我把他們想像成是會給我同理心的人。後來，當我到達了這種覺察的臨界值時，終於能夠冒險一試地去接受心理治療。

我的運氣很好，找到了夠好的治療師，能幫助我在療癒中採取行動，那是我靠自己做不到的。

以下是一些在我療癒路上對我特別有幫助的作者（和他們的作品），雖然這些有智慧的長輩與我並沒有血緣關係。

愛麗絲・米勒（Alice Miller）	《幸福童年的秘密》克服否認，以及了解糟糕教養的深刻影響的好書。與討好型非常有關。
赫伯特・格拉維茲（Herbert L. Gravitz）與朱莉・鮑登（Julie D. Bowden）	《恢復指南》對復原有很棒的簡短有力介紹。主要是針對從酒癮父母的養育中復原，但對於有創傷性的父母的人也非常有用。如果你只能讀一本書，就讀這本。
艾倫・貝絲（E. Bass）與蘿拉・戴維斯（L. Davis）	《錯不在你》關於性虐待的療癒經典。
傑克・康菲爾德（Jack Kornfield）	《踏上心靈幽徑：穿越困境的靈性生活指引》以冥想增加自我憐憫。
史蒂芬・萊文（Stephen Levine）	《誰死了》正念與徹底自我接納。
蘇珊・強森（Sue Johnson）	《抱緊我：扭轉夫妻關係的七種對話》作者在這本書及同名ＤＶＤ中，教真正的伴侶如何用自己的情感脆弱面，發展真正的親密感和健康的依附。
約翰・布雷蕭（John Bradshaw）	《療癒毒性羞恥》有關療癒毒性羞恥，以及在失能家庭中成長所受傷害的傑作。
茱蒂絲・赫曼（Judith Herman）	《創傷和復原》作者在此書創造了「複雜性創傷後壓力症候群」一詞。此書的後半與復原較有關。
蘇珊・安德森（Susan Anderson）	《從遺棄到療癒的旅程》主要針對離婚後的復原，但與ＣＰＴＳＤ有非常高的相關性。
珍妮・米德爾頓－莫茲（Jane Middelton-Moz）	《受創的孩子》全面探討療癒的好書。
貝弗利・恩格爾（Beverly Engel）	《療癒你的情緒自我》提倡對找碴鬼發怒的工作。

西奧多・艾薩克・魯賓（Theodore I. Rubin）	《同情和自我仇恨》自我憐憫的極佳訴求。
蘇珊・福沃德（Susan Forward）	《純真的背叛》全面探討療癒的好書。
拜倫・布朗（Byron Brown）	《沒有羞恥的靈魂》運用對內在找碴鬼發怒和正念的方法，去縮小找碴鬼。
蘇珊・維根（Susan Vaughan）	《心理治療現場：透析心理治療與腦部溝通》以淺顯易懂的神經科學證據，說明心理治療和關係性療癒的作用，以及具有啟發性的心理治療觀點。
湯瑪斯・路易斯（Lewis & Amini）等人	《愛在大腦深處》淺顯易懂、富有詩意的科學論述，談論人類對愛與依附的需求。
派特・羅福（Pat Love）	《情緒亂倫症候群》療癒自戀型母親所造成的關係依賴圈套的傑作。
羅賓・諾伍德（Robin Norwood）	《愛得太多的女人》關係依賴的早期經典之作。
蓋・亨德里克斯（Gay Hendricks）	《學會愛自己》
露西雅・卡帕席恩（Lucia Capacchione）	《恢復你的內在小孩》關於日記療法的好書。
謝里・胡貝爾（Cheri Huber）	《你沒什麼毛病》克服羞恥、培養自我憐憫的好書。
克莉絲汀・羅森（Christine Lawson）	《了解邊緣型母親》關於邊緣性人格或自戀型人格母親的子女的療癒；探討五種類型。
埃蘭・格倫布（Elan Golomb）	《困在鏡子裡》自戀型人格母親的子女的療癒。
約翰・高曼（John Gottman）	《七個讓愛延續的方法：兩個人幸福過一生的關鍵秘訣》

第16章
自助工具

本章有六個工具箱，每個工具箱均有一套工具，分別用於不同的療癒議題。但是，即便是不同的議題，我仍把這些清單視為自己復原之路不可或缺的附屬品，而且常常在案主的復原之路上，適時給他們這些清單，我也會發給來上課的學生。有很多人給了我正面的迴響，表示這些工具對他們的復原很有幫助。

我進步最快的朋友和案主，是那些能採取自我幫助行為，去補充他們的心理治療的人。

那些把清單列出來並隨身帶著，或貼在容易看到的地方，直到這些清單內容能根深柢固牢記於心的人，似乎在復原上會有較大的躍進。

我希望你能沉浸在這些清單中，也希望它們能帶給你療癒性的支持，就像我看到很多人獲得的那樣。

我最近看到這首詩被塗鴉在牆上。屬名是「漢克」：

你的人生是你的人生
別讓它被打擊到濕冷地屈服。
要提防著。
必定有出路。
某處有光亮。
也許不是很亮

但它打敗了黑暗。
要提防著。
眾神會給你機會。
知道它們，拿下它們。
你無法打敗死亡
但有時你能在生命中打敗死亡。
你越常學著去做，
就有越多的光亮。
你的人生是你的人生。
當你擁有它時要知道。
你很了不起
眾神等著要讓你內心欣喜

結論是，你CPTSD多重面向的傷，在復原過程中是這樣的：

1. 越來越好的正念減少了4F的無意識發作。
2. 你的找碴鬼縮小了。
3. 你的大腦變得越來越容易駕馭。
4. 哀悼童年失落，將建立你的情緒智力。

5. 你的身體放鬆、心智平靜。
6. 你的健康自我（ego）成熟發展成健康的自我感。
7. 你的人生敘事變得自我憐憫和自我肯定。
8. 你的情緒脆弱面創造了真誠的親密感。
9. 你獲得了「夠好的」安全關係。

讓我再度強調，復原不是全有全無的現象，而是漸進的過程，特色是在以上各方面持續成長，尤其是減少情緒重現的頻率、強度和長度。

我希望並祈禱你很快就會越來越容易體驗到第四章中所說的曙光。

我希望你能感覺到發展停滯的狀況在持續化解。

我希望你會注意到你對自己越來越慈愛、越來越為你美麗的獨特性感到驕傲。

我希望你能如自己所需地對自己忠肝義膽，以感到自己安全地歸屬於這個世界。

我更希望，你改善的情緒智力所帶來的好處，會帶給你至少一個親密關係，在其中，你可以持續地發現安全且多面向的關係的益處。

一號工具箱：復原意圖的建議

這裡列的是正常且安全的想要與需要，用以培養心智、靈性、情緒和身體的能量。如先前所述，請聚焦在最吸引你的那些，跳過感覺不對或你還不想做的那些。

1. 我想要和自己發展更持續有愛及接納的關係，我想要越來越接納自己。
2. 我想要變成自己最好的朋友。
3. 我想要吸引關係到我的生命中，那些關係的基礎是愛、尊重、公平和互相支持。
4. 我想要解放完全的、無拘無束的自我表達。
5. 我想要獲得可能範圍內最大的身體健康。
6. 我想要培養活力和平靜之間的平衡。
7. 我想要為自己吸引有愛的朋友和有愛的社群。
8. 我想要逐漸從毒性羞恥中解放。
9. 我想要逐漸從不必要的恐懼中解放。
10. 我想要有回報且有成就感的工作。
11. 我想要足夠的身、心、靈平靜。
12. 我想要增加自己玩樂享受的能力。
13. 我想要在人生中製造很多空間給美與大自然。
14. 我想要充足的物質與金錢資源。
15. 我想要足夠的幫助（來自自己、他人或上天），讓我得到所需要的。
16. 我想要神的愛、恩典和祝福。
17. 我想要在工作、休息、玩樂之間取得平衡。
18. 我想要穩定和變化之間的平衡。

19. 我想要有愛的互動和健康的自給自足，而且兩者是平衡的。
20. 我想要笑與淚平衡的完整情緒表達。
21. 我想要有意義感和成就感。
22. 我想要找到有效且非虐待性的方法，去處理憤怒。
23. 我想要每個人都能得到這些。

二號工具箱：人權法案（公平與親密的參考指南）

1. 我有權被尊重對待。
2. 我有權說不。
3. 我有權犯錯。
4. 我有權拒絕不請自來的忠告或回饋。
5. 我有權商量改變。
6. 我有權改變自己的想法或計畫。
7. 我有權改變自己的狀況或行動。
8. 我有權有自己的感覺、信念、意見、喜好……等。
9. 我有權抗議挖苦、破壞性的批判，或是不公平的對待。
10. 我有權感到憤怒，和採取非虐待性的方式表達它。
11. 我有權拒絕為別人的問題負責。

12. 我有權拒絕為別人的壞行為負責。
13. 我有權覺得矛盾和偶爾不一致。
14. 我有權玩樂、浪費時間、不總是從事生產性工作。
15. 我有權偶爾像孩子般天真不成熟。
16. 我有權抱怨人生的不公不義。
17. 我有權偶爾用安全的方式不理性。
18. 我有權尋求健康且相互支持的關係。
19. 我有權向朋友尋求幫助和情緒支持。
20. 我有權適度抱怨和口語宣洩。
21. 我有權成長、進化、成功。

三號工具箱：對常見的找碴鬼攻擊之內在反應建議

找碴鬼的攻擊常常在自我覺察的雷達偵測範圍之外運作。除非能辨識它們，否則就會任憑它們擺佈，並且無力瓦解它們。一旦我們學會辨識內在找碴鬼的攻擊，以思考中斷和思考替代這類簡單的技巧，就能強力地截斷找碴鬼。

它們的攻擊有兩大類。一是完美主義攻擊，由毒性羞恥火上加油，創造了慢性的自我仇恨和自我鞭笞。另一是草木皆兵攻擊，由恐懼加油添醋，創造出慢性的高度警戒和焦慮。

完美主義攻擊

1. 完美主義

「我的完美主義來自於試圖在危險的家庭中得到安全感和支持。完美是一種自我迫害的迷思，現在，我不需要完美就能得到安全或被愛。我要放掉要求我完美的人際關係，我有權犯錯，犯錯並不會使我成為一個錯誤。而且，每個錯誤或不幸，都是練習愛自己的機會。」

2. 全有全無、非黑即白的思考

「我拒絕極端或過度以偏概全的描述、論斷或批評。一個偶發的負面事件，不代表我就必須困在永無止盡的失敗中，那些用『總是』、『從不』來描述我的話語，通常都是大錯特錯。」

3. 自我仇恨、自我厭惡、毒性羞恥

「我對自己承諾。我與自己站在同一陣線。我是夠好的人。我拒絕貶低自己。我把羞恥轉成責怪和厭惡，並且把它往外還給那些羞辱我的正常感受和小缺點的人。只要我沒有傷害任何人，就拒絕因為正常的情緒反應（像是憤怒、悲傷、恐懼和憂鬱）而被羞辱。我也拒絕為了很難完全消除自我仇恨的習慣而攻擊自己。」

4. 微型管理[2]／擔憂／執著／腦內迴圈／過度思考未來

「我不會一再地檢視細節，我不會持續不斷地在事後質疑自己。我無法改變過去，所以原諒過去的一切錯誤。我無法使未來完美地安全，所以會停止追尋可能發生的問題。我不會試圖控制那些無法控制的情況，所以不

會微管理自己或別人。我只要做到『夠好』，而且接受存在的事實即可，就算努力有時會帶來我希望的結果，有時不會。」

「神啊，請賜我寧靜去接受我無法改變的事；賜我勇氣去改變我能改變的事；並賜我智慧去分辨兩者的不同。」——寧靜禱文。

5. 不公平或自我貶低地比較他人，或自己最完美的時刻

「我拒絕不當地比較自己與他人。我不會拿自己的內在去比較他人的外在。我不會因為沒有一直保持最佳表現而論斷自己。這個社會總是會給我們要表現開心的壓力，但我不會因為不開心而自找麻煩。」

6. 罪惡感

「有罪惡感不代表我有罪。我拒絕以罪惡感來做決定和選擇。有時候即使我會有罪惡感，也必須做該做的事。當我無可避免地不慎傷害別人時，我會道歉、彌補，並放下罪惡感。我不會一直道歉。我不再是受害者。我不會接受不公平的責難。罪惡感有時候是偽裝的恐懼：『我很害怕，但我沒有罪，也沒有危險。』」

7. 「應該」

「我會把『應該』兩個字改成『想要』，並且除非有法律、道德、倫理義務，否則我只會去做自己想做的必要之事。」

8. 過度生產／工作狂／忙碌狂

「我是一個人類存在，而非人類做事者。我不會選擇永無止盡地生產。當我在工作、玩樂和休息之間取得平衡，長期下來會更有生產力。我不會總是試圖要表現一百分。我認同在效能光譜上擺盪是很正常的。」

9. 嚴厲論斷，責罵自己或他人

「我不加入或同意人生早年的惡霸和找碴鬼，而使他們獲勝。我拒絕攻擊自己或虐待別人。我不把屬於不良照顧者的批評和責難，錯攬到自己身上，或歸於現在生活中的其他人。」

「我會照顧自己。越是孤獨，越是缺乏朋友，越是無依無靠，我就越尊敬自己。」——《簡愛》

草木皆兵攻擊

10. 誇張化／災難化／慮病

「我感到害怕，但我沒有危險。我沒有惹到父母。我不會把事情放大。我拒絕用人生惡化的想法或景象來嚇自己。我不再看自製的恐怖片和災難片。我不會把每一個痛楚變成迫在眉睫的死亡故事。我是安全且平安的。」

11. 聚焦於負面

「我不再過度注意和執著於自己或人生可能有什麼問題。我會把自己的特質當一回事。現在，我會注意、視覺化並列舉我的成就、才能和優點，以及人生給我的許多禮物，例如：大自然、音樂、電影、食物、美、色彩、朋友、寵物……等。」

12. 時間緊迫性

「我並非身處險境。我不需要急匆匆，除非是真正的緊急事件，否則我不會匆忙。我正學著用放鬆的速度，享受日常的活動。」

13. 使人失能的表現焦慮

「藉由提醒自己，不要接受任何人不公平的批評或完美的期待，我就會減少拖延，即使感到害怕，我也會向不公平的批評捍衛自己。我不會讓恐懼幫我做決定。」

14. 執著於受攻擊的可能

「除非有明顯的危險徵兆，否則我會使用思考中斷法，停止把過去的惡霸或找碴鬼投射到其他人身上。大部分的人類是和平的人，如果有少數不和平的人威脅到我，我有警察司法可以保護我。我會想起朋友的愛與支持，以及這些畫面。」

四號工具箱：有愛地化解衝突

這個清單是我多年來蒐集的技巧和觀點，可以幫助伴侶們盡可能有愛地化解衝突。當我把這份清單提供給伴侶時，會請他們花一點時間，在家裡一起發聲唸出來，並且（有必要的話）盡量討論每一條，看看是否能夠對於採用該項目做為處理衝突的原則取得共識。

十一年前，我剛與妻子交往時，在一趟週末的旅行中，花了很多時間逐條討論這些指導原則。我們說出自己對於使用這些原則的考量、熱忱、警告和保留。接下來幾年，我們精簡了使用它們的方式，並且發展出一種衝突溝通風格，幫助我們維持親密關係的健康和持續成長。

1. 無可避免的衝突是正常的，但要建立一個安全的衝突溝通平台。盡可能討論並同意清單上的各條指導原則，越多條越好，這可能很有用。
2. 目標是告知資訊並協商改變，而非處罰。處罰會毀滅信任。愛可以打開對方內心的耳朵。
3. 想像對方以何種方式表達不滿時，你最容易聽得進去。用你們彼此最能接受的方式去說。
4. 在抱怨之前，先表達你們所知的對方的好，以及你們關係的好。
5. 不可罵人、挖苦或做人身攻擊。
6. 不可分析對方或讀心。
7. 不可打斷對方或阻撓對方說話。
8. 要有對話性。說精簡、讓對方可回應的話，並且複述重點，讓你們知道自己的話有被對方聽到。
9. 不可否認對方的權利，就像前面的人權法案所列出的那些。
10. 歧異通常無關對錯。兩個人都可能是對的，只是關注點不同而已。有時要願意接受不同的想法。
11. 避免用「你」的陳述方式。用「我」的陳述方式，指出你對於認為的不公平的感覺和經驗。
12. 一次談一件事情，並搭配辨識得出來的行為。要找出最重點的抱怨，自問什麼最讓你受傷。
13. 維持在同一個主題，直到雙方都覺得被完全傾聽。再輪流談不同的主題。
14. 不可打斷對方或阻撓對方說話。

15. 盡可能用有愛且平靜的方式提出抱怨。
16. 暫停：如果你們的討論變得激動，任何一方都可以暫停（從一分鐘到二十四個小時皆可），喊出暫停的一方要提出一個結束暫停的時間（請見後文的「暫停」）。
16. 事前盡可能清除累積的不滿。
17. 如果沒有早點談，而累積了憤怒並爆發，就要承擔責任。
18. 如果錯置了來自其他原因的傷害，要承擔責任（請見後文的「關於移情的進一步說明」）。
19. 徹底投入去了解，自己的不滿有多少是來自於童年虐待或遺棄。
20. 透過有效的辨識、哀悼、改造，徹底投入童年之失落的復原。
21. 不帶羞恥地道歉，盡可能彌補，包括打算改正未來的行為，解釋你的情有可原（但不是找藉口），證明你並不是故意要傷害對方。

暫停（第十六項）

關係破裂最常見的兩個原因，是無法化解的歧異和無法修補的傷害。在很多案例中，如果伴侶們知道如何善用暫停的話，就可以避免後者的情況。

對於戰鬥類型的創傷倖存者尤其如此，因為他們在情緒重現時，很容易會失控地陷入外在找碴鬼的掌握中，並且說出破壞親密關係的話。

學習辨識自己正在過度啟動的徵兆，對於倖存者會有很大的好處，這樣他們能採取暫停，來為找碴鬼發狂而產生的傷害止血。

在嚴重情緒重現時所說的話，可能會對對方造成很深的傷害，並且深深地刻在他們的心中而破壞信任。如果雙方同意，當任何一方覺得自己被誘發而無法帶著愛爭論，或是覺得另一方因情緒重現而過度有攻擊性時，任何一方都能提出暫停，那麼大部分都能避免這種不必要的破壞親密關係的情況。

根據一方或雙方需要多少時間去完成夠好的管理情緒重現，從一分鐘到二十四個小時的暫停皆可。

暫停最好的做法，是提出暫停的一方提議一個重新繼續解決問題的時間點，這樣暫停才不會變成逃避問題的方式。

暫停也可以用來讓自己獨自釋放任何累積的情緒。你可以使用安全的發怒技巧去做，我在《如果不能怪罪你，我要如何原諒你？》的第五章中有這方面的說明。

關於移情的進一步說明（第十九與二十項）

我在運用這份清單幫助伴侶的時候，注意到了那些最擅於衝突解決的伴侶，幾乎都是已經很擅長第十九項和第二十項的那些人。那兩項與如何處理移情有關。

對於創傷倖存者，移情通常是一種情緒重現，是對於重要他人做出無意識的反應，猶如他們是我們的童年主要照顧者。一旦這種狀況發生時，我們就是把自己未解決的童年情緒痛苦，大量地錯置到對方身上。

一個常見的例子是，一位伴侶合理且輕微的抱怨，卻誘發了對方的憤怒、恐懼或羞恥的大爆發，而那些情緒是其父母數十年來壓垮性、拒絕性的批評所遺留下來的。

另一個例子是，一方（假設是男方）期待聽到另一方（假設是女方）說出某些話，而女方沒有這麼說時，便對他誘發了數十年來由冷漠疏離的父母所造成的痛苦。

這種現象在任何性別組合都可能發生。

我在工作中見證過的大多數衝突，其組成成分似乎大約百分之九十是過往痛苦的再次經歷，和百分之十當下的真正痛苦。

哈維爾．韓瑞斯（Harville Hendrix）的《得到你想要的愛》一書，是透過療癒童年創傷，同時提高親密感的方式，來解決這種現象的極佳指南。

在我的經驗裡，關於兩個合意的成人之間的衝突，通常是兩人皆對擾亂愛的連結負有責任。真正療癒地化解衝突，來自於雙方各自承擔自己的責任，並且為自己在這場衝突中的責任道歉。在深度的衝突解決中，這通常包括了為自己的移情道歉。

好的道歉像是這樣：「我很抱歉在表達失望時那麼激動。雖然我相信自己的抱怨算是合理，但我表達的方式太過強烈了。很抱歉，我回應你的方式，好像你是我那總是疏離的母親一樣。」

五號工具箱：感恩

自我感恩

以下的表格是建立自尊的練習，而且最好的做法是逐漸進展地做。

試著為每一個分類想出十二個答案。

要抗拒找碴鬼全有全無的習慣；如果某一項是大致上、大部分的時候如此，就把它寫下來。

不要在情緒重現時做這個練習。請教你夠信任的人，讓他們協助你做這個練習。

1. 成就

2. 特質

3. 善行

4. 最好、最顛峰的經驗

5. 人生中的享受

6. 意圖

7. 好習慣

8. 工作

9. 學習過的科目

10. 克服的困難

11. 接受的恩典

12. 滋養性的回憶

感恩他人

以下的表格練習，是用來破解外在找碴鬼的程式，也就是把每個人都概化為是跟製造我們創傷的照顧者一樣危險。

使用方式跟前面的自我感恩表格練習一樣，請試著在每一個分類中想出十二個答案。

1. 朋友（過去或現在）

2. 有啟發性的人

3. 有啟發性的作者

4. 同學（無論是否仍保持聯絡）

5. 朋友圈（過去或現在）

6. 童年的朋友（無論是否仍保持聯絡）

7. 老師

8. 陌生人的善意

9. 寵物和動物

10. 職場友人（過去或現在）

11. 團體（過去或現在）

12. 滋養性的回憶

六號工具箱：管理情緒重現的十三個步驟

我將以複習CPTSD療癒中最重要的教條，為本書作結。請再次閱讀以下步驟，並把它們深植在你的內心裡。也請注意看看，它們現在是否比你在第八章第一次閱讀它們時，更能引起你的迴響？

1. 對自己說：「我正在經歷情緒重現。」情緒重現把你帶到沒有時間感的內心，讓你感到無助、絕望、身處險境，如同你的童年。但是，你正在感受的這些感覺是過去的記憶，現在已經無法傷害你。
2. 提醒自己：「我感到害怕，但我沒有面臨危險！我現在很安全。」記得你現在是處於安全的當下，已經遠離了過去的危險。
3. 承認自己有界線的權利和需求。提醒你自己，你不必允許任何人錯誤對待你；你可以自由地離開危險的情境，並且抗議不公平的行為。

4. 安慰並鼓勵內在小孩。你的內在小孩需要知道你無條件地愛他，知道當他覺得迷失或害怕時，可以尋求你的安慰和保護。

5. 破解「傷痛永恆」的想法。在兒時，恐懼和遺棄感覺像是永無止盡，而且安全的未來是難以想像的。但記得，這個情緒重現會過去，就像以往種種總是會過去一樣。

6. 提醒自己現在是處於成人的身體中，擁有兒時所沒有的盟友、技巧和資源可以提供保護（覺得脆弱渺小，是情緒重現的一個徵兆）。

7. 重回你的身體。恐懼會使你過度用腦地擔憂，或是麻木和放空。

A. 溫和地告訴自己的身體要放鬆：感覺你的每個主要肌群，溫柔地鼓勵它們放鬆（緊繃的肌肉會傳送錯誤的危險訊號到你的大腦）。

B. 深深地、慢慢地呼吸（憋氣也會傳送危險訊號）。

C. 放慢。急躁會使你的大腦開啟逃跑反應。

D. 找個安全的地方，放鬆及舒緩自己：用毯子包住自己、抱著枕頭或填充動物玩偶、躺在床上、躺在衣櫃裡、泡澡，或是小睡一下。

E. 感覺你身體的恐懼，但不做反應。恐懼只是你身體的一股能量，只要你不逃避它，它就無法傷害你。

8. 抗拒內在找碴鬼的誇大和災難化。

A. 使用思考中斷法，停止找碴鬼持續不斷地誇大危險，以及它想要控制無法控制之事的持續性計畫。拒絕羞辱、仇恨或遺棄你自己。把自我攻擊的憤怒，用來對找碴鬼不公平的自我苛責說：「不！」

B. 使用思考取代法和思考修正法，記住一連串你的優點和成就，來取代負面思考。

9. 允許自己哀悼。情緒重現是釋放陳舊且被壓抑的恐懼、傷害和遺棄的機會，可藉以肯定並安撫內在小孩過往無助且絕望的經歷。健康的哀悼能把你的眼淚轉化成自我憐憫，也能把你的憤怒轉化為自我保護。

10. 培養安全的關係和尋求支持。需要的話，花些時間獨處，但不要讓羞恥感隔絕你，感到羞恥並不代表你就是可恥的。教育你的親密他人，什麼是情緒重現，並請他們幫助你在情緒重現時，用談話和感受去度過它。

11. 學習辨識會引起情緒重現的誘發因子。避開不安全的人、地方、活動，以及會引發情緒重現的心智活動。如果誘發因子是無可避免的，就用這些步驟練習預防措施。

12. 搞清楚情緒重現了什麼經歷。情緒重現是發現、肯定並療癒過往受虐和遺棄傷口的機會，它們也能指向你未滿足的發展需求，並且使你有動機去滿足那些需求。

13. 對緩慢的復原過程要有耐心。現在的你需要時間去降低腎上腺素的運作，未來的你也需要很多時間，來逐漸降低情緒重現的強度、持續時間和頻率。真正的復原是漸進的過程，時常前進兩步就後退一步，而非一蹴可及的救贖幻想。所以，不要為了情緒重現的發生而打擊自己。